ハヤカワ文庫 NF

〈NF454〉

シャーロック・ホームズの思考術

マリア・コニコヴァ

日暮雅通訳

JN146028

早川書房

7709

ジェフへ

注意力の選択——つまり何に注意を向け、何を無視するか——それは人の生活の内面にとって、外面における行動の選択と同等である。いずれの場合も、人は自分の選択したものに責任をもたねばならないし、その結果がどんなものであれ、受け入れなければならない。スペインの哲学者ホセ・オルテガ・イ・ガセットは、「あなたが何に注意を向けるか、教えてほしい。そうしたら、あなたがどういう人か教えてさしあげよう」と言っている。

——W・H・オーデン

訳者注記

1. 本書には、コナン・ドイルによるホームズ物語（正典）の各作品について、いわゆる〝ネタバラし〟の部分を含んでいますが、いずれも本書の論議に不可欠な引用ですので、ご了解のうえでお読みください。全正典六〇作のうち二四作が引用または言及されており、中でもストーリーの重要な部分や推理の解説に触れている作品は、以下の一四作です（『 』は長篇、〔 〕は短篇）。
『緋色の研究』〔プライオリ・スクール〕『バスカヴィル家の犬』〔シルヴァー・ブレイズ号事件〕〔株式仲買店の店員〕〔ノーウッドの建築業者〕『恐怖の谷』〔ライオンのたてがみ〕〔ウィスタリア荘〕〔アベイ荘園〕〔赤輪団〕〔這う男〕〔黄色い顔〕〔フランシス・カーファックス姫の失踪〕
また、英BBC放送のテレビドラマ『SHERLOCK』（シーズン1）についても、一部ストーリーに触れている部分がありますので、同様の理由によりご承知ください。

2. 正典からの引用は、原則としてハヤカワ文庫の大久保康雄訳を使っていますが、本書の内容に合わせて若干のアレンジをしてある部分もあります。

3. 本文および参考文献における著作データは、既訳の場合その邦題等、未訳の場合は原題のみを記してあります。

目次

シャーロック・ホームズの思考術

序

私がまだ幼かったころ、寝る前の私たちに父がシャーロック・ホームズ物語を読み聞かせてくれたものだ。
弟はソファの隅っこで隙あらば眠り込んでしまうことが多かったが、ほかの子供たちは一心に耳を傾けた。父が片手で目の前に本を掲げて座っていた大きな革の肘掛け椅子や、父の黒縁眼鏡に映るゆらめく暖炉の火を思い出す。きわどい状況をくぐり抜けては繰り広げられるサスペンスとともに、高まったりひそめられたりする父の声を思い出す。そしてとうとう、やっとのことで、待ちに待った解決シーン。すると、何もかもがなるほどと思え、私はワトスン博士そっくりに頭を振り振り考える。――『そうだった、ホームズが言うと、すべてが単純なことに思えるんだ』
父自身もときどき吸っていたパイプや、革張りの椅子のしわにまぎれ込んだ甘ったるく土臭い刻み煙草の匂い、カーテンのおりたフランス窓越しに見える夜の輪郭画を思い出す。父のパイプはもちろん、ホームズのパイプみたいにちょっぴり曲がっていた。それに、最後に本がパタンと閉じられる音も覚えている。深紅の表紙のあいだに分厚いページが重ね合わさり、父が「今夜はこれまで」と告げる。そして、私たちは退場となり――どんなに一生懸命頼んでも訴えても、どれほど悲しそうな顔をして見せても――上の階のベッドへ追いやられるのだった。

そのころ、私の頭にはあまりに深く刻み込まれたことがひとつあって、のちのち長きにわたって、物語のほかの部分がおぼろにかすんで漠然とした背景のようなものになり、ホームズとその忠実なボズウェルの冒険が忘れられたも同然になっても、消えることなく私を嘲弄しつづけた。

……階段のことだ。

ベイカー街二二一Bへの階段。あれは何段あるか？　それが〔ボヘミア国王の醜聞〕（『シャーロック・ホームズの冒険』所収）でホームズがワトスンにもち出した質問であり、以後一度たりとも私の頭から離れない質問なのである。ホームズとワトスンがそろいの肘掛け椅子におさまり、探偵が医師に、見ることと観察することの違いを教える。ワトスンは困惑する。そのあと、いきなり何もかもがきわめて明瞭になるのだ。

「きみの説明を聞くと」と私〔ワトスン〕は言った。「いつもあきれるほど簡単なので、ぼくにだってできそうな気がするんだが、実際には、推理の過程を説明されるまでは、きみの引き出す結論が、どうにもわからないんだから情けないよ。ぼくの目だって、きみのと同じくらい、いいはずなんだがね」

「それはそうだろう」ホームズは煙草に火をつけて、肘掛け椅子に腰をおろしながら答えた。「きみの場合は、見るだけで、観察しないんだ。見るのと観察するのとでは、まるっきりちがう。たとえば、きみは、玄関からこの部屋へあがる階段は何度も見ているだろう？」

「何度も見ているよ」

「何回ぐらい見ているかね？」

「そうだね、何百回となく見ているだろう」

「ではたずねるが、何段あるか知っているかね？」

「階段の数か？　それは知らないな」

「そうだろうと思った。つまり観察をしないからだ、見ることは見ているんだがね。ぼくが指摘したいのは、そこなんだ。ぼくは一七段だと知っている。それは見るだけでなく、観察しているからだ」

暖炉の火の明かりとパイプの煙に満たされたある晩、初めてそれを耳にした私は、このやりとりに感動した。興奮して、わが家に階段はいくつあるか思い出そうとしていた（さっぱりわからなかった）。玄関先の階段は何段だったか（記憶はみごとに空白だった）。地下室へおりる階段は何段あるか（一〇段か？ 二〇段だったか？ およそのところさえわからなかった）。そのあと長いあいだ、数えられるときはいつも階段の段数を数え、誰かに報告するように言われたときに備えて記憶に収めておこうとしたものだ。ホームズなら満足してくれるだろう。

当然ながら、あれほど熱心に覚えておこうとした数を、私はすぐにみんな忘れてしまう――記憶することばかりに必死で、大事なことをすっかりとらえそこなっていたと気づくのは、あとになってからだ。私の努力は、最初からうまくいかない定めにあった。

あのころ私に理解できなかったのは、ホームズが私のずっと先を行っているということだった。彼はほぼ一生を通じて、世界と〈マインドフル〉なやりとり《インタラクション》をする手法を磨きあげてきた。ベイカー街の階段だと？ そんなものは、彼にとってしごく当然のように出てくるから、思考などいささかも必要としないスキルを見せつける、ひとつの手段にすぎない。つねに活動的な頭の中で習慣的に、ほとんど無意識のうちに展開しているプロセスを、事もなげにまざまざと示してみせたのだ。もしそう呼びたいのならば、まったく取るに足らない芸当だが、どうしてそんなことができるのか立ち止まってよく考えてみると、そこには深甚な含意がある。ひとつの芸当をきっかけとして、私はそれに敬意を表しつつ本書を執筆することになった。

〈マインドフルネス〉という概念自体は、決して新しいものではない。早くも一九世紀末には、現代心理学の父ウィリアム・ジェイムズ（一八四二〜一九一〇、アメリカの哲学者・心理学者）が、「逸れてさまよう〈注意力《アテンション》〉を何度も繰り返し自発的に連れ戻す能力が、判断力、性格、意志のまさに根源である。……この能力を向上させる教育が、卓越した教育であろう」と書いている。そういう能力こそが、〈マインドフルネス〉の本質にほかならない。そして、ジェイムズが推奨する教育とは、人生に対して、思考に対して、〈マインドフル〉にアプローチする教育のことだ。

一九七〇年代、エレン・ランガー（一九四七〜、ハーヴァード大学心理学教授）が、〈マインドフルネス〉は「判断力、性格、意志」を向上させることよりも、さらに先まで到達しうることを実証してみせた。〈マインドフル〉なアプローチによって、年配者に若返ったように感じさせ、行動させることまでもできるし、血圧など生命徴候《ヴァイタル・サイン》や認知機能さえも向上させられる。近年の研究によると、一日にたった一五分間、瞑想のような思考（〈マインドフルネス〉の核をなす非常に注意深いコントロールをしながらのエクササイズ）をするだけで、前頭の脳の活動が、より肯定的でよりアプローチ指向の感情状態に結びつくパターンへとシフトするし、短時間でも自然の風景を眺めれば、洞察力、創造力、生産性を高める一助となることが示されている。また、これまでになく明確にわかっているのは、私たちの脳がマルチタスク（複数のタスクを同時に実行すること）向きにできてはいないこと――マルチタスクは〈マインドフルネス〉をまるっきり排除してしまうということだ。私たちが一度にいくつものことをせざるをえないとき、すべての作業の能率が低下するばかりか、記憶力が衰え、全般的な満足感も目に見えて打撃をこうむる。

ところが、シャーロック・ホームズにとって、〈マインドフル〉であることは第一歩にすぎない。それよりはるかに大きい、はるかに実用的で満足できる目的のための、手段なのだ。ホームズは、ウィリアム・ジェイムズが処方したまさにそのとおりのものを提供してくれる――〈マインドフル〉な思考の能力を向上させ、もっと先まで到達するため、もっとよく考えたりもっと適した判断をしたりするために、その能力を活用する教育だ。めいっぱいに応用範囲を広げれば、自分自身の頭《マインド》の最も基本的な構成要素《ビルディング・ブロック》から始めて、全般的な意思決定や判断の能力を向上させるための手段となる。

見ることと観察することを対照させるときのホームズが、ワトスンに本当に教えているのは、〈マインドレスネス〉を〈マインドフルネス〉、つまり受動的なアプローチで能動的な関わりをもつことと、決して間違えるなということだ。私たちは無意識に物を見ている。目を開けるということ以外、私たちの側には何の努力もいらない、感覚インプットの流れだ。何も考えずに見て、世界から無数の要素《エレメンツ》を、それらの要素が何であるか必ずしも調査分析《プロセシング》することなく吸収する。すぐ目の前にあるものを見て、気づかないことすらあるものだ。だが観察するとなると、注意《アテンション》を払うよう強いられる。受動的に吸収することから、能動的に〈意識すること《アウエアネス》〉へ移行しなくてはならない。関わりあいにならなければならない。それがあらゆるものに対して当てはまる――視覚だけでなくどの感覚にも、どのインプット、どの思考にもだ。

自分自身の頭《マインド》のこととなると、私たちは〈マインドレス〉であることがあまりにも多すぎる。私たちは軽率にも、どんなにたくさんのことを見逃しているか、どんなに自分自身の思考プロセスを理解していないか、そして、理解し、よく考えるために時間をかけさえすればどんなにいいか、気づかずに歩きつづけている。ワトスンのように、同じ階段を一歩一歩、一日何度も、何十回、何百回、何千回とたどりながら、その階段のいちばんありふれた部分をいつまでたっても思い出せるようにならないのだ。ホームズが階段の段数ではなく色合いについて尋ね、ワトスンが同じように何も知らないとわかっても、私は意外に思わないだろう。

しかし、私たちにはそれができないということではない――そうしないだけだ。おそらく、自分の育った家がある通りのことを教えてほしいと頼まれたら、あなたはいくつか細かいことを思い出すはずだ。家々の色合い。近所に住んでいた人たちの癖。いろいろな季節の匂い。一日のうちさまざまな時間にその通りがどんなに違った顔を見せたか。どこで遊んでいたか。歩いていたところ。歩くのが怖かったところ。きっと何時間でも話しつづけられることと思う。

子供のころは非常によく気がつくものだ。あとになって二度と追いつけないほどのスピードで、情報を吸収し、処理する。初めて見るもの、初めて聞く音、嗅いだことのない匂い、新しく知る人々、新たな感情、新たな経験。自分たちの属する世界と、そこで起こりそうなことについて学習している。何もかもが新しく、何もかもが刺激的で、あらゆるものから好奇心が生まれる。まわりのものが目新しいからこそ、子供たちは最大限に注意を怠らない。夢中になっている。むさぼるように受け入れる。そしてさらに、記憶する。刺激され魅了されているからこそ（この二つの特質はあとでまた繰り返し言及することになる）、たっぷりと世界を吸い込むだけでなく、将来のためにそれを蓄えておくのだ。いつ役に立つかもしれない、と。

だが成長していくにつれ、慣れて無関心になる要素が急激に増える。そこへは行ったことがある、あれはもうやった、これには注意しなくてもいい、いったい、いつそんなことを知ったり活用したりしなくてはならないときがやってくるというのか？　知る前にもう、受動的で〈マインドレス〉な数々の習慣について、生来の注意深さ《アテンティヴネス》、積極的関与《エンゲイジメント》、好奇心を捨ててしまっている。そして、何かに関わりたいと思うときですら、子供時代のようなあの満足感はもうない。学ぶこと、吸収すること、やりとり《インタラクト》することが仕事だった日々は、過ぎ去ったのだ。今の私たちにはほかの、もっと差し迫った（あるいは私たちがそう思っている）専念すべき責務や、頭を使って取り組むべき仕事がある。そして、〈注意力《アテンション》〉を要することが増えるにつれ（マルチタスクのプレッシャーによるリアルな心配事が、一日二四時間・週七日のデジタル時代になってつのっていく）、実際の〈注意力〉は減少してしまう。すると、私たちはますます自分自身の思考習慣を知ることも気づくこともできなくなっていき、反対に、判断や決断を、ほかにとるべき道があるにもかかわらず、心のおもむくままにするようになっていく。それは本質的に悪いことではないものの（実際この先の章では、経験的事実認識に関するある種のプロセスを自動化する必要性について、繰り返し取り上げることになる）、それは危険なまでに〈マインドレスネス〉に近い。能率のよさと思慮不足《ソートレスネス》は紙一重であり、その細い一線を踏み越えないように気をつけなくてはならない。

しっかり定着したルーチンからはずれなくてはならないのに、そうするのをなぜか忘れていたという経験がないだろうか。たとえば、帰宅途中でドラッグストアに立ち寄らなくてはならないとしよう。一日じゅう、その用事のことが頭にある。リハーサルをする——そこへ行くのに、いつものルートから一歩だけそれて、臨時に方向転換するところを思い描いてみさえする。それなのになぜか、ふと気づくと、どこにも立ち寄らずに自宅の玄関先まで帰ってきている。あそこで方向転換するのを忘れ、そこを通り過ぎたことさえ覚えていない。それが、考えもせずに《マインドレスリー》やっている習慣であり、どんなに頭の一部が何かほかのことをしなければならないと知っていても、それに反して出しゃばってくる、ルーチンというものだ。

そういうことは、しょっちゅうある。一定のパターンに固まってしまったあまり、丸一日をぼうっとした〈マインドレスネス〉のうちに過ごすようになるのだ（それでも仕事のことを考えているとしたら？　メールのことで気をもんでいる？　ディナーの予定を立てている？　そんなのは忘れていい）。無意識の健忘症、日常的ルーチンの優勢、安易に思考がそらされてしまうこと。それは、たとえ目立つようなことであったとしても、何かを忘れていたことに気づく余裕が私たちにあるかぎり、はるかに大きな現象のほんの一部にすぎない。そういうことは、私たち自身が指摘できるよりもずっとたびたび起こっているし、私たちが自分の〈マインドレスネス〉に気づいてさえいないことは、もっと多い。どれだけ多くの思考が、何を考えているのかわざわざ確かめることもなく、ふわふわと頭を出入りしていくことだろうか？　注意を払うのを忘れているせいで、どんなに多くの思いつきや洞察が逃げていってしまうことだろう？　どのように、あるいはなぜそうしたのかわからないまま、漠然としかその存在に気づいていない内的な初期設定《デフォルト》につき動かされて、決定や判断を下していることが、どれだけあるだろう？　不意に、自分はいったい何をしていたのだろう、どうやって今いるところへやってきたのだろうと不思議に思うような日が、どれだけ過ぎていったことか。

本書は、そうしたことに対して、役に立とうと意図したものだ。ここではホームズの方法論にのっとって、自分自身や自分の世界といつも〈マインドフル〉に関わることができるような思考習慣を確立するために、必要なステップをさぐって解説する。あなたも、階段の段数をさらりと口にして、疎《うと》い相手を感心させられるように。

では、暖炉に火をたき、ソファで体を丸め、いま一度シャーロック・ホームズとジョン・H・ワトスン博士とともに、犯罪の巣窟ロンドンの街を股にかける冒険へ——そして、人間の頭《マインド》という何よりも深いクレヴァスへ、向かうご用意を。

第一部　自分自身を理解する

第一章　科学的思考法を身につける

グレイト・ワーリーの地に住む家畜たちに、何やら邪悪なことが起きていた。ヒツジや牛、馬のどれもが一頭ずつ、真夜中に死んでいくのだ。死因は、腹部をかなりの長さに浅く切り裂かれたことによる、苦痛を伴うゆっくりとした出血だった。農場主は憤《いきどお》り、地域の人々はショックを受けた。無防備な動物にそんな苦痛を与えたがる者など、いるのだろうか？

警察は、その答えを見つけたと考えていた。地元の教区牧師の息子でインド人との混血、ジョージ・エダルジである。一九〇三年、二七歳のエダルジは、切り刻まれた一六頭のうち一頭を殺したとして、七年の重労働刑に処せられた。ポニーの死体が教区牧師の家の近くにあるくぼみで見つかったせいである。犯行時に息子は眠っていたと牧師が証言したところで、大勢にほとんど影響はなかった。ジョージが投獄されたあとも家畜の殺害が続いたという事実も、かえりみられなかった。証拠の大半は、ジョージが書いたとされる、殺害への関与を記した匿名の手紙に基づいていた。そうしたことにもかかわらず、ジョージ・アンソン本部長の率いるスタッフォードシャー警察は、真犯人を捕まえたと確信していた。

三年後、エダルジは釈放された。証拠不充分を指摘して彼の無実を主張した嘆願書二通——ひとつは一万人にのぼる署名が集まったもの、もうひとつは三〇〇人からなる弁護士の集団によるもの——が、内務省に送られたからだった。ただ、それですべてが終わったわけではなかった。身柄は釈放されたものの、有罪のままだったからだ。逮捕される前は事務弁護士だったが、その職業への復帰も許可されなかった。

一九〇六年、ジョージ・エダルジに幸運が舞い込む。シャーロック・ホームズの生みの親として有名なアーサー・コナン・ドイルが、この事件に関心を示したのだ。その年の冬、コナン・ドイルはチャリング・クロスにあるグランドホテルで、エダルジと会見した。ロビーで彼の姿を見かけたとき、それまでこの若者に対してドイルが抱いていた疑念は、すべて晴れたのだった。彼はのちに、こう書き記している。

ジョージ・エダルジは約束どおりの時間にホテルに来ていたものの、私が遅れたため、新聞を読んで時間をつぶしていた。浅黒い色の顔から彼だとわかったので、私は立ったまま、しばし相手を観察してみることにした。彼は新聞を目元に近づけて、ときどき斜めにして持っていた。つまり、相当に度が進んだ近視であるばかりでなく、著しい乱視であることも示していた。そのような人物が夜中に農場を動き回って、警察の目をかいくぐりながら家畜を襲うという考えは、笑止千万だ……肉体の欠陥ひとつによって、彼の無実はまず間違いないものとなったのである。

とはいえ、ドイル自身が確信したところで、もっと多くの事実がないと内務省の関心を引けないこともわかっていた。そこで彼はグレイト・ワーリーに赴いて、この事件の証拠を集めることにする。地元の人たちに聞き込みを行い、犯罪現場や証拠や状況を調べた。敵意をむき出しにするアンソン本部長とも会った。エダルジの母校にも行き、匿名の手紙や一家に対するいたずらの記録も調べた。エダルジの筆跡が匿名の手紙のものと一致していると断言した、筆跡鑑定人まで探し当てた。そして、わかったことをまとめて、内務省に提出したのである。

犯行に使われたという剃刀は？　古びた錆びしかついていないし、いずれにしろ、家畜がこうむったような種類の傷を負わせることは不可能だ。エダルジの服についていた土は？　ポニーの死体が見つかった地面の土とは異なる。筆跡鑑定人については？　彼は以前にも鑑定でミスをして、誤った結論を出したことがある。そして何よりも、視力の問題があった。乱視であるうえに重度に近視の人間が、動物を切り刻む目的で夜の農場を動き回れるものだろうか？

一九〇七年春、家畜の虐殺に関するエダルジの嫌疑はようやく晴れた。だがこれは、コナン・ドイルが望んでいたような完勝ではなかった。逮捕および投獄に対して、エダルジは一切の賠償を請求できなかったからだ。とはいえ、それでも意味はあった。弁護士職への復帰も認められた。コナン・ドイルによれば、調査委員会は「警察は犯人を見つけるためでなく、先に犯人だと決めつけていたジョージ・エダルジに不利となる証拠を見つけるため、捜査を行った」と判断したという。そして同年八月、将来起こりうる司法の誤りに対して、より体系的に対処するため、イギリスに控訴院が誕生した。これには、エダルジ事件が大きなきっかけのひとつになったと、広く考えられている。

ドイルの友人たちは、大きな感銘を受けた。それを誰よりもうまく言い表したのが、小説家のジョージ・メレディスである。「きみがうんざりしていると思うから、その名前はあえてもち出さないが」と彼はコナン・ドイルに言っている。「偉大な素人探偵の生みの親が、現実の世界でも活躍できることを示したんだよ」シャーロック・ホームズはつくり物かもしれないが、思考に対する厳格なアプローチは、まさしく本物だったわけだ。正しく用いることができれば、彼の手法は書物を飛び出して、現実に好ましい変化をもたらす。さらには、犯罪以外にも応用できるのだ。

シャーロック・ホームズという名前を出すだけで、おそらく数々のイメージが頭に浮かぶだろう。パイプ、鹿撃ち帽《ディアストーカー》、インヴァネス・ケープ、ヴァイオリン、鷹を思わせる横顔、という具合に。長年のあいだに、ウィリアム・ジレットやバジル・ラスボーン、ジェレミー・ブレットのほか、最近ではベネディクト・カンバーバッチやロバート・ダウニー・ジュニアにいたるまで、多くの俳優がホームズを演じてきた。ただ、どんなイメージが浮かんだところで、〝心理学者〟という単語は出てこなかったと思われる。この単語が出てきても、そろそろいい頃なのだが。

ホームズが、他に並ぶ者のない探偵であるのは間違いない。だが、人間の心に対する彼の洞察力は、犯罪捜査におけるその偉大な功績に匹敵する。ホームズが差し出しているのは、単なる犯罪解決手法ではないのである。それはものの考え方全体であり、霧が立ちこめるロンドンの悪の世界とは無縁の数えきれない事柄に応用することのできる、〈マインドセット〉（行動の開始から目的の達成までのプロセスに特徴的な認知・思考状態）なのだ。単なる犯罪の科学を超越した科学的手法から生まれたアプローチであり、コナン・ドイルの時代と同じくらいに現代でも通用する方法として役立つ、考え方のモデルなのである。そしてそれこそが、息が長く、圧倒的で、いたるところで感じられるホームズの魅力の秘訣なのだ。

コナン・ドイルがシャーロック・ホームズを創造した際、彼は自分のヒーローについてあまり深く考えていなかった。彼が意図的に、思考や意思決定、頭の中における問題の構成や計画、あるいは解決法といったもののモデルをつくり上げようとしたかは、疑わしいところである。だが、それこそが、ドイルが成し遂げたことなのだ。彼は事実上、これに先立つ前の数十年間に発展し、新たな世紀の幕開けへとつながりつつあった、科学と思考における革命にとって、最適な代弁者を生み出したのである。一八八七年、前例のないやり方でみずからの頭脳を駆使する人物として、ホームズは新しいタイプの探偵となった。そして現在では、私たちがよりよい思考をするうえでの理想像になっているのである。

シャーロック・ホームズは多くの点で、先見性があった。彼の説明、手法、思考に対する取り組み方全般は、彼の誕生後一〇〇年以上もあとに起きた——さらには生みの親の死から八〇年以上もあとに起きた——心理学と神経科学における発展を予言していた。ところが彼の考え方は、その時代、その場所における必然的な産物のようにも感じられる。もし科学的手法が、あらゆる考え方や行動において——つまり進化からX線写真まで、一般相対性理論から細菌や麻酔の発見まで、あるいは行動主義から精神分析までにおいて——主流となりつつあったのなら、思考原理そのものについても、そうなるのではないだろうか？

コナン・ドイル自身の意見によれば、シャーロック・ホームズは初めから、誰もが望む理想像である科学を体現する化身を——ホームズは真似のできるような相手ではないが——意図したという。結局のところ、手の届く少し先にあるのでなければ、理想とは言えないだろう。ホームズという名をつけたところからも、単なる古典的な探偵を超えようとする意図が感じられる。ドイルがこの名前を選んだのは、彼自身が子供時代に憧れた、著述のみならず医療に対する貢献でも知られるオリヴァー・ウェンデル・ホームズ・シニアに対して、意図的に賛辞を送ったということらしいのだ。

一方、ホームズの性格という面では、もうひとりの師であり鋭い観察力の持ち主として知られる、外科医ジョゼフ・ベル博士をモデルにしている。ベル博士は、ある患者をちらっと見ただけで、その人がハイランド連隊から除隊になったばかりの下士官であり、バルバドスでの兵役から帰国してきたところだとわかったという。また博士は、さまざまな有害物質を使った実験をさせることで、教え子たちの認知力をつねにテストしていたらしい。ホームズの研究者たちにとっては、なじみのある話だろう。コナン・ドイルはベル博士に宛てて、「あなたに繰り返し教え込まれた、観察と演繹的推理といったもののほかに、物事をとことん突き詰めるような性格を備えた人物を、つくり上げようとしました……」と書いている。この「観察と演繹的推理」という点によって、ホームズはそれ以前に——実際にはそれ以後にも——登場したあらゆる探偵と異なる存在になった。ホームズこそは、単なる〝探偵術〟を精緻な科学へと高めた探偵なのである。

私たちがシャーロック・ホームズの科学的アプローチの典型を初めて知るのは、この探偵が世間にお目見えした長篇『緋色の研究』においてだ。そしてすぐにわかることだが、スコットランド・ヤードの警官たちにとって事件とは、ひとつの犯罪といくつかの事実、関係のありそうな人物たちをすべて集めて、犯罪者に裁きを下すというだけのものだが、ホームズにとっては、つねにそれ以上のものであり、またそれ以下のものでもある。広範な考察や調査、時には科学的難問を解くべき対象として幅広い重要性をもつ。そして、最初にひと目見ただけでは気づかないが別の瞬間に気づくような、以前にあった事件と同じ特徴が繰り返されていたりする……その意味では「それ以上」だ。一方、思考をはっきりさせるうえで無関係のものとされる要素がすべて取り除かれ、これ以上ないほど客観的になる……その意味では、「それ以下」なのである。つまり、犯罪は厳密な科学的調査の対象であり、科学的思考法の原則に従ってアプローチしなくてはならない。その思考法のしもべが、人間の知性なのだ。

科学的思考法とは何か

科学的思考法と言われると、実験室で試験管を手にした白衣姿の研究者を思い浮かべる人も多いだろう。ある現象を観察して思いつきを得た研究者は、その思いつきの説明となる仮説を立てる。そして仮説を検証する実験を考え出し、実験を実施し、結果が自身の予測と合致しているかを確かめ、必要なら仮説を立て直す。泡立ててすぐという作業を繰り返すようなものだ。とてもシンプルに見える行為だが、その先へ行くにはどうするのか？　また、こうしたことをいつでも自然にできるように頭《マインド》を鍛えることは、可能なのだろうか？

ホームズは、基礎《ベーシック》から始めるようにと言っている。『緋色の研究』に出てくるある記事の中で彼は、「この学問をきわめようとするものは、そのような最も困難な精神面の研究に着手する前に、まず初歩的《エレメンタリー》な問題を修得しなければならない」と書いているのだ。科学的思考法は、対象物をごく普通に見ることから始まる。つまり、観察だ。

犯罪捜査や科学実験をしたり、友人を食事に招くか否かといった単純なことを決めてしまう前に、まずは基本的なことを行う必要がある。ホームズが自身の調査の土台を「初歩的な」問題と呼んだのは、理由のないことではない。つまり、まさに基本そのものであり、物事が機能し、存在する土台となっている部分だからである。

科学者であっても、それを率直に認めるとは限らない。あまりに深く彼らの考え方にしみ込んでいるからだ。物理学者が新たな実験を思いついたにせよ、生物学者が新たに単離させた化合物の特性をテストしようとするにせよ、問題に対するアプローチや仮説、あるいは自分のしていることに対する理解は、長年培ってきた基本的知識がなくては成り立たない。だが科学者たちが、そのことをつねに理解しているわけではないのである。実際、研究のアイデアをどこから得たのか、なぜ筋が通る研究だと思ったのか、といったことを説明するのには、苦労することになるかもしれない。

第二次世界大戦が終わったあと、物理学者のリチャード・ファインマンは、カリフォルニア州のカリキュラム委員会の委員を務めるよう頼まれた。州の高校用に科学の教科書を選ぶという役目である。彼が驚いたことに、教科書はどれも、生徒を学ばせるというよりは、困惑させるような内容のものに思われた。調べるにつれて、内容はひどくなるばかりだった。だがやがて、ようやく期待できそうな本に出会った。ぜんまい仕掛けのおもちゃ、自動車、自転車に乗った男の子の写真が続けて載っていて、それぞれの下に「どうやって動く？」という質問が書いてある。ここにきてやっと、機械の原理（おもちゃ）、化学（自動車）、生物学（男の子）から始まる、科学の基礎を説明してくれるものが出てきたと、彼は思った。だが、その喜びも、長くは続かなかった。最後に説明が出てきて、真の理解を得られるだろうと思ったとき、そこに書かれていたのは次の言葉だった。「エネルギーで動く」

だが、エネルギーとは何なのか？　なぜ動くのか？　どうやって動くのか？　そういった疑問は認めてもらえないばかりか、答えてももらえないのだ。「これでは何も意味していない。ただの言葉の羅列だ」とファインマンは指摘している。「ここに書かれるべきだったのは、ぜんまい仕掛けのおもちゃを見て、中にばねが入っていることを確認することだ。そして、ばねや車輪について学ぶことだ。エネルギーのことなど気にかける必要はない。のちに、子供たちがこのおもちゃが動く仕組みについて知ったときには、もっと一般的なエネルギーの原理について話し合うことだろう」

ファインマンは、自身の基礎知識《ナリッジベース》を当然のものとみなしたりしない、数少ない人物のひとりだ。彼はそれぞれの問題や原理の下に隠れている構成要素を、つねに気に留めている。実は、それこそがホームズのせりふに含まれていること、つまり、つい気づかずに見過ごしてしまうようなありふれた問題について基礎から始めよ、ということなのである。何をどう観察すべきかを知らず、目の前にある問題の基本的性質が何なのかを理解していなかったら、仮説を立てることも、検証可能な理論を考えつくこともできない。このあとの二つの章で解説するが、平易でわかりやすいことこそ、見かけによらないのである。

科学的思考法は、幅広い基礎知識、事実に対する理解、これから取り組もうとする問題の概略を把握することから始まる。〝問題〟は、『緋色の研究』の場合ならローリストン・ガーデンの空き家で起きた殺人事件にまつわる謎であるし、あなたの場合なら、今の仕事を変えるかどうするかという決断かもしれない。それがどんな問題であれ、頭の中でできるだけ具体的に明確にしなければならない――その後、過去の体験と現在の観察により、それを埋めていかねばならないのだ。ホームズの場合は、今回の事件と以前にあった事件との類似点に気づかないレストレイド警部とグレグスン警部に、こんなふうに注意を促している。「太陽の下に新しきものなしという諺もあります。似たような事件が、前にも必ず起こっているはずです」

ここにいたってやっと、仮説を生み出す段階へと移れるわけである。この時点でホームズは、最も明らかな可能性にこだわるのでなく、自身の想像力を使って、ほかに考えうる調査の方向を見つけ出す。『緋色の研究』の場合なら、"rache"というのは"Rachel"という人名を書くのを途中でやめたのではなく、ドイツ語の「復讐」を意味する言葉かもしれない、というようにだ。あなたの場合なら、今の仕事をやめて新たな仕事を追い求めるシナリオをつくったときにどんなことが起きるか、その可能性について意見を出し合うことになるかもしれない。ただ、やみくもに仮説を立てていってはいけない。使いものになるシナリオや説明はすべて、最初の基礎知識《ナリッジベース》と観察から生まれるのだから。

そうして初めて、検証を行う。その仮説が言わんとしていることは何か？　この時点でホームズは、考えうる方向の調査をすべて行う。考えうる可能性をひとつひとつ消し去っていけば、最後に残ったものがどんなにありえなさそうでも、真実に違いないということだ。あなたの場合なら、転職のシナリオに沿って動き、理にかなった結論に到達するまで実行する。これについては、またあとで述べることにしよう。

だが、これでもまだ終わりではない。時代は変わるし、状況も変わるものだ。元々の基礎知識も、つねに最新のものにしていかなければならない。環境が変わるたびに仮説を修正し、再検証することを忘れてはいけないのだ。気をつけていないと、革命家であっても時代遅れの存在となりかねない。やる気や挑戦心、努力を欠いては、思慮深さ《ソートフルネス》のある者も思慮がなくなってしまうのだ。

つまり科学的思考法とは、問題点を理解して組み立て、観察し、仮説を立て（もしくは想像し）、検証して推理し、それを繰り返すことにある。シャーロック・ホームズにならうということは、以上のアプローチを外から得た手がかりにだけ当てはめるのでなく、自分の頭に浮かんだあらゆる考えにも当てはめられるようになることである。さらには逆に、関与していそうなすべての人物のすべての考えに、念入りに当てはめられるようでなければならない。

ホームズは自分自身のアプローチの原理を、前述の記事の中で、ひとつの大きなアイデアにまとめている。「観察力の豊かな人間は、日常生活の中で遭遇するすべてを的確に系統的に観察することによって、実に多くのことを学びうるものだ」と。ここでの「すべて」は、ひとつだけの考えでなく、それぞれの人のあらゆる考えという意味になっている。ホームズの世界においては、見かけどおりに受け取っていい物事など存在しないのだ。この記事はさらに、こう述べている。「論理的思考の持ち主は一滴の水を見ただけで、大西洋やナイアガラの滝を実際に見たり聞いたりしたことがなくても、それが存在することを言いあてることができる」

言い換えれば、すでに備わっている基礎知識があれば、私たちは観察することで、意味のないような事実から意味をくみとって推理することができるというわけである。新規のものや未知のもの、まだ検証されていないものを、想像したり仮説として取り上げたりする能力に欠けていたら、科学者とは呼べないのだ。

以上が科学的手法であるが、ホームズは一歩先を行っている。彼は同じ原理を人間にも当てはめているのだ。ホームズの信奉者なら、同じ記事の次のような言葉に従うことだろう。「見知らぬ人間と出会ったら、その人物の経歴や職業をひと目で見抜くことを訓練すべきだ。こういう訓練は、つまらないことに思えるかもしれないが、そうすることが観察力を鋭くし、どこに目を向けるべきか、何を見るべきかを教えてくれるのだ」ひとつひとつの観察と訓練、単純な事実から引き出される単純な推論が、複雑な考え方をする能力を高めていく。観察を第二の天性とするような、新たな思考習慣の基礎がつくられるわけだ。

これこそまさに、ホームズが独学で身につけたことであり、私たちに教えてくれることである。そしてこの点こそが、ホームズという探偵の魅力ではないだろうか。彼は最も難解な犯罪の謎を解くだけでなく、それを初歩的《エレメンタリー》と思われるようなアプローチでやってのけるのだ。このアプローチは科学に基づいているのであり、学び、養い、応用することのできる思考習慣に基づいているのだ。

以上のことは、理論上は良さそうに思える。だが、そもそも、どうやって始めるのか？

いつも科学的に物事を考えたり、すべてのことにつねに注意を払い、分析し、観察し、仮説を立て、推理しなければならないというのは、とても大変なことに思われる。だが、私たちの大半にとっては、先はまだまだ長い。私たちの頭は、最初からホームズのように考えることができるわけではないのだ。

だがさらにその一方、新たな思考習慣は、学び、応用することができる。私たちの脳は新たな考え方を学ぶのに長けており、歳をとっても神経組織は著しいまでに柔軟なのだ。これから先のページでは、ホームズの考え方にならうことで、彼の方法論を日々の生活に応用するしかたや、つねに〈マインドフル〉でいる方法、あらゆる選択や問題や状況に対し、それぞれ充分に注意深く対処する手段を学べるようになる。最初は不自然に感じられるかもしれないが、時間をかけて練習を重ねれば、ホームズにとってと同じように、第二の天性のようになってくるだろう。

訓練を受けていない脳の落とし穴

ホームズの思考は科学的な理想であるが、それを特徴づけているのは、世間の事柄に対する懐疑的な態度と、詮索好きなところである。彼はどんなことも、額面通りには受け取らない。すべてを細かく調べて検討してから、ようやく受け入れる（状況によっては受け入れない）のだ。残念ながら、私たちの頭《マインド》はデフォルトの状態では、そのようなアプローチを嫌う。ホームズのように考えるには、まずは私たちの世界の見方に染みついている、持って生まれた抵抗感のようなものを克服する必要があるのだ。

今では大半の心理学者が同意しているが、私たちの頭は二つのシステムをベースにして動いている。一方のシステムは反応が速く、直観的で、反射的――戦うべきか逃げるべきか、絶えず注意しているような感じである。意識的な思考や努力はそれほど必要とせず、オートパイロットのような役目を果たしている。もう一方のシステムは反応が緩く、より慎重で、より徹底して、論理にかなった動きをする――が、大いに意識されている。できるかぎり最後まで加わらず、不可欠と思わないかぎり介入しないのだ。

クールで思慮深いほうのシステムが脳を消費するため、私たちは思考する時間のほとんどで、ホットで反射的なほうのシステムを使う。そして、そのシステムの特徴どおりの観察者のような状態になる。つまり、無意識で、直観的で（必ずしも正しくはない）、反射的で、判断が速いのだ。それが当然であるかのように私たちは生きていく。そして、注意を引いたり立ち止まらせたりするものが現れて初めて、もっと思慮深く《ソートフル》てクールなもうひとつのシステムに頼ることで、私たちは知るようになるのだ。

ここで、二つのシステムに名前をつけてみよう。〈ワトスン・システム〉と〈ホームズ・システム〉だ。どちらがどちらかは、わかることと思う。〈ワトスン・システム〉を、いい加減な思考習慣によって動かされる、私たちの中にある単純素朴な自己《セルフ》と考えてもらいたい。

一生をかけて身につく、ごく自然で、いわゆる最少抵抗線をたどる（最も安易な方法をとる）自己である。そして〈ホームズ・システム〉は、私たちの中にある向上心ある自己として考えていただきたい。ホームズの思考法を日々の生活に応用する方法を学んだら、そのようになる自己であり、その際には、〈ワトスン・システム〉による習慣をきっぱりやめることになるのである。

私たちが何か当然の存在を考えるとき、それがどんなものであれ、私たちの頭は受け入れるように前もってセットされた状態になっている。まずは信じて、それから疑問を抱くのだ。言い方を変えると、私たちの脳は、初期設定《デフォルト》の答えがつねに「正」である正誤式の問題のように、最初に世界を見てしまっている。この「正」の状態のままでいるのに何の苦労もないため、「誤」へ変えようとすると、警戒のための時間とエネルギーを要するのだ。

心理学者のダニエル・ギルバート（一九五七〜、ハーヴァード大学社会心理学教授）は、次のように述べている。「私たちの脳は、たとえ一瞬であれ、物事を処理するために、それを信じる必要がある」たとえば、ピンクの象を思い浮かべてほしいと言われたとしよう。ピンクの象が実在しないことは、あなたはよくわかっている。だが、この文章を読んだときには、頭の中で一瞬だけ、ピンク色をした象を思い描く必要がある。それが実在しないと理解するためには、それが実在したと、一瞬だけ信じる必要があるわけだ。理解することと信じることを、私たちは同時に行うのである。

理解するためには受け入れる必要があるということを最初に理解したのはスピノザであり、ウィリアム・ジェイムズはギルバートよりも一〇〇年も前に、この原理について「あらゆる命題は、限定的であれ存在的であれ、理解されるという事実を通じて信じられる」と記している。理解して初めて、私たちはあるものを信じないことができるようになる——そしてギルバートが指摘したように、その過程の一部は無意識とは程遠いのだ。

ピンクの象の例で言うと、反証を挙げる過程はシンプルである。努力も時間も、ほとんど要しない。ただ、灰色の象と言った場合と比べ、脳が処理するのに多少の努力は要する。反事実の情報にはさらなる検証と、正しい情報には必要とされない反証を要するからだ。だが、これがつねに正しいわけではない。どんなものでも、ピンクの象ほど明白なものではないのだから。

概念や考えが複雑になるほど、もしくは「正」と「誤」の差に違いがなくなるほど、努力を要するようになる。たとえば、「アメリカのメイン州に毒ヘビはいない」と言ったとしよう。これは「正」か「誤」か。真実だと証明することは可能である。では、「死刑は終身刑ほどの厳罰ではない」はどうだろうか。この証明にはさらなる努力が必要となる。

その証明の過程が中断されたり、そもそも証明しようとすらしない可能性も大いにある。ある発言を充分にもっともらしいと判断すると（「確かに、メイン州に毒ヘビはいない。いるわけないだろう?」）、私たちはおそらく何もしないのだ。同様に、忙しかったりストレスで参っていたり、気が散っていたり精神的に消耗したりしていると、検証する時間もかけず、正しいものとしてしまう。複数の要求に直面すると、思考能力に限りがあるため、すべてを一度に処理できず、検証の過程は最初に手放すことになるのだ。そうなると、修正されていない考えが残り、実際には「誤」なのに、あとから「正」だと思ってしまうのである。

メイン州に毒ヘビはいるのか。実際問題として、いる。でも、一年たって訊かれると、その答えだろうが正反対の答えだろうが、覚えているだろうか――特に、この文章を読んでいて、疲れていたり気が散っていたりという場合には。

さらには、すべてが黒か白かと、はっきりしているわけではない――象の場合のように、すべてがピンクか白という問題ではないのだ。そして、私たちの直観力が言うあらゆることが、黒か白ではないというのは、現実にそうである。ここで、まごつくことになる。実際のところ、私たちは（少なくとも最初は）聞いたことを信じるばかりか、それを聞く前に、ある発言は「誤」だとはっきりと言われても、「正」として扱う傾向にある。たとえば、〈対応バイアス〉というものでは（この概念についてはのちほど詳しく取り上げる）、ある人が言ったことはその人が実際に信じていることだと、私たちはみなす。そして、そうではないとはっきり言われても、その仮定を手放そうとしないのだ。私たちはさらに、その人を見かけどおりに判断しがちである。

先の文章に戻ってみよう。「死刑は終身刑ほどの厳罰ではない」は、私が実際に信じていることだと思っただろうか。この問いに答えられるだけの根拠は、あなたにはない。あなたには、私の意見を話していないからだ。だが、あなたは私の発言を私の意見として、この問いにすでに答えているかもしれない。さらに気がかりなのは、何かを否定する内容を耳にしても――例として、「ジョーとマフィアのつながりはない」を挙げよう――否定語をはずして考えてしまうため、その発言を間違って記憶して、ジョーはマフィアとつながりがあると信じてしまうことである。そうはならなくても、ジョーに対して否定的になる可能性が高い。陪審員になった場合には、ジョーに対して、より長めの実刑を求めがちになるのである。物事をあっさりと認めて信じるという私たちの傾向は、私たち自身にとっても他人にとっても、現実に大きな結果を及ぼすものなのだ。

ホームズの巧みなところは、あらゆる思考、経験、知覚について、ピンクの象に対するのと同じ扱いをする点である。つまり、あなたの心の自然な状態である、信じやすい傾向の代わりに、かなりの懐疑的な状態からスタートするのだ。あらゆるものを、見かけどおりに受け取ったりはしない。あらゆるものを、自然界には絶対に存在しない動物と同じくらいばかげたことと、みなす。これは難しい作業だ。特に、一度に受け入れようとする場合には。これは脳に対して、自然な休止状態からつねに動いている状態になるよう命じているのと同じことであり、普通ならあくびをしながらOKと言って次へと移ったりする場合に、大切なエネルギーを消費するのである。だが、不可能なことではない。自分の味方にホームズがいるのであれば。なぜなら、彼は信頼できる相棒として、誰よりもうまく役目を果たしてくれるからであり、一見して大変な仕事と思われることを成し遂げる、不変のモデルなのだから。

ホームズの行動を観察することで、私たちも自分の心を観察することが上手になる。「いったいあの男は、どうしてぼくがアフガニスタン帰りだということを知ったのだろう？」ワトスンは、自分をホームズに紹介したスタンフォードに尋ねる。

スタンフォードは謎めいた笑みを浮かべながら、「あれがあの人の奇妙な癖なんです」と答える。「どうして何でも見抜いてしまうのか、誰もが不思議に思っているんです」

この答えだけで、ワトスンの好奇心はさらにかきたてられた。この好奇心を満たすことができるのは、長期に及ぶ詳細な観察によってのみである――これを、ワトスンはすぐさま実行した。

ホームズにとって、世界は元々、ピンクの象と同じようなものなのである。そこで得られるあらゆる情報はすべて、この不合理な動物と同様、注意深く、健全な懐疑的精神をもって調べなければならない。そして、この本を読み終えるまでに「この状況ならシャーロック・ホームズはどう考え、どう行動しただろう?」という単純な疑問を思い浮かべることがもしあれば、あなた自身の世界はホームズのものに近づいたことになる。それまで考えもしなかったような事柄は、あなたの心に入っていくのを認められる前に止められ、疑問を投げかけられるようになる。きちんとフィルターを通されることで、知らないうちにあなたの行動に悪い影響を与えることが、なくなるのだ。

その一方、今まで使っていなかった筋肉が痛みだし、新たに運動をしてさらに使うことで発達していくように、心の訓練を重ねれば、つねに観察や厳しい吟味を続けることが容易になると、あなたは気づくだろう。本書のあとのほうでわかることだが、まさに筋肉の鍛錬と同じことなのだ。それはホームズにとってと同じく、第二の天性となる。直観をはたらかせ、推理することが自然になり、意識して努力する必要がなくなるのである。

できないかもしれないなどと思う必要は、まったくない。ホームズは架空の人物かもしれないが、ジョゼフ・ベル博士は実在したのだから。コナン・ドイルもそうである。彼の行動によって恩恵をこうむったのは、ジョージ・エダルジだけではない。ドイルは誤って投獄されたオスカー・スレーターの有罪判決を覆すことにも、取り組んだのだった。

シャーロック・ホームズが私たちの心をつかむ何よりの理由は、普通の人間なら消耗しきってしまうような方法で思考することが彼なら可能であり、しかも努力を要しないでそうしているのだと、思わせるからだろう。彼は、思考に対する最も厳格な科学的アプローチを達成できるものと、私たちに思わせた。ホームズが謎解きの手法を説明したあと、ワトスンはいつも、これ以上明快なことはありえないと騒ぐが、意味もなく騒いでいたわけではない。だが私たちはワトスンと違って、その明快さを事前に知ることができるのである。

二つのM――マインドフルネスとモチベーション

ただ、簡単にはいかないだろう。ホームズも、こう述べている。「推理と分析の科学も、ほかのもろもろの学問と同じで、長く辛抱強い研究を積み重ねることによって、初めて達成することができるのだ。しかも、この学問の成果を最高度におさめるには、人生はあまりにも短い」

とはいえ、これは単なる空想以上のものでもあり、本質的にはひとつの単純な図式で表現できる。つまり、〈ワトスン・システム〉による考え方から〈ホームズ・システム〉による考え方へと移行することで、〈マインドフルネス〉にモチベーションが加わるのである（たくさんの訓練を積み重ねることも必要だが）。〈マインドフルネス〉とは、つねに〝頭脳の《プレゼンス・》影響力《オブ・マインド》〟があり、注意深さ《アテンティヴネス》がある状態のことであり、世界の真実を積極的に観察するのに欠かせない。モチベーションは、積極的な関与《エンゲイジメント》の欲求や、やる気という意味だ。

私たちが、鍵を置いた場所を忘れるとか、眼鏡が見当たらないと思ったら頭の上にあったなどといった、明らかにどうでもいいようなことをするとき、悪いのは〈ワトスン・システム〉である。オートパイロットのように行動し、自身の行為に注意していない。そのために、途中で邪魔が入ると目下の目的を忘れてしまい、なぜキッチンに来たんだったかと、立ち尽くすことになるのである。〈ホームズ・システム〉は、それまでのステップをさかのぼって注意深く思い返し、オートパイロットをやめて、みずからが行動した理由と場所を思い出すことができる。私たちは、つねにモチベーションを与えられていたり、〈マインドフル〉であるわけではなく、たいていの場合はそれで問題ない。私たちは、鍵の置き場所を覚えていることより重要なエネルギーを蓄えておくため、むしろ〈マインドレス〉な行動をしているのである。

ところが、このオートパイロット・モードを断つには、流れに従うのではなく、〈マインドフル〉に考えるためのモチベーションを得て、頭に浮かぶものに対して努力する気にならなければいけない。ホームズのように考えるには、彼のように考えたいと積極的に望む必要がある。

事実、モチベーションはきわめて重要なものなので、年齢差のある参加者を使った実験で、認知機能に関する正確なパフォーマンスの比較データを得る難しさを、研究者はよく嘆いている。なぜなら、年配の参加者はうまくやろうという気になるが、若い参加者はそうでもないからだ。年配者は一生懸命頑張り、積極的に関わろうとする。真剣で、集中していて、一生懸命なのだ。彼らは結果を出したいと思っている。自分の認知能力が試されているわけだし、年は取っても衰えていないことを、証明したいのである。一方、若い参加者はそうでない。年配者と同じような切迫感はない。では、どうやってこの二つのグループを正確に比較できるというのか。この問いは、加齢と認知機能の研究者たちを悩ませつづけているものである。

だが、重要なのはこの認知機能だけではない。やる気になった被験者は、必ず普通以上の成績をとるのだ。学生がやる気になると、IQテストのような不変のものにおいても、いい成績を上げる――平均して標準偏差が〇・〇六四も良くなるのだ。それだけでなく、モチベーションによって学業成績の向上、刑事上の有罪判決の減少、雇用の増加が予想される。〈激情的な習得意欲〉というのはエレン・ウィナー（アメリカの心理学者。ボストンカレッジ教授）による造語で、ある特定の領域をマスターする固有のモチベーションを表現したものだが、これを備えている子供は、芸術から科学にいたるまで、どんなことをしても成功する確率が高い。私たちがモチベーションをもってある言語を学ぶ気になると、成功する確率は高まる。何か新しいことを学ぶ際に、学習者としてやる気があったら、よりよく学べるのだ。私たちの記憶力でさえ、自分にやる気があるのかどうかをわかっている。記憶が形づくられる際にやる気になっていると、よく記憶できるのだ。これを〈動機付けられた符号化〉という。

そして当然のことながら、パズルの最後のピースが残っている。つまり、訓練だ。〈マインドフル〉なモチベーションを、何千時間にも及ぶ大変な訓練で補う必要がある。これについては、どうすることもできない。専門知識をもった才人を思い浮かべてみるといい。チェスの名人から名探偵にいたるまで、あらゆる分野の専門家は、それぞれの分野において並外れた記憶力をもっている。ホームズの場合は、犯罪に精通している。あるチェスプレイヤーは、頭の中にすべての指し方も含めた数百もの試合の棋譜が入っていて、すぐに取り出せるという。心理学者K・アンダース・エリクソン（アンダシュ・イェリクソン。スウェーデン出身のフロリダ州立大学教授）は、専門家というのは自身の専門分野の範囲内において、世界を違った目で見ていると主張している。初心者には見えないものを見ていて、訓練を受けていない目にはまったくはっきりしないものでも、ひと目見ただけでパターンに気づけるというのだ。全体の一部として細部を見て、重要なものとそうでないものが、すぐにわかるのである。

だがホームズでさえ、最初から〈ホームズ・システム〉をもっていたわけではない。小説内の世界では、彼もまた私たちと同じく、生まれたときは〈ワトスン・システム〉に支配されていた。ただ彼は、そのままの状態にはしておかなかった。彼は〈ワトスン・システム〉

に、〈ホームズ・システム〉のルールで動くことを教え込み、反射的な反応があるべきところに思索的な思考が組み込まれるようにしたのである。

たいていの場合、〈ワトスン・システム〉は習慣的なものである。だが、その力に気づいてしまうと、気づいていなかったときほどにはコントロールできていないことがわかる。ホームズがよく指摘しているように、彼は日々どんなときにでも、〈ホームズ・システム〉を作動させることを習慣にしている。そうすることにより、自分の中にある、短絡的判断をする〈ワトスン・システム〉を徐々に訓練して、おおやけには〈ホームズ・システム〉として使ってきたのだ。習慣と意志の力により、自身の判断がもっと思索的なアプローチによる一連の思考に従うように教え込んできたのである。

さらには、この基礎があることで、初めてワトスンに会ったとき、彼の人となりを瞬時に観察することができたのだった。ホームズは、これを〝直観力〟と呼んでいる。ホームズがもつ正確な直観力は、長い時間に及ぶ訓練に基づいた、必要に迫られたものである。専門家なら、どこから生じるかを意識していないかもしれないが、目に見える見えないに関係なく、これは習慣から生じているものだ。ホームズがしたのは、ホットがクールになることや、反射的行動が内省的行動になる過程を明確に分析することである。それこそが、アンダース・エリクソンが〈専門知識〉と呼ぶものであり、生まれつきの才能によるものではなく、熱心に訓練した結果として生まれた能力である。ホームズは、生まれながらの諮問探偵ではない。諮問探偵になるべく、世界に対して〈マインドフル〉なアプローチを行い、自然に、私たちが気づくレベルにまで技術を完全なものにしたのである。

二人で一緒に取り組んだ最初の事件が解決に近づいていくと、ワトスンは新たな友人のすばらしい手腕を褒めるようになる。「きみは探偵術を、人間として可能なかぎり厳密な科学の領域に近づけたのだからね」これはかなりの高評価であろう。だが、このあとの章であなたは、自分自身の思考ひとつひとつに対して、初めから、まったく同じことをする方法を学ぶだろう――ジョージ・エダルジを守ろうとしたコナン・ドイルや、患者を診断したジョゼフ・ベル博士のように。

シャーロック・ホームズが登場したのは、心理学がまだ初期の段階にある時代だった。つまり私たちには、彼よりもさまざまなものが備わっているのである。その知識を有効に使えるように、学んでいこう。

正典参考箇所

「いったいあの男は、どうしてぼくがアフガニスタン帰りだということを知ったのだろう?」――『緋色の研究』第一章「シャーロック・ホームズ君」

「この学問をきわめようとするものは、……」「観察力の豊かな人間は、日常生活の中で遭遇するすべてを……」「推理と分析の科学も、他のもろもろの学問と同じで、……」――

『緋色の研究』第二章「推理の科学」

第二章　脳という屋根裏部屋を知る

シャーロック・ホームズについて最も広く信じられていることのひとつは、彼がコペルニクスの地動説を知らないということだ。ホームズは『緋色の研究』の中で、ワトスンにこう言い放っている。「そんなもの［太陽系に関する知識］が、ぼくにとって何の役に立つというんだ？……きみは、地球が太陽のまわりをまわっているというが、かりに月のまわりをまわっているとしても、ぼくの生活や仕事に、いささかの変化ももたらしはしないだろう」そして、その事実を知ったあとには、「今度はできるだけ忘れることにするよ」と言ったのだ。

超人的な探偵であるにもかかわらず、子供でさえ知っているごく初歩的な事実を把握していないというのは、面白い話だ。私たちが科学的手法の手本だと考える人物が太陽系について無知だとは、なんと手抜かりなことではないか。BBCテレビの『シャーロック』シリーズでも、このことをある一話の中心エピソードのひとつとして扱っている。

しかしこれについては、触れておくべきことが二点ある。まず第一点は、厳密に言えばこの認識は正しくないということだ。その証拠に、ホームズはその後の物語の中で繰り返し天文学に言及している。たとえば〔マスグレーヴ家の儀典書〕（『シャーロック・ホームズの回想』所収）では「天文学者がいう個人誤差」について、〔ギリシャ語通訳〕（同『回想』所収）では「黄道の傾斜度」について、〔ブルース＝パーティントンの設計書〕（『シャーロック・ホームズ最後の挨拶』所収）では「軌道を外す遊星」についてというように。つまりホームズは、ワトスン博士との友情がはじまったころには知らないと言っていた知識のほとんどを、後年に使っているのだ。そしてBBCテレビの『シャーロック』は、〝正典〟に忠実に従い、科学の勝利で幕を閉じる。ホームズは天文学をよく知っており、その知識によって少年の命が救われるのである。

　ホームズが無知を誇張していたのは、私がもっと重要だと思える、第二の点に注目させるためだったのではないだろうか。太陽系についての知識を「忘れることにする」と言って拒絶したことは、人間の脳のはたらきに関係している。そしてそのはたらきこそ、ホームズの考え方の中核をなしており、私たちが彼の手法を模倣するときにも中核となることがわかるだろう。冒頭のせりふの少し前で、ホームズはワトスンに、こう言っている。「人間の頭脳というものは、もともと小さな空っぽの屋根裏部屋みたいなもので、自分の好きな家具《ファーニチャー》だけをしまっておくようにできているんだ」（『緋色の研究』）

　私が〝脳という屋根裏部屋〟という言葉を初めて聞いたとき――暖炉の火の明かりと深紅の古いハードカバー本の時代だ――七歳の頭に浮かんだものといえば、私の本棚に鎮座しているシェル・シルヴァスタインの本の表紙だった（『屋根裏の明かり』）。モノクロのイラスト本で、表紙には半分笑ったような傾いた顔が描かれてあるのだが、その頭は三角形に膨れて屋根になっており、煙突が付いて、しわの寄った額のあたりには屋根裏部屋の鎧戸が開いている。鎧戸のむこうからは、何やら小さな顔がこちらをのぞいている。これが、ホームズの言っているものなのだろうか？ 紐を引いて明かりをつけたり消したりする見知らぬ生き物がいる、壁の傾いた小さな部屋が？

結局、これはまったくの見当違いでもなかった。ホームズにとって、人間の脳は、実はきわめて具体的な、物質的な場所だったのだ。煙突があるかどうかはわからない。しかし、見かけがどのようなものであっても、頭の中にある多様な対象物を記憶するためにつくられた場所だ。そしてそこには、自在に明かりをつけ消しできる紐が確かにあるのだ。ホームズは、先ほどの言葉を次のように続けている。「ところが、愚かな人間は、手当たりしだい、どんながらくたでも片っ端から詰め込むから、役に立つ知識は、はみ出してしまうか、さもなければ、ほかのものとごちゃまぜになって、いざ取り出そうとする場合、それがどこにあるのか、わからなくなってしまうんだ。しかし、訓練を積んだ専門家は、頭脳の屋根裏部屋に何を詰め込むかについて、細心の注意を払う」

このたとえは、非常に正確だと言える。記憶の形成《フォーメーション》と保持《リテンション》、検索《リトリーヴァル》に関するその後の研究で、この屋根裏部屋のたとえが適用できることがわかっているからだ。ここからしばらくは、思考過程の発端から頂点まで、脳という屋根裏部屋の役割を明らかにし、その構造《ストラクチュア》と中身《コンテンツ》が各段階でどのようにはたらくか、そのはたらきを向上させるために日常的にできることは何かを、見ていこう。

簡単に言うと、〝屋根裏部屋〟はその構造と中身に分けられる。屋根裏部屋の構造とは、脳がどうはたらくかということだ。どのように情報を取り込むのか、どのように情報を処理するのか、将来のためにどのように蓄えるのか、すでに屋根裏部屋に入っている内容と統合するかどうかを、どのように選択するのかである。物理的な屋根裏部屋とは違って、脳という屋根裏部屋の構造は、完全には固定されていない。私たちの使い方によって、無限ではないにせよ拡大できる。言い換えるなら、記憶と処理は多少効果的になりうるのだ。記憶の検索方式《モード》も変更できる（自分が蓄えた情報をどのように取り出しているのだろうか？）。記憶貯蔵《ストレージ》システムも変更できる（取り込んだ情報をどのように蓄えているのだろうか？　情報はどこに行くのか？　どのようにしるしをつけられているのか？　どのように統合されているのか？）。そして最後に、情報は特定の領域内にとどまらなければならない――屋根裏部屋はそれぞれ異なっており、それぞれが独特の制約下にある。しかし、私たちが学んだ使い方によって、この領域内はどのような配置にでもなりうるのだ。

一方、屋根裏部屋の中身は、私たちがこの世界から取り込んだ人生での体験だ。私たちの記憶。私たちの過去。それは知識の基盤であり、課題に直面するたびにそこからはじめる情報だ。物理的な屋根裏部屋の中身が時間とともに変わりうるように、脳という屋根裏部屋も、私たちが死ぬまで項目を取り込んだり廃棄しつづける。思考のプロセスがはじまると、記憶の内容《ファーニチャー》は、内的な習性および外部の状況の構造と組み合わさり、与えられた時点においてどの項目を保管場所から取り出すかを、決定する。ある人物の屋根裏部屋の中身を外見から推測することは、ホームズがその人物の人となりと能力を判断する、最も確実な方法のひとつとなっている。

私たちがすでに知っているように、最初の取り込みの多くは、自分では制御できない。第一章で述べたように、ピンクの象が実在しないことを理解するためには、それを一瞬でも思い描かなければならない。それと同様に、ワトスンの語る太陽系の仕組みやトマス・カーライルの著作についても、ほんの一瞬にせよ、一度は知識を取り入れるしかないのだ。しかし私たちは、屋根裏部屋の構造に習熟することができる。間違って取り込んだガラクタを捨て（初期のホームズが地動説のことを忘れると断言したように）、必要なものを優先して不要なものをしりぞけ、それぞれに独特な屋根裏部屋の特性を考慮することを学んで、そうしない場合に与えられる過度の影響を防げるのである。

人の外見からその胸中を察知できるような達人にはなれないだろうが、私たちの脳の屋根裏部屋の配置と機能を理解することで、脳の特性を最高に活用するための第一歩を踏み出すことができる。言い換えるなら、思考過程の最大限の活用法を学べば、どのような決断でも行動でも、最善で最も自分にふさわしいかたちではじめられるようになるということだ。屋根裏部屋の構造と中身は、私たちがそのように考えなければならないのだからそうなっているのではなく、長いあいだの繰り返しの練習によって（たいていい気づかぬうちだが、それでも練習だ）そう考えることを学んだから、そうなったのだ。私たちはどこか、〈マインドフル〉な〈注意力《アテンション》〉など努力に見合わないと思い込んでいる。私たちは、〝深み〟より〝効率〟を選んでいる。しかし、時間はかかるかもしれないが、もっと違う考え方を学ぶことができるのだ。

　基本構造は永遠に変わらぬかもしれないが、その連鎖《リンケージ》と構成要素《ビルディング・ブロック》を変更する方法を学ぶことはできる。その変更は実生活で屋根裏部屋を改築するようなものであり、思考の習慣を変えることは神経連絡《ニューラル・コネクション》を再編成していくことにつながる。どんな革新《リノベーション》もそうだが、このような大規模なオーバーホールには時間がかかる。一夜にして屋根裏部屋の改築はできないのだ。しかし、小さな変更《マイナー・チェンジ》の中には、数日あるいは数時間で起こるものもある。しかもそれは、屋根裏部屋がどんなに古くても、どんなに長いあいだ整頓したことがなくても、起きる。つまり、私たちの脳は新しい技術をすばやく覚えることができる。そして、若いときだけでなく、生涯にわたってそれを続けるのだ。脳の中身についても、その一部はやはり一生そこにあることになるが、将来も保持しておくものを選ぶことはできる。そして、必要な中身を最も利用しやすいように、あまり価値がないものや完全に不要なものは隅に押しやるように、屋根裏部屋の整理のしかたを学ぶことができる。まったく違った屋根裏部屋にしてしまうのは無理かもしれないが、ホームズの屋根裏部屋に近づけることは確実にできるのだ。

記憶の内容（屋根裏部屋の家具）

ワトスンが新しい友人の推理に関する理論、つまり一滴の水からナイアガラの滝の存在を知ることができるという話を、初めて聞いたその日、彼はその力について最も説得力のある証拠を見せられる。不可解な殺人事件に対する、その理論の適用だ。ホームズの書いたその記事について議論していた二人は、スコットランド・ヤードからの手紙で邪魔をされる。トバイアス・グレグスン警部が、事件の謎についてホームズの意見を求めてきたのだ。ひとりの男が死体で発見されたが、「盗難にあった形跡はなく、その他この人物の死因を示す証拠物件は何ひとつ残されていません。室内には血痕が付着していますが、死体に傷跡は見られません」と言う。そして、グレグスンはさらに続ける。「この人物が、どんな理由で空き家にはいりこまなければならなかったのか、私どもにはまったく見当がつきません。事実、事件全体が謎に包まれているのです」こうしてホームズは、ワトスンと一緒にローリストン・ガーデンへと向かう。

はたして、この事件はそれほど奇妙だったのだろうか？　グレグスンの同僚であるレストレイド警部は、そう考えていたようだ。「私もそれほど駆け出しってわけじゃありませんが、こんな事件に出くわすのははじめてですよ」とレストレイドは言う。手がかりがまったくないのだと。しかし、ホームズにとってはそうでなかった。「これはこの死体から出た血じゃありませんね。おそらく第二の男――加害者の血でしょう。これが他殺だとすればね」と、彼は二人の警部に告げる。「この事件は一八三四年にユトレヒトで起こったファン・ヤンセン殺害の情況を思い出させます。グレグスン警部、あの事件を覚えていますか？」

グレグスンは、覚えていないと言う。

「では、あの事件の記録を読んでみたらどうですか――いや、ぜひともそうすべきです」とホームズは返した。「太陽の下に新しきものなしという諺もあります。似たような事件が、前にも必ず起こっているはずです」

グレグスンは忘れていたのに、なぜホームズはファン・ヤンセン殺しを覚えていたのだろうか？　おそらく、二人ともある時点では状況について精通していた。グレグスンも、現在の地位を得るために訓練をしなければならなかったのだから。しかし、ひとりは使うためにそれを維持していたのに、もうひとりの記憶は消え失せてしまっていたのだ。

これはすべて、脳の屋根裏部屋の性質によるものだ。私たちの初期設定《デフォルト》である〈ワトスン・システム〉の屋根裏部屋は、雑然としていて〈マインドレス〉だ。グレグスンも一度はファン・ヤンセンのことを知っていたかもしれないが、それを知識として維持しておくために必要なモチベーションと頭脳の影響力《プレゼンス・オブ・マインド》がなかった。昔の事件など気にする必要はないだろう、というわけだ。しかしホームズは、過去の事件を覚えておくという意識的な選択をした。いつなんどき、それが役に立たないともかぎらないのだから。彼の屋根裏部屋では、知識が行方不明になることはない。彼は些細なことが重要だという、慎重な決断を下していた。そしてその決断がその後、彼がどのようにして、いつ何を思い出すかに影響を及ぼしてきたのだ。

私たちがどのように考え、どのように好みがつくられ、どのように決断するかの出発点は、ほとんどの場合、私たちの記憶にある。似たような構造の脳をほかの人のそれと区別するのは、屋根裏部屋の中身《コンテンツ》だ。ホームズが屋根裏部屋に適切な家具《ファーニチャー》だけをしまっておくと語ったとき、彼が意味していたのは、人生のさまざまな側面に照らして、起こった瞬間よりあとでも保持しておきたいと思う体験と記憶を慎重に選ぶ、必要性だ。コナン・ドイルが架空の探偵をつくりだすとき、もし記憶からジョゼフ・ベル博士との体験を取り出していなかったら、私たちの知るホームズは存在しなかっただろう。ホームズの言葉は、たとえ地味な事件に思えても、過去の事件を覚えておくことが刑事にとっては大事なのだという意味だった。それはある意味、彼の職業にとって最も基本的な知識なのではないだろうか。

心理学の研究における初期には、記憶は脳の特定の部分に、〈エングラム〉と呼ぶ痕跡として存在すると考えられていた。そうした〈エングラム〉の位置を特定しようとして、アメリカの心理学者カール・ラシュリー（一八九〇〜一九五八、神経心理学の開拓者のひとり）は、ラットに迷路を走るように教え込んだ。その後、脳組織のさまざまな部分を切り取ってから、ラットを迷路に戻した。ラットの運動機能は低下し、数匹は曲がりくねった迷路の中で足を引きずったり、のろのろと動いたりしたものの、道を完全に忘れてしまってはいなかった。ここからラシュリーは、ある特定の記憶が特定の場所に蓄えられているわけではないという結論に達した。記憶はむしろ、つながっている神経回路網《ニューラル・ネットワーク》に広く分布していたのだ。もちろん、ホームズにとっては、当たり前のことなのかもしれないが。

今日、記憶はひとつは短期、もうひとつは長期という二つのシステムに分かれているというのが定説だ。このシステムの正確なメカニズムはいまだに理論上のものだが、屋根裏部屋のような見かたは――きわめて特殊な屋根裏部屋だが――さほど的外れでないかもしれない。私たちが何かを見るとき、それはまず最初に脳によって符号化され、それから海馬に蓄えられる。将来取り出す必要があるかどうかを考える間もなくすべてを取り入れる、屋根裏部屋の最初の入り口だと思えばいい。そこから、過去の体験と過去の傾向に沿って（つまり通常あなたが重要だと思うかどうかにより）、積極的に重要だと考えること、あるいは気にかかることが、蓄えておく価値があると判断され、屋根裏部屋の中の特定の箱の特定のフォルダー、つまり大脳皮質の特定の部分へと移動する。屋根裏部屋の大きな収納場所である〈長期記憶〉へと。これは記憶の〈固定化《コンソリデーション》〉と呼ばれる。蓄えられた特定の記憶を思い出す必要があるとき、脳は適切なファイルに手を伸ばし、それを引き出す。ときには、箱全体を活性化させたり、近くで起きたことに影響されて、隣のファイルを引き出すこともある――これは〈連想活性化〉だ。あなたが取り出すときまでにファイルが滑り落ちて、内容が最初に入れたときとは変わっているときもある――変化には気づかないかもしれない。どちらにせよ、のぞいてみて、新たに関係すると思われるものをそこに加える。それから、変化した内容の中で置き換えをする。これらの手順は、それぞれ〈検索〉と〈再固定化《リコンソリデーション》〉と呼ばれる。

詳細はともかく、重要なのは全体像だ。つまり、蓄えられるものもあれば、屋根裏部屋までたどり着かずに捨てられるものもあるということだ。蓄えられたものは、関連するシステムに従って整理される――あなたの脳が、その記憶がどこに適合するかを判断する。しかし、自分がしまいこんだものと同一の記憶を取り出していると考えているなら、それは間違いだ。その内容は、あなたがしまった箱が揺れるたびに入れ替わり、変化し、かたちを変えていく。子供のころのお気に入りの本をしまうときに注意を怠ると、次に取り出すときに、見たかった絵が濡れて傷んでいるかもしれないのだ。フォトアルバムを何冊か放り込んでしまうと、写真がごちゃまぜになり、ある旅行の印象がほかの旅行と混じり合ってしまうことになる。頻繁に見ておけば、物事がほこりまみれになることはない。いつもきれいなままで一番上にあり、次に触れるときまで待っていてくれる（とはいえ、次の旅に必要なものが何なのかなど、誰にもわからないのだが）。触れないままにしておくと、どんどん埋もれていくが、近くのものが突然動いたせいで、移動することもある。何かを長いあいだ忘れていれば、見ようとしたとき届かないところに消えているかもしれない。まだそこにあるのは確かだが、暗い隅にある箱の底だとしたら、再び見つけることはまずないだろう。

知識を積極的に活用するためには、さまざまな情報が機会あるたびに屋根裏部屋に入れられていると気づかなければならない。私たちは初期設定《デフォルト》状態にあると、何らかの事柄で注意を引かれないかぎり、そうしたものにそれほど注意を払わないのだ。しかしそれは、まったく屋根裏部屋へ入ってこないということではない。私たちが油断していたり、情報を受動的にしか受け取らず、意識的に〈注意力《アテンション》〉を制御する努力をしないと、それらは中に入り込んでくる（このことは今後の章でさらに学んでいく）。中でも特に、誰もが自然に興味をそそられる話題や、どうしても目についてしまうこと、感情をかきたてること、あるいは、目新しさなどのせいで引きつけられることなどは、入り込んでくる。

フィルターを通さずに世界をそのまま屋根裏部屋に入り込ませ、たまたま出会った情報や、興味や直接的関係によりあなたが自然と注目する情報で部屋を満たすのは、あまりにも簡単なことだ。デフォルトである〈ワトスン・システム〉の方式《モード》では、私たちはどの記憶を蓄えるかを〝選択〟しない。ただ単に、そのまま蓄えられたり蓄えられなかったりするだけだ。あなたが友人との記憶を思い出したのに、その友人のほうは何の話をしているのかさっぱりわからなかった、ということはないだろうか。たとえば、二人ともランチでなくアイスクリームサンデーを注文し、そのあと街をぶらぶらして川のそばで人々を眺めたときのことを。その友人は、「誰か別の人に違いない。ぼくじゃないよ。ぼくはサンデーなんか食べるタイプじゃないからな」と言う。でもあなたは、それは彼だと知っている。これとは逆に、あなたがこの友人の立場で、誰かからまったく思い出せない体験や出来事、瞬間について語られたことはないだろうか？　その誰かは先ほどのあなたとまったく同じ立場にあり、彼が思い出すとおりのことが起こったと確信している。

だがホームズは、このようなやり方は危険だと警告している。あなたの脳はあっという間にたくさんの無用なガラクタでいっぱいになるので、たまたまその情報が役立つとしても深く埋もれてしまい、ないときと同じように利用できなくなるからだ。その時点で思い出すことのできることだけが、私たちの知っていることなのだと、留意しておかなければならない。言い換えるなら、必要なときに思い出せないなら、どんなに多くの知識があっても役に立たない。現代のホームズ、つまりBBCテレビのシャーロックが天文学について何かを知っていたとしても、あの絵画に描かれた小惑星について、あの決定的瞬間に思い出すことができなかったら、意味はない。少年は死んでしまい、ベネディクト・カンバーバッチは私たちの期待を裏切ることになるのだ。あるいは、グレグスン警部がファン・ヤンセンとユトレヒト事件のすべてを知っていたとしても、彼がそれをローリストン・ガーデンで思い出せなければ、まったく役には立たないのだ。

私たちが何かを思い出そうとするとき、あまりにも多くのものが堆積して邪魔をしていれば、思い出すことはできないだろう。必要な記憶ではなく、競合する記憶が私たちの注意を引こうとするかもしれない。私があの重要な小惑星について思い出そうとしても、その代わりに、流れ星を見た夜のことや、天文学の教授が彗星について最初の講義をしたときに彼女が何を着ていたかなどということを、考えてしまうかもしれない。すべては、私の屋根裏部屋がうまく整理されているかどうかにかかっている。最初にその記憶をどう符号化したか、今はどんな合図で検索できるか、思考プロセスが始めから終わりまでどのように系統化され、組織化されているかに、かかっている。私が何かを屋根裏部屋に入れたとしても、タイミングよく使えるようにきちんとしまったかどうかは、まったく別の問題だ。そこに詰め込んだからといって、望むときに個別の項目を取り出すのは、それほど簡単なことではないのである。

しかし、気にすることはない。ガラクタはどうしても屋根裏部屋に潜り込んでくるものなのだ。ホームズが言うほど完璧に慎重を期すのは不可能だし、のちには彼もそれほど厳密でないことがわかる。役に立たないガラクタは、状況によっては掘り出し物になることもある。ただし、符号化される記憶をもっとうまく管理することは可能だ。

もしワトスンが――グレグスンもそうだが――ホームズのやり方を真似したいのなら、〈動機付けられた符号化〉という性質をちゃんと認識するほうがいい。私たちは、興味や動機があるときに、よりよく記憶することができるのだ。ワトスンで言うなら、自分が受けた医学訓練や、自分の恋愛談の細かな点を、きちんと覚えておく能力が充分にあったろう。このような事柄は彼自身に関係したものであり、彼の関心をとらえるものだった。言い換えると、彼には思い出す動機があったということだ。

心理学者のカリム・カッサム（カーネギーメロン大学助教授）は、これを〈スクーター・リビー効果〉と呼んでいる。チェイニー副大統領の首席補佐官だったルイス・〝スクーター〟・リビーは、あるＣＩＡ職員の身元をレポーターに漏らしたとして起訴された。二〇〇七年の裁判で彼は、その記憶はないと主張したが、陪審はこれを信じなかった。彼がそんな重要なことを覚えていないということなどありえない、と考えたのだ。ことは単純だ。現在から振り返るほど、その当時は重要ではなかったのだ。そもそも、動機付けが最も重要なのは、屋根裏部屋に記憶をしまい込む瞬間であり、そのあとではない。〈記憶のための動機《モチベーション・トゥー・リメンバー》（ＭＴＲ）〉は、符号化の時点のほうがはるかに重要だ。そして、もし情報が初めに適切に蓄えられていなかったとしたら、検索時点のMTRがいかに高くとも有効ではない。信じがたいことだが、リビーは真実を語っていたのかもしれないのだ。

私たちは、必要なときにこの同じプロセスを意識的に活性化して、MTRを利用することができる。あることを本当に記憶したいとき、それに集中して自分に「これを記憶したい」と言い聞かせる――もし可能なら誰かに対して、ほかに誰もいないなら自分に向かってその体験を説明して、できるだけ早く固定する(本質的に、繰り返し語ることは固定化の手助けになる)。情報をあやつり、情報で遊び、それについて話し、語りや身振りで生き生きとしたものにしておくと、ただ何度も考えるよりも、より効率的に屋根裏部屋に送り届けられるだろう。たとえばある研究によると、数学教材を一度読んだあとでその内容を説明した学生のほうが、教材を何度か読んだだけの学生よりもその後のテストで成績がよかったという。さらに、より多くのきっかけの合図をもっていればいるほど、検索が成功する可能性が高まる。グレグスン警部がユトレヒトの事件を初めて知った瞬間に、その細部のすべてに集中していたなら――場所や匂い、音など、当時書類に記したことなら何でも――そして、さまざまなかたちで考えていたなら、今でも思い出す可能性は高いだろう。また同じく、彼がそれを自分のもっている基礎知識《ナリッジベース》と関連させていたら――別の言い方をすると、屋根裏部屋に新しい箱やフォルダーを運び入れるのではなく、血が飛び散っているのに外傷のない死体がある犯罪現場や一八三四年の事件など、現存している事件関係の情報と統合していたら――その連想性がのちに、ホームズの質問に対して素早く返答させてくれたことだろう。情報を区別して、より個人的で関連のある、強く記憶に残るものにするのだ。ホームズは自分にとって重要な詳細を覚えており、そうでないことは覚えていない。いかなる時点でも、あなたは知っていることは知っていると考えている。しかし、あなたが本当に知っていることとは、あなたが思い出せることなのだ。

では、ある特定の時点で思い出せることと、思い出せないことを分けるのは、何なのだろうか？　私たちの脳の屋根裏部屋の中身は、その構造によってどのように活性化されるのだろうか？

先入観《バイアス》の影響――屋根裏部屋の初期設定《デフォルト》構造

一八八八年の秋、シャーロック・ホームズは退屈していた。何カ月ものあいだ、興味を抱かせる事件がなかった。そこで彼は、ワトスン博士が幻滅したことに、コカインの七パーセント溶液に慰めを見いだす。ホームズによれば、それは頭脳にとっては刺激的で、生き生きと冴えてくるという。思考への食料が手に入らないときの必需品だ。

「しかし、考えてみてくれ」と、ワトスンは友人を説得しようとする。「確かに脳を刺激して頭のはたらきを活発にするかもしれないが、それはあくまで病的で不健全な作用だから、組織変化を昂進させて、ついには慢性的な衰弱をもたらすことになるんだ。それに、きまって悪質な反動におそわれることは、きみだって知っているはずだ。どう考えてみてもマイナスのほうが大きいじゃないか」

だが、ホームズは説得に取り合わない。「ぼくは問題がほしい。仕事がほしい。おそらく難解な暗号とか、複雑きわまる分析とか、そういう仕事がほしいんだ。そういう仕事をあたえられれば、たちまちぼくは生き返ったように元気になるだろう。そうなれば、人工的な刺激剤なんか必要なくなるわけだ。ただのんびりと暮らすのは、どうにもやりきれない」ワトスン博士が医者の立場から最善の主張をしても、どうにもなりそうもないのだ（少なくともこのときは）。

しかし幸いなことに、このときは医学的見解を披露する必要はなかった。ドアにノックの音がして、下宿の女主人であるハドスン夫人が入ってくると、ミス・メアリ・モースタンという名の若い女性がホームズを訪ねてきていると言ったのだ。ワトスンは彼女の登場を次のように表現している。

ミス・モースタンは、しっかりした足どりと、見たところ落ちついた態度で部屋へはいってきた。小柄で上品なブロンドの若い婦人で、きちんと手袋をはめ、服装の趣味も洗練されていた。だが、着ているものは質素で地味で、あまり暮らしが豊かでないことを示していた。服の色は灰色がかった、くすんだベージュで、飾りもひだもなく、同じくすんだ色の小さなターバンをつけていたが、それも片側にさした小さな白い羽根が目立つくらいなものだった。顔立ちがととのっているわけでもなければ顔色が美しいわけでもないが、表情が愛くるしくて人をひきつけるところがあり、大きな青い目は気品があって、たいへんやさしそうだった。私は、多くの国と三つの大陸で、さまざまな女性を見てきたが、優雅で繊細な人柄を、これほどあざやかに示した顔は見たことがない。彼女がホームズがすすめる椅子に腰をおろすとき、唇と手が震えて、内心のはげしい動揺を示すのを、私は見逃さなかった。

この女性は誰なのか？　そして、彼女が私立探偵に望んでいることは何なのか？　これらの疑問ではじまるのが、ホームズとワトスンをインドとアンダマン諸島へ、小男と義足の男へといざなうことになる事件、『四つの署名』だ。しかし事件そのものの前に、この女性は誰で、何を提示するのか、彼女が何を語るのかが疑問だ。これから数ページ、メアリとホームズ、ワトスンの最初の出会いについて分析し、ホームズとワトスンの、訪問者に対するきわめて対照的な二つの反応を考えていくことにしよう。まずは、私たちがある状況に初めていたるとき――『四つの署名』でのメアリとの出会いのように――脳の屋根裏部屋で何が起こっているかを考えてみよう。つい先ほど分析した脳の中身は、実際にはどのように活性化しているのだろうか？

私たちの思考は、その最初から屋根裏部屋の〝構造〟に支配されている。それは思考と作用の習慣的方式《モード》であり、世界を見て評価する方法として私たちが学んできたものであり、現実の直観的認知をかたちづくる先入観《バイアス》（または〝偏り〟）と発見的方法《ヒューリスティクス》（複雑な問題解決のために何らかの意思決定を行う際、暗黙のうちに用いている簡便な解決法や経験則）だ。今まで見てきたように、記憶と体験は個人で大きく異なる個々の屋根裏部屋に蓄えられるが、活性化と検索の一般的パターンはきわめて似通っており、私たちの思考プロセスは予測のできる特徴的なスタイルに影響されている。そして、このような習慣的パターンが示すものがあるとするなら、それは、私たちの頭《マインド》は結論に飛びつくことが大好きだということだ。

あなたがパーティに出席していると想像してほしい。あなたが酒を手に友人や知り合いのグループと一緒に楽しくおしゃべりしているとき、知らない男性が会話に入ろうとしているのが目に入る。その人が口を開くまでに――まだグループのそばに来ていないときにでも――きっとあなたは、その見知らぬ人について数々の予備的な印象をつくり上げ、間違っている可能性はあるとはいえ、かなり完璧な人物像を組み立てていることだろう。彼はどんな服装なのか。野球帽をかぶっているとしたら、野球が大好き（大嫌い）なあなたには、すばらしい（退屈な）人に違いない。どんな歩き方で、どんな顔をしているのか。おや、髪が薄くなっている？ がっかりだ。あなたのように若くてかっこいい人間に相手にしてもらえるなんて、本当に思っているのだろうか。どんな好みなのだろうか。あなたは、自分と似ているところと違っているところを見定めるだろう――性別、人種、社会的背景、経済力など。そして性格についても、外見と態度だけで仮の判断をするかもしれない――恥ずかしがり、社交的、神経質、自信過剰など。もしかしたら、その人は実際には女性で、あなたのハイスクール時代の親友が絶交する直前にしていたのと同じく、髪に青色のメッシュを入れているかもしれない。あなたはその髪の色を、やがて起こる絶交の前兆となるサインだとつねに考えているため、そうした記憶が脳に対する足かせとなり、初めて会う何の罪もない女性への見方に影響を与えることになるかもしれない。あなたはそれ以外のことに気がつかないのだ。

その男性または女性が話しはじめると、細かなことを知ったあなたは、おそらくはいくつかの印象を修正したり強めたり、あるいは完全に消してしまったりするだろう。とはいえ、その人物が近づいてきた瞬間につくられはじめた最初の印象が、完全に変わることはないだろう。では、その印象は何に基づいているのか？　それは本当に、本質的なものなのだろうか？　この例では、相手の髪の色からたまたま昔の親友のことを思い出しただけなのだ。

私たちが知らない人物と会うとき、自問する疑問も頭脳に入り込んでくる細部も、言うなれば小さな屋根裏部屋の窓を通って脳の中へと浸透して漂い、特有の関連性が活性化することで脳を刺激する。そしてこのような関連性が、私たちが会ったことも話したこともない誰かについて、判断を下させるのだ。

自分はそんな偏見とは関係ないと思いたいだろうが、次のことを読んで考えてみてほしい。〈潜在的連合テスト（ＩＡＴ）〉は、自分自身が気づいている意識的態度と、直接的意識を超えたところで屋根裏部屋の目に見えない構造をかたちづくる無意識的態度との、隔たりの大きさを測るものだ。このテストは、肯定的または否定的な言葉と、ある集団を代表する人物写真に対する反応時間を見ることで、特定の集団に対する〈潜在的バイアス〉を調べることができる。被験者は、画面に出るそうした言葉を「E」または「I」のキーを打つことで分類し、その反応時間によって、バイアスがあるかどうか、どの程度固定観念があるかが測定されるのだ。キーとの組み合わせは、「ヨーロッパ系アメリカ人」が「良い」ものとして、この二つに関連した言葉が画面に出たら「I」キーを押し、「アフリカ系アメリカ人」が「悪い」ものとして、それに関連した言葉が出たら「E」キーを押す、という設定もあるし、その逆に「アフリカ系アメリカ人」と「良い」が「I」キーで「ヨーロッパ系アメリカ人」と「悪い」が「E」キーになることもある。そうやって組み合わせを変え、それぞれを分類する速度を測って、潜在的バイアスを判断するのだ。もし「ヨーロッパ系アメリカ人」と「良い」が共通項で「アフリカ系アメリカ人」と「悪い」が共通項のときに分類速度が速ければ、潜在的に人種バイアスがあると判断されるわけである。[注1]

このテストには信頼性があり、広く使われている。固定観念《ステレオタイプ》的態度に対する自己申告テストで最低点をとる人たちでさえ（たとえば、「とても女性的」から「とても男性的」の四段階で、キャリアのある人といえば女性ですか男性ですかという設問に対して）、しばしばIATの反応時間では違いがあるのは、また別のことを物語っている。IATの人種に関するテストでは、二五〇万人の参加者のうち六八パーセントが偏ったパターンを示している。年齢については（年配より若者を好む人々が）八〇パーセント。障害については（障害のない人を好む人々が）七六パーセント。性的指向では（ゲイよりストレートを好む人々が）六八パーセント。体重では（太っている人よりやせている人を好む人々が）六九パーセントだ。まだまだたくさんの例がある。そしてこのようなバイアスは、私たちの意思決定にも影響を及ぼしている。そもそも世界をどう見ているかが、私たちが到達する結論や、下す評価、ある時点で行う選択に強く影響しているのだ。

だからといって、私たちが必ずバイアスに基づいた行動をとるとは限らない。私たちには、脳の基本的衝動に抵抗する能力がきちんと備わっている。ただ、バイアスがきわめて基本的なレベルで存在していることは確かだ。あなたは自分は違うと反論するかもしれないが、バイアスがある可能性のほうが高い。完全にバイアスと無縁な人など、ほとんどいないのだ。私たちの脳は素早い判断ができるように配線されており、まわりの環境から秒ごとに押し寄せる無数のインプットの取り込みと評価という仕事を単純化する、裏道や近道が装備されている。それも当然だ。もし私たちがあらゆる要素を熟慮していたら、途方に暮れて行き詰まってしまう。最初の評価判定より進むことなど、決してないだろう。実際、まるで判断できないかもしれない。私たちの世界は、あまりにも複雑になり、あまりにもめまぐるしくなるだろう。ウィリアム・ジェイムズが言うように、「もし私たちがすべてを覚えていたら、何も覚えていないのと同じくらい都合の悪いことばかりになる」のである。

注1　ＩＡＴはハーヴァード大学の「Project Implicit」ウェブサイトの日本語版、https://implicit.harvard.edu/implicit/japan/ で受けられる。

私たちの世界の見方、考え方を変えるのは難しいし、私たちのバイアスはとても厄介だ。しかし、難しくて厄介であっても、変えられないわけではない。IATの結果でさえ、変わりうることがわかっている――テストしているバイアスを対象とした、介入と精神面の訓練により可能だ。たとえば、人種に関するIATを受ける前に対象者に黒人がピクニックを楽しんでいる写真を見せると、バイアスの点数は大きく低下する。

ホームズ的人間もワトスン的人間も、どちらも瞬時の判断をするだろうが、彼らの脳が使っている近道はまったく異なっている。ワトスンが示しているのは典型的なデフォルトの脳であり、ほぼ受動的な状態にある通常の脳の構造であるのに対して、ホームズは脳の可能性を示している。つまり、環境へのより客観的で完璧な判断をはばむ瞬時の反応を回避するように、脳をいかにして再配線できるかを示している。

一例として、〈メディカル・バイアス〉研究へのIAT利用について考えてみよう。まず、それぞれの医者に五〇歳男性の写真を見せる。写真には、男性が白人のものと黒人のものがある。それから医者に、写真の男性は心臓発作に似た症状を示している患者だと考えるように言う。彼らはどのようにその男性を治療するだろうか？　彼らは治療法を答えたあとで、人種に関するIATを受けた。

ある点では、結果は典型的なものだった。ほとんどの医者は、IATではある程度のバイアスを示した。しかしその後、興味深いことが起こった。テストでのバイアスが、必ずしも架空の患者の治療法におけるバイアスにはつながらなかったのだ。医者たちは概して、白人と同様に黒人にも必要な薬を処方するだろうと答えた。そして不思議なことに、バイアスが強いと思われた医者たちが、実際にはバイアスの少ない医者たちより平等に二つのグループを扱っていたのだ。

私たちの脳が直観レベルでしていることと、私たちがどう行動するかは、同じになるわけではない。ではその場合、バイアスが消えて、脳が最も基本的な知覚レベルで起こる潜在的連合による結論に飛びつかないという意味なのだろうか？　そういうわけではない。しかし、正しい動機があればこのようなバイアスを弱め、実際の行動に関わらせないようにすることができる、という意味ではある。私たちの脳が結論に飛びつくからといって、私たちはそう行動する運命にあるわけではないのだ。究極的には、私たちの行動は私たちの制御のもとにある——私たちがそう望みさえすれば。

あなたがカクテルパーティで例の見知らぬ人物に出会ったときに起きたことと、まったく同じことが、ホームズのような観察の名人にさえ起こる。しかし、特定の症状に基づいて判断し、そのほかのことは無関係だと無視することを長年かけて学んだ医者のように、ホームズは脳の直観を、見知らぬ人間に対する自分の評価に関わらせるべきものと、関わらせるべきでないものに分けることを学んだのだ。

ホームズは、どのようにしてこれを可能にしたのだろうか？　実際のプロセスを観察するために、『四つの署名』で謎の訪問者メアリ・モースタンと初めて出会う場面を、もう一度見てみよう。ホームズとワトスンの二人は、まったく違う観点から彼女を見ている。ワトスンが最初に気がついたのは、彼女の外見だ。かなり魅力的な女性だと、彼は言っている。一方ホームズは、それは関係ないと反論する。「最も重要なのは、相手の個人的な特質によって判断を曇らせてはいけないことだ」と彼は説明する。「ぼくにとって依頼人は問題のなかの一単位、一要素にすぎない。明確な推理をすすめるためには、情緒的な要素は極力排除しなければならない。これは実際の話だが、ぼくの知っている最も魅力的な美人は、保険金めあてに三人の子供を毒殺して死刑になったし、ぼくが知っているなかでも最もいやな男は、実は慈善家で、ロンドンの貧民救済のために二五万ポンド近い大金を投げだしているんだ」

だが、ワトスンは聞かない。「しかしこの場合は——」と口を挟む。

ホームズは首を横に振る。「ぼくは例外を認めない。例外は規則を乱すだけだからね」

ホームズの論点は明白そのものだ。感情を抱かないということではない。脳がほぼ自動的に印象をつくり上げるのを止められる可能性がある、ということでもない（ミス・モースタンに関する彼の意見は「これまでに会ったうちで最も魅力的な女性のひとりだ」であり、ホームズとしては最高の賛辞だ）。とはいえ、そうした印象を客観的推理に入り込ませてはいけない（ホームズはメアリの魅力を認めた直後に「しかし、恋愛というのは感情的なもので、感情的なものは何であれ、ぼくが何よりも尊重する冷徹な理性とは相反するものだ」と付け加えている）。その存在は認めつつも、意識的に排除することができるのだ。パーティの例での見知らぬ女性については、ハイスクール時代に友人であり敵でもあった女性を思い出させると思いつつも、そのことはやりすごせる。感情的な重荷は、あなたが思っているほど問題にはならないのだ。そして、決して何かを例外だと考えてはいけない。そういうことはないのだから。

しかし、これらの原則のどれも、現実に適用するのがなんと難しいことか。感情を考慮しないことも、あるいはどんなにそうしたくても、決して例外をつくらないことも。ワトスンは自分が魅了された女性をただただすばらしいと信じたいし、彼女について都合の悪いことは、好ましからぬ状況のせいにしたくてたまらない。訓練を受けていない彼の脳は、適切な推論と認知に関するホームズの原則をことごとく破ってしまう。例外をつくることから、感情をはたらかせることを許し、ホームズの信条である冷静な不偏性にいたることに失敗してしまうのだ。

そもそもワトスンは、客に対して好意的に考えるような状態にあった。客を迎える彼は、すでにリラックスしていた。良くも悪くも、このような気分は彼の判断に影響することだろう。これが前述の発見的方法《ヒューリスティクス》であり、感じるままに考えてしまうということである。満足してくつろいでいる状態では、世界に対して素直になり、警戒的ではなくなる。ワトスンは誰か客が来ると知る前から、その客を気に入るような状態にあったのだ。

では、客が部屋に入ってきてからはどうだったのか？　それは、パーティの例と似ている。見知らぬ人を見たときに脳が体験するのは、活性化という予測可能なパターンだ。これは過去の体験と現在の目標——動機も含まれる——と、そのときの状態によって、あらかじめ決まっている。メアリ・モースタンがベイカー街二二一Bに入ってきたとき、ワトスンが見たのは「小柄で上品なブロンドの若い婦人で、きちんと手袋をはめ、服装の趣味も洗練されていた。だが、着ているものは質素で地味で、あまり暮らしが豊かでないことを示していた」という女性だった。この印象はすぐに、ワトスンの頭の中にある、彼が知っている若い上品なブロンド女性の記憶を刺激する——念のためだが、これは軽薄な女性像ではない。率直で気取らず、控えめな女性で、美しさを見せつけることをせずに、「飾りもひだもない」地味なベージュのドレスを着ているような人物だ。そして、メアリの印象は「表情が愛くるしくて人をひきつけるところがあり、大きな青い目は気品があって、たいへんやさしそう」だということになる。そしてワトスンは、賛辞をこう締めくくる。「多くの国と三つの大陸で、さまざまな女性を見てきたが、優雅で繊細な人柄を、これほどあざやかに示した顔は見たことがない」

人のいい博士はあっという間に、髪の色と肌、ドレスのスタイルから、それとはまるで関係ない性格判断にまで達してしまった。おそらく、メアリの外見は率直さを示唆していただろう。しかし、かわいらしさはどうだろうか？　愛嬌や気高さ、やさしさは？　品のよさと感受性の豊かさはどうだろうか？　ワトスンには、このような判断をする根拠など何もないのだ。メアリはまだひと言もしゃべっていない。したことといえば、部屋に入ってきただけだ。しかし、すでに数多くのバイアスがはたらき、見知らぬ人物の完璧な人物像をつくり上げようと争っている。

ワトスンは一瞬のうちに、新しい知り合いを肉付けするため、屋根裏部屋にある大量の貯蔵物のうち、〝自分の知っている女性〟というラベル付きの経験を使った。彼の女性についての知識は実際に三つの大陸に及んでいるかもしれないが、彼の評価が正確だと信じるに足る根拠はない――ワトスンはいつでもひと目見ただけで女性の性格を見抜いたと、過去に聞かされていれば別だが。そして、どうもそれは違うという気がする。ワトスンは――もし彼が実際にその女性たちと親しくなれたとすればだが――相手をよく知るのにかかった時間のことを都合よく忘れているのではないだろうか。また、目下のワトスンは独身で、負傷して戦争から戻ってきたばかりであり、ほとんど友人がいないということも考慮すべきだ。慢性的に動機付けられた状態になっていなかったろうか？　あるいは逆に、彼が幸せな結婚をしていて、街の人気者だったと想像してみよう。それに沿って、彼のメアリの評価を再現してみると、どうなるだろうか。

このワトスンの傾向は一般的かつ強力で、〈利用可能性ヒューリスティック〉または〈想起ヒューリスティック〉と呼ばれる。私たちは、ある時点で想起しやすいことを優先して利用するのだ。そして、思い出しやすければ、その妥当性と真実性に、より強い自信をもつ。典型的な例をひとつ挙げよう。初めて接する名前が含まれた文章を読ませられた人は、後にその名前が有名にちがいないと判断し（ただ単に、たやすく思い出せたというだけで）、さらに、自分の判断が正しいと自信をもつ。その人にとっては、想起が楽だったということだけで充分な証拠なのだ。過去の経験に基づく利用可能性が原因でたやすく思い出せただけではないかと立ち止まって考えることはなかったわけだ。

実験で繰り返し示されていることがある。環境に存在するイメージや人物、言葉などが〝プライム（先行刺激）〟（先に見聞きされ、後の反応に影響する事柄）としてはたらくとき、人間は関連した概念を利用しやすくなり――つまり、これらの観念が使いやすくなり――実際にそれが正確であってもなくても、その概念を自信のある答えとして使う可能性が高くなるのだ。メアリの外見がワトスンの脳にある関連した記憶の流れを誘発すると、たまたま活性化した関連性からメアリのイメージがつくられるが、関連性には必ずしも〝現実のメアリ〟とは似ていないものも含まれている。呼び出されたイメージにメアリが近ければ近いほど――〈代表性ヒューリスティック〉だ――その印象はより強くなり、ワトスンは自分の客観性に自信をもつことになる。

ワトスンが知っているかもしれないこと、あるいは知らないかもしれないことなど、すべて関係ない。追加の情報など必要ないのだ。女性にやさしい博士が自問しそうにない疑問がある。それは、彼が出会った女性のうち、実際に何人が品のよさと感受性の豊かさ、気高さ、やさしさ、かわいらしさ、そして愛嬌を兼ね備えていたのかということだ。人口全体を考えて、このような人物ははたしてどれくらいいるものだろうか？　推察するに、あまりいない。間違いなく気高さを表すブロンドの髪と青い目を、考慮に入れたとしても。さらには、ワトスンがメアリを見たときに思い浮かべた女性は、全部で何人だろうか？　ひとりなのか二人なのか、それとも一〇〇人なのか？　サンプルの総数はいくつなのか？　きっと、それほど多くないと請け合ってもいい。そしてそのサンプルは、本質的にバイアスがかかって選ばれているはずだ。

ワトスンがミス・モースタンを初めて見たとき、どのような関連で博士の頭が刺激されたのか正確にはわからないが、次のような事柄だったと断言してもいいと思う。それは、まずはいちばん最近のこと〈新近性効果〉――最後に提示されたものの再生率がいいこと）、そして最も顕著なこと（とても生き生きとして記憶に残ること――地味でぱっとせず、面白みのない感じの青い目のブロンドならどうだろうか？　彼はきっとまるでなかったことのように忘れてしまっていると思う）、そして最もなじみのあることだ（つまり彼の脳が頻繁に考えること――やはりこれも、多数の女性の中で代表的というわけではなさそうだ）。このようなことが、初めから彼のメアリへの見方を偏らせていた。このあとになってしまうと、ワトスンに最初の評価を捨てさせるためには、天変地異くらいのことがないとたぶん無理だろう。

彼の確信は、最初の引き金《トリガー》に物理的性質があるせいで、さらに強化されることになる。顔というものは、おそらく最も強力な手がかりだ――そしてたぶん、消えることのない関連性と行動化を促す。

実際に顔の力を考えるために、次ページの写真を見てみよう。

（一）どちらの顔が魅力的だろうか？　（二）どちらの人物が有能だろうか？

あなたにこの二枚の写真をほんの一瞬、一〇分の一秒ほど見せた場合、あなたの意見は私

が同じようにして写真を見せた何百人もの判断と同じになる可能性が高い。実は、この二人は無作為に選ばれたわけではない。彼らは二〇〇四年にウィスコンシン州の上院議員選挙に出馬した、対立候補なのだ。そして、有能さに関するあなたの評価は（強さと信頼性の指標）、実際の勝者を言い当てている可能性がきわめて高い（左側の男性に高い評価を与えたのではないだろうか？）。一秒以内の写真観察で下した有能さの評価は、ほぼ七〇パーセントの割合で、実際の選挙結果を予測している。そしてそのような選挙結果の予測は、アメリカからイギリス、フィンランドからメキシコ、ドイツからオーストラリアにいたる範囲においても正しかった。角張った顎と微笑みから、私たちの脳は最良だと思われる人物を決定するのだ。その結果というべきか、ウォレン・G・ハーディング（一八六五〜一九二三）は、今までで最も完璧に角張った顎の大統領だった。私たちには、すべきではないことをする傾向がある。つまり、気

づいてさえいない、かすかな意識下の手がかりに基づいて結論に飛びついてしまう。そして、その余波はワトスンが依頼人のかわいらしい顔を信用しすぎることより、はるかに深刻なことにまで及ぶ。準備不足のワトスンには、ホームズが根っから備えているらしい「冷徹な理性」をもてる可能性は決してないのだ。

有能だという一瞬の印象が投票の基礎となりうるように、メアリに対するワトスンのきわめて肯定的な最初の評価は、その見方を強化するさらなる行動の基盤を築く。彼の判断はこの先ずっと〈初頭効果〉、つまり第一印象の持続的効果から、強い影響を受けることになる。バラ色の霞で目が曇っているワトスンは、今や〈ハロー効果〉にとらわれてしまう可能性がとても高い（ある要素が——ここでは容貌が——あなたにとっていいものだったら、ほかの要素も同様に好意的にとらえる可能性が高く、そうではないことはすべて簡単に、かつ無意識のうちにしりぞけてしまうことだ）。また彼は、典型的な〈対応バイアス〉を起こしやすいだろう。つまり、メアリの否定的なことはすべて外部状況——ストレスや緊張、不運などなんでもいい——のせいだと考え、肯定的なことはすべて彼女の性格のおかげだと考えるのだ。彼女は良い点のすべてを認められ、悪いことの責任はすべて環境にある。原則として、私たちは出来事であれ行動であれ、どんな種類の将来予測でも、きわめて不得意だと判明しているが、それもワトスンの判断には影響しない。実際のところ、彼はホームズとは違って、そのような可能性を配慮したことなどないだろう——もしくは、自分自身の力量を評価したことも。

自分の頭の中の思考回路がメアリの一貫したイメージを維持し、筋が通って直観に訴える情報を拾い上げて話をつくり上げていることに、ワトスンはずっと気づかないままだろう。そして、潜在的にはむしろ予想に反する結果になることもあるのだが、自己成就的な予言によって、彼自身の行動がメアリを促して彼の初期の印象を裏付けるような行動をとらせる。彼がメアリに対して、美しい聖女を相手にするかのように行動すると、メアリは彼に気高い微笑みでこたえる可能性が高い。自分の見ているものが正しいと考えることから始めると、自分が期待していたとおりのことで終わる。そしてあなたは、自分は完全に合理的で客観的なことしかしていないと、めでたくも信じ込んだままでいる。これは完全に幻想の正当性であり、その影響は論理に反している状況にあっても振り払うのが難しいほど強い。たとえば、インタビュアーは話を聞く相手に対する考えを、会ってから数分で、ときにはそれより短時間で決めてしまう傾向がある。そして、もし相手のその後の行動でまったく違う姿が見えたとき、たとえその証拠がいかに決定的であっても、ほとんど自分の意見を変えようとしない。

例を挙げて考えてみよう。あなたは、仮にエイミーとする人物がチームメイトとしてふさわしいかどうかを決めなければならないとする。エイミーについていくつか説明しよう。まず第一に、彼女は知的で勤勉だ。

ここで止めてみる。おそらくあなたは、すでに「ああ、それはいい。彼女は一緒に働くのにすばらしい人物だろう。知的で勤勉とは、パートナーとして好ましい」と考えているはずだ。でも、私が「嫉妬深くて頑固」と続けたらどうだろうか？　もはや好ましいとは言えないはずだ。しかし、あなたの〈初期バイアス〉は驚くほど強力だ。あなたはあとの特徴を割り引いて考え、最初の特徴を高く見積もる可能性が高い。それもすべて、最初の直観のせいだ。この二つの特徴を話す順序を逆にすると、逆のことが起こる。いかに知的で勤勉であったとしても、あなたが最初に嫉妬深くて頑固だと考えた人物に、救いはないのだ。

さらに、個人についての二つの説明を見てみよう。

知的、熟練、勤勉、温厚、意志堅固、現実的、注意深い
知的、熟練、勤勉、冷淡、意志堅固、現実的、注意深い

この二つは、ひとつの単語（温厚と冷淡）以外は同じだと気づいたことと思う。そうであっても、研究参加者に二つの説明のひとつを聞かせ、その人物を最もよく表している特徴二つを選んでもらうと（二つひと組の一八単語のリストからひと組についてひとつの特徴を選ぶ）、この二つの説明のどちらを聞かせたかによって、最終的な印象は驚くほど違っていた。ひとつ目の説明を聞いた参加者は、この人物を寛大だとみなすことが多く、二つ目の参加者はその反対だった。違う言葉だと言いたいかもしれないが、寛大さというのは温厚さに含まれている側面のひとつだ。であるから、そう判断するのは当たり前だ。この場合もそう考えてほしい。しかし参加者はもう一歩先に進み、ひとつ目の説明の人物への評価は二つ目の人

物よりつねに肯定的で、温厚さとは何の関係もない特徴も選んだ。彼らはひとり目の人物をより社交的で人気があるとみなしただけでなく（ここまでは理解できる）、その人物を賢明で楽しく、気立てがよく、ユーモアがあり、思いやりがあり、顔立ちがよく、利他的で想像力があるとみなす傾向がとても高かった。

これほどの違いが、たったひとつの単語で生み出されることがあるわけだ。ほかの説明が同じであっても、人物の全体像に影響を及ぼしうる。ミス・モースタンの髪や目、ドレスに対するワトスンの恍惚状態が、彼女への人物評価と彼女の能力への判断に影響を及ぼしつづけるように、第一印象は持続する。私たちは自分が一貫していることを好み、間違っていたことを認めたがらない。そのため、私たちの第一印象はどのような証拠がもたらされようと、驚くほど大きな影響力をもちつづける傾向があるのだ。

では、ホームズはどうだろうか？　メアリが帰ったあと、ワトスンは「なんてきれいなひとだろう！」と叫ぶ。だがホームズの返事はそっけない。「そうかね。気がつかなかった」だ。そのあと彼は、個人的資質に判断を左右されないようにと忠告する。

ホームズは、文字どおり気がつかなかったのだろうか？　その逆だ。彼は同じ身体的な特徴のすべてをワトスン同様に、いやおそらくそれ以上に観察していた。彼がしなかったのは、彼女が魅力的な女性だというワトスンのような評価だ。ワトスンの言葉では、客観的観察が主観的意見になり、身体的特徴が精神的性質に影響を与えている。これはまさに、ホームズが警告したことだ。ホームズは彼女の魅力の客観的な性質は認めたかもしれないが（しかし、ワトスンは最初に、メアリは「顔立ちが整っているわけでもなければ肌が美しいわけでもない」と言っている）、その情報を受け取るとほぼ同時に、無関係な観察だとしてしりぞけた。

　ホームズとワトスンの屋根裏部屋は、中身が違う。ひとつの屋根裏部屋には音楽とオペラ、パイプ、室内での射撃練習、秘密の化学研究、ルネサンス建築を愛する自称一匹狼の探偵が手に入れたものが入っており、もうひとつには、たっぷりとした食事と楽しい夜の外出を愛する、自称プレイボーイの軍医のものが入っている。だがそれだけでなく、そもそも、脳がその中身を整理する方法も違っている。ホームズは自分の屋根裏部屋のバイアスについて知りつくしている。心地よい感情のみに集中すると、気が緩むことを知っている。もし付随的な身体的特徴に影響されたら、そのほかの観察で客観性を失ってしまう危険性があることも知っている。判断を急ぎすぎると、それに反する証拠の多くを見過ごしてしまい、判断に合う要素に、より多くの注意を向けてしまうことも知っている。そして、早まった判断にしたがって行動してしまう誘惑が、いかに強いかを知っているのだ。

　だから彼は、脳の中に取り込む要素《エレメンツ》を選択することにした。つまり、すでに存在している内容だけでなく、海馬の入り口を通り抜けて〈長期記憶〉に入ろうとする候補についても選択するのだ。忘れてはならないのは、私たちが注意を向けるどんな体験も、世界のどんな側面も、つくられようとしている将来の記憶であり、すでに混み合っている屋根裏部屋に入っていく新たなひとつの内容であり、ファイルに足される新たな絵であり、新しい要素だということだ。私たちは、脳が基本的判断をすることを止められない。保持しているすべての情報を制御できない。しかし私たちは、広く屋根裏部屋の入り口を守っているフィルターについてもっと知り、自分の目的と関係のある物事により気を配り、そうでないものに重きをおかないように、動機付けすることができる。

ワトスンはメアリへの熱意を共有できないことにがっかりして、ホームズを機械のようだと言ったが、ホームズは機械ではない。彼もまたある日、ある女性を――アイリーン・アドラーを――すばらしいと言う。しかしそれは、彼女が知力の闘いで彼をしのぎ、男女を問わず、今まで出会った最も手強い相手だということを示したあとのことだ。彼は、誘発性があろうとなかろうと、すべては性格あるいは状況から生み出されているものの一部だと理解していた。そして、屋根裏部屋の空間は貴重であり、脳の箱に入れるものは慎重に考えるべきことを知っていたのだ。

パーティでの見知らぬ人物に話を戻そう。ホームズのやり方を取り入れたとしたら、この出会いの展開はどう異なってくるだろうか？　あなたが男性の野球帽あるいは女性の青く染めた髪を目にしたとき、それが肯定的なものでも否定的なものでも、頭の中で連想が始まる。あなたは、時間をかけて知り合いになりたい人物かどうかを感じはじめる。しかし、その人物が口を開く前に、一瞬だけ引いて考えてみる。いやむしろ、一歩進めて考えてみる。あなたの頭の中にある判断は、どこかほかからもたらされたことを認識するのだ――つねにそうなのだから。そして、あなたに向かってきている人物をもう一度見る。客観的に考えて、あなたが受けた瞬時の印象には何か根拠があるだろうか？　彼はしかめ面をしているのか？

彼女は誰かを押しのけただろうか？ そうでないのなら、あなたの反感はどこか別のところから来ているのだ。少し考えてみると、それは野球帽や青い髪だということを悟るだろう（わからないときもあるかもしれないが）。どちらにせよ、まず第一に、会ったこともない人への好感や反感はあらかじめ決まっていることがわかるだろう。そして第二に、自分の印象を修正しなければならないことがわかるだろう。印象が正しいかどうかは誰にもわからないが、少なくとも二度目の印象は客観的事実に基づいており、その人物と話したあとにもったものだ。こうなると、会話を活用して実際に身体的特徴や癖、言葉を観察することができる。これらの豊富な証拠と、すでにある程度判断したすべての知識を一緒に処理することで、いくつかのサインはほかより重要性が増すことになり、あなたはそれに沿って判断をやり直すことになる。

例の女性は、あなたの友人にはまるで似ていないかもしれない。例の男性とあなたには、野球好きという共通点があっても、実際には知り合いになりたくない人物かもしれない。あるいは、あなたの最初の判断が正しかったかもしれない。この最後の判断より重要なのは、まったくの白紙状態で行われる判断などないと、あなたが落ち着いて考えるかどうかだ——それがいかに肯定的でも否定的でも、あるいは説得力があったり疑問の余地がないように思えたとしても。私たちの意識に到達するまでに、その判断はすでに脳の屋根裏部屋と環境による相互作用によって念入りにフィルターにかけられている。このような判断がつくられるのを意識的に止めることはできないが、屋根裏部屋の奇妙な癖や傾向、特異性を理解するように努め、人を評価したり状況を観察したり、選択をするときに、もっと中立的な地点からはじめるように最善をつくすことはできるのだ。

環境からのプライム（先行刺激）――偶発的な力

メアリ・モースタンやパーティでの見知らぬ人物の例では、外見が私たちのバイアスを活性化させるが、このような要素はその状況に内在しているものだ。しかし、そのときしていることとはまったく無関係な要因がバイアスを活性化するときもあり、それはこそことはたらく。それらの要因が完全に意識の外にあり――だからこそなのだが――私たちがしていることとはまったく無関係であっても、簡単に私たちの判断に大きな影響を与えうる。どんなときでも、環境は私たちに刺激を与えている。〔椈《ぶな》の木荘〕（『シャーロック・ホームズの冒険』所収）の中で、ワトスンとホームズが田舎へ向かう汽車に乗っているときのことだ。オルダーショットを通っているとき、ワトスンが窓の外を過ぎ去っていく家々に目をやる。

「さわやかな美しい眺めだ」と私は叫んだ。ベイカー街の霧のなかから出てきたばかりの私には、ほんとうにすがすがしかったのだ。

だがホームズは、心配そうに首を振った。

「きみは気がつかないかもしれないがね、ワトスン」と彼は言った。「ぼくのような性分の人間は、何を見ても、自分の専門と結びつけて考えずにはいられないんだ。きみは、農家の点在する景色を見て、その美しさに感動する。だが、ぼくは、こういう景色を見て、まず頭へくるのは、家々がたがいに孤立していることなんだ。こんなところで犯罪が行われたら、誰にもわからないんじゃないかと不安を感じるんだよ」

ホームズとワトスンが見ているのは、実際には同じ家々かもしれないが、二人が見ているものはまったく異なっている。たとえワトスンがホームズの観察能力をすべて手に入れることができたとしても、初期体験はやはり必然的に異なっている。ワトスンの記憶と習慣がホームズのものとはまったく別であるだけでなく、彼の目をとらえて脳にある特定のやり方で考えさせる環境的引き金《トリガー》も、また異なっているのだ。

ワトスンが過ぎ去っていく家々の美しさに感嘆するよりずっと以前に、特定の方法で考え、特定の物事に注目するように、彼の脳は環境によって刺激されていた。汽車の中で静かに座っているあいだ、彼は「おだやかな春の日で、うす青い空には、白い綿のような雲が西から東へゆっくりと流れていた」と、景色の美しさに目をとどめている。「太陽は明るく輝いていたが、大気はひんやりと冷たくて、人の心をひきしめた」と。そして、明るい新緑のあいだに農家の屋根が点々とあった。ワトスンが見ているのが幸せな光で輝いている世界なのは、間違いない。彼を取り巻く環境の心地よさが脳に情報を与えて、肯定的な〈マインドセット〉をつくりだしていたのだ。

しかし実際のところ、この〈マインドセット〉はほかの評価をかたちづくるにあたっては、まったく関係がない。たとえワトスンが悲しくて沈み込んでいても、家々は変わることがない。彼の感じ方が変わるだけだ（そのときは家々が寂しく陰鬱に感じないだろうか）。この汽車の一件では、ワトスンが家々を親しげにとらえているかどうかは、ほとんど問題にならない。しかし、もし電話をかけたり、調査をしたり、犯罪捜査をするときなどの下準備として判断している場合には、どうだろうか？　家々がどれほど安全であるかは、急に大きな問題となる。悪意があり、犯罪を隠蔽していそうな住民が住んでいる家のドアを、ノックしたいと思うものだろうか？　家々に関する判断は正しくないと困る――天気に左右されるのではいけないのだ――脳という屋根裏部屋が意識の外の判断に影響を与えていると知っていなければならないように、外の世界も判断に影響していることを知っておくべきだ。脳という屋根裏部屋にないからといって、屋根裏部屋のフィルターに影響しないわけではないのである。

〝客観的な〟環境などというものはない。環境に対する私たちの認知があるだけだ。つまりその認知の一部は思考の習慣に依存し（ワトスンがその傾向にある）、一部はその場の環境に依存する（晴れた日という環境）。しかし、屋根裏部屋のフィルターが私たちの世界の解釈に大きく影響していることを認識するのは難しい。申し分のない春の日にうっとりしてしまうのは、何もワトスンだけではないし、彼の反応も責められない。天候はきわめて強力なプライムであり、私たちがその影響力にほとんど気づかなくても、いつでもその力を振るっている。たとえば、人々は雨の日よりも晴れた日に、より幸せで人生全般に満足していると語る。そして、自分が天気に影響されていることにはまったく気づいていない。ワトスンが汽車の窓から見たのと同じように、人は抜けるような青空で輝く太陽を見ると、幸せだと心から感じるのだ。

この効果は単なる感情にだけでなく、きわめて重要な決定にまで及ぶ。学生が進学する候補の大学を見学するとき、雨の日は晴れの日より学業面に注目する。そして、見学当日が曇りだったときにはすべての標準偏差が上昇し、その大学に実際に進学する可能性が九パーセント高まる。金融トレーダーは、天候が下り坂になるとリスク回避の決断をする可能性が高いし、太陽が出るとリスクを取る決断が増える。天候は美しい景色をつくる以上のことをしているのだ。私たちが見て集中するものに、そして世界をどう評価するかに、直接的な影響を与える。しかし、大学の選択や総合的な幸福感（私としては、離婚や破局が晴れの日より雨の日に多いかどうか知りたいのだが）、あるいはビジネス上の決断を、あなたは本当に天候に基づいて決めたいと思うだろうか？

一方のホームズは、汽車に乗っているあいだずっと新聞に没頭し、天候を気に留めない。いやむしろ、気に留めないというより、メアリの魅力を「気がつかなかった」と片づけたときと同じく、気持ちを集中させることとの重要さを認識している彼は、天候を無視することを選んでいるのだ。もちろん彼は気づいている。問題は、気づいたあとでそれに注意を払うことを選択するか、その結果として屋根裏部屋の内容が変わることを許すか、ということだ。もし彼が事件のことを考えておらず、意識がさまようことを許していたとしたら、太陽が彼にどのような影響を与えたかはわからないが、彼はまったく違う細部と、完全に異なる状況に集中する。ワトスンとは違って、彼の頭が事件のことで占められているのも当然だ。彼は、途方に暮れているという若い女性から呼び出されたばかりだった。彼は思案している。これから出会うことになる謎で、頭がいっぱいなのだ。そうなると、家々を見たとき、自分の頭を占めていた状況を思い起こしたとしても、不思議ではないだろう。天候がワトスンに与えたほどの強いプライムではないかもしれないが、あることはあったのだ。

しかし、ワトスンも依頼人から来た同じ電報を見ているではないか、とあなたは言うだろう。確かに彼も見ていた。だが彼の頭からは、そのことは消えていた。プライムとはそういうもので、あなたを刺激するやり方と私を刺激するやり方が同じではないことがあるのだ。前に論じた屋根裏部屋の内部構造と〈習慣的バイアス〉、思考形態のことを思い出してほしい。これらの習慣的思考パターンは環境との相互作用により、思考プロセスに前意識で微妙な効果を及ぼす。そして、私たちが気づくことと、その要素がそれから脳の中でどのようにはたらくかに、大きく影響する。

あなたが五つの単語の組を示され、そこから四語の文章をつくるよう求められたと想像してみてほしい。孤独、慎重、フロリダ、無力、だまされやすいという、どうということのない単語には、いわゆる〝ターゲット〟（先行刺激（プライム）に影響された後続の刺激）が隠されている。何か思いつかないだろうか？　全部を一緒にしてみると、老齢という言葉が思い浮かぶのではないだろうか。しかし、五単語の組を三〇人に広げてテストすると、著しい効果はなくなる。実際にはほぼなくなるほどで、一回につき三〇人を対象にした二回の調査における計六〇人の被験者のうち、一貫したテーマに気づいた人はひとりもいなかった。とはいえ、認識しないからといって、影響がないとは言えない。

　この〝プライミング課題〟は一九九六年に導入されたものだが、もしあなたが何百人もの参加者のひとりだったとしたら、いくつかのことが起こっているはずだ。あなたは以前よりゆっくり歩くようになっているだろうし、ほんのわずか猫背になっているかもしれない（どちらもプライムの観念運動的効果、つまり肉体的行為への実際の影響によるものだ）。

　一連の認識能力の課題では、反応が遅くなってくる。特定の質問への反応は遅いはずだ。以前より、どこか年を取って弱ったと感じているかもしれない。これらの理由は何なのだろうか？　それは、〈フロリダ効果〉を受けたからだ。年齢に関連したいくつもの固定観念が、あなたが意識しないうちに脳の結節点《ノード》と概念を活性化させ、特定の考え方と行動をするように促したのだ。これが、最も基本的な〈プライミング〉だ。

　しかし、どのノードに接触し、どのように活性化が広がるかは、あなた自身の屋根裏部屋とその特徴にかかっている。たとえば、あなたが老人の知恵を重んじる文化の出身なら、やはりゆっくり歩くようになっても、同じ認識能力課題でも反応が速くなっているだろう。一方、老人に対して強い否定感をもっているなら、ほかの人とは正反対の肉体的効果を体験するかもしれない。つまり、ターゲット刺激である老人とは違うことを証明するために、すこし背を伸ばして、やや早足で歩くのだ。重要なのは、プライムは不変ではないことであり、効果は異なるということだ。とはいえ、各個人への反応は異なっているかもしれないが、それでも反応はしている。

これが、同じ電報という刺激がワトスンとホームズには違う意味をもっていた、本質的な理由だ。ホームズの場合、電報はいつも犯罪を解決している〈マインドセット〉に関連付けられたパターンへの〝引き金《トリガー》〟を引いた。ワトスンの場合、電報はほとんど問題にならず、やがて美しい空とさえずる鳥に取って代わられた。これはそれほど驚くことではないだろう。全体として、ワトスンは世界をホームズより親しみのある場所として見ていると言ってもいいと思う。彼はよくホームズの疑念に心からの驚きを示すし、ホームズの暗い推理に恐れを抱く。ホームズが邪悪な意図を簡単に見抜くところで、ワトスンが気づくのは美しくて思いやりのある顔だ。ホームズは過去の犯罪についての博学な知識を活用し、すぐに過去を現在に適用する。しかしワトスンにはそのような知識の蓄えはなく、医学と戦争、名探偵との短い付き合いという、彼がそのとき知っていることに頼らざるをえない。このような傾向に加えて、ホームズは事件の全貌を明らかにしようとしているときには、自分自身の世界に閉じこもって目前の課題とは無関係な外部からの邪魔ものを閉め出してしまう。これに対してワトスンは、春の日の美しさとなだらかな丘の魅力に気づいて幸せな気分になっている。この二つの屋根裏部屋は、構造も中身もかなり異なり、どのようなインプットもまったく異なったやり方でフィルターにかけることだろう。

ここで、〈習慣的マインドセット〉を計算に入れることを、決して忘れてはいけない。どのような状況も、習慣的な目標および動機と瞬間的な目標および動機が組み合わさったものであり、いわば、屋根裏部屋の構造と現在の状態の組み合わせなのだ。晴れた日や、懸念をおこさせる電報、あるいは一連の言葉といったプライムは、私たちの考えをある特定の方向に活性化させるかもしれないが、何をどう活性化するかは、最初に私たちの屋根裏部屋の中にあるものと、長年にわたって使われてきた屋根裏部屋の構造がどうなっているかにかかっている。

ただし、プライムは私たちがその存在に気づいたとき、プライムではなくなる。天候と気分の研究では、対象者が最初に雨の日だと完全に意識していた場合、その効果は消えてしまった。また、幸福度を述べる前に天候について聞かれていた場合、天候は何の影響も及ぼさなかった。環境が感情に与える効果の研究では、対象者の状態を非感情的な理由で説明してやると、やはりプライム効果は同じように排除された。例として、感情についての古典的研究のひとつを挙げよう。アドレナリン注射をされたあとに、激しい感情を（肯定的でも否定的でもいい）示している人物とふれあうと、その感情が反映される可能性が高い。しかし、打たれる注射には肉体を刺激する効果があると告げられていた場合には、感情の反映はやわらげられる。実際のところ、プライミング研究は再現が難しいことで有名で、プライミングの仕組みを知らせると効果が失われる可能性が高いのだ。私たちが行動の理由を意識したとき、その影響はとまる。そうなると、感情や思考が活性化されたであろう原因は、何か別のことだと理解し、もはやその刺激がみずからの意志の結果として脳からもたらされたとは考えなくなるのである。

脳の受動性を活性化する

では、ホームズはどのようにして、注意力を行使する前に脳の屋根裏部屋が瞬時に行う判断から、逃れられるのだろうか？　どうやって彼は、どのような瞬間でも、環境が脳に及ぼしている外部の影響を絶つことができるのだろうか？　意識と存在こそが、その鍵となる。何も考えずにひとつの穴に一部は取り入れ、また一部は出してしまう、緩いスポンジのように情報を吸収する受動的な段階を、ホームズは能動的なプロセスに変えた（このプロセス、つまり観察のタイプについては、この先で詳しく述べていくことになる）。そして彼は、脳の初期設定《デフォルト》をこの能動的なプロセスに変えたのだ。

最も基本的なレベルにおいて、今の私たちがそうであるように、彼は思考プロセスの始まり方と、最初から細心の注意を払うことがきわめて重要な理由を、認識している。私があなたを押しとどめて、あなたがその印象を受けた充分な理由を説明したとしても、あなたがそれを変えることはないかもしれないが（「でももちろん、それでも私は正しい！」）、少なくともあなたは、その印象がどこからもたらされたのかがわかる。そしてしだいに、急いで判断する前に自分の脳のはたらきを意識するようになるかもしれない。そうなれば、はるかに脳の見識に耳を傾けるようになることだろう。

ホームズは、たとえひとつの印象であっても、何事も当然だとは考えない。たまたま目にした〝引き金〟が、屋根裏部屋に入るものと入らないものや、屋根裏部屋の中身を活性化させたりさせなかったりする方法を指示することを、許さない。彼はつねに能動的かつ慎重であり、まっさらな脳の空間を囲んでいる壁から偶然のプライムが入り込まないようにしている。このように絶えず気を配っていたら疲れることになるかもしれないが、数々の状況ではその努力の甲斐がある。そして時間がたつと、だんだん苦労しなくなっていることに気がつくことだろう。

本質的に必要なのは、ホームズが当然のこととしている質問を自分に問いかけることだけだ。『当面の問題に不必要な何かが、いつも判断に影響を与えているのだろうか？』（答えはほぼつねにイエスのはずだ）『もしそうなら、それに応じてどのように自分の知覚を補正すればいいのか？』『第一印象に影響したのは何なのか』『そしてその印象はほかに影響を与えたのか？』ホームズはプライミングに影響されないのではなく、その力をよく知っているのだ。だから、ワトスンがすぐに女性や田舎の家についての判断を下すところで、ホームズは即座に「そうだが、しかし……」と最初の印象を修正する。彼は簡単な教訓を伝えている。第一印象はただそれだけのものであること、そして何がその印象を生み出したのか、その印象が自分の総合的目的にどう関係するかを、忘れずに検討すべきだということだ。私たちの脳は、私たちが必要としていてもいなくても、ある特定のことを当然のこととして行う。それは、私たちには変えられない。しかし、最初の判断を当然のこととして扱うかどうか、あるいはより深く探求するかどうかは、変えられるのだ。そして、〈マインドフルネス〉と動機という強力な組み合わせについても、忘れてはいけない。

別の言葉で言うなら、自分自身と自分の考えに懐疑的であれということだ。能動的に観察し、脳の初期設定《デフォルト》である受動性を乗り越えるのだ。ある事柄が実際の客観的行動の結果なのか（メアリを気高いと言う前に、彼女がそう信じさせる何かをしたのを観察したのか）、あるいは単なる主観的な印象なのか（彼女はとても素敵に見えた）と考えるのだ。

私は大学生のとき、模擬国連の世界会議の運営を手伝った。一年ごとに違う都市で開催し、模擬会議に参加する大学生を世界中から募集した。私の役割は議長で、議題を準備し、会議を進め、会議の最後に、優秀だと感じた学生に賞を与えることだった。仕事はごく単純だった。しかし、問題だったのは賞だ。

最初の年、オックスフォード大学とケンブリッジ大学の学生たちが、ほかの大学に比べてはるかに多くの賞をもらっていることに気づいた。彼らは単にずっと出来がよかっただけなのか、あるいは何か別のことがあるのだろうか？　あとになって、私は何かあると考えた。オックスフォードとケンブリッジは確かにすぐれた大学だが、世界中の国からそれぞれ最も優秀な大学から参加した代表の中で、彼らが必ずしもつねに最優秀だとは思えなかった。いったいどうなっているのか？ 賞を与えている仲間たちには、バイアスがかかっているのだろうか？

その翌年、私はその問題を突き止めてみようと決心した。それぞれの学生が話すときの自分の反応を観察し、自分の印象に留意し、提起されている論点がどれぐらい納得できるのか、議論の進め方にどれほど説得力があるのかに注目した。そして、ぎょっとする発見をした。私の耳には、オックスフォードとケンブリッジの学生のほうが頭がいいように聞こえたのだ。二人の学生を並べてまったく同じことを言わせたとき、私はイギリス人のアクセントのほうを気に入ってしまうようだった。何の筋道も通っていないが、私の頭の中では明らかに、アクセントがある種の固定観念を活性化して、その後の判断にバイアスをかけていた。そして、会議の終わりと受賞者決定が迫ってくるころには、イギリス代表が最優秀だと確信していたのだ。この認識は不愉快だった。

次に私は、積極的に抵抗することにした。内容だけに集中することにしたのだ。それぞれの学生は何をどう言っているのか？ その発言は議論に寄与したのか？ 提起する必要のある論点だったか？ あるいは逆に、ほかの参加者の見解の単なる焼き直しだったり、議論に本質的に寄与できないものだったりしたか？

このプロセスが簡単だったと言えば、嘘になる。努力しても、内容ではなくイントネーションやアクセント、文章のリズムに誘惑されていることがしばしばだった。本当に恐ろしかったのは、それでも最後には、やはりオックスフォード代表の女性に最優秀弁論賞を与えたいという衝動を感じていたことだ。気づいたら、彼女が本当に最優秀だと自分に言い聞かせていた。『もしそう判断しないとすれば、あまりにも逆方向に修正しすぎて、彼女がイギリス人だというだけで罰しているのではないか?』と。『私に問題はない。賞を受けたのがたまたまオックスフォードの学生だったとしても、その価値があるはずだ。バイアスがあるのは、ほかの人たちだ』と。

しかし、そのオックスフォード代表は最優秀ではなかった。綿密に記入したメモを見てみると、数人の学生がつねに彼女よりすぐれていた。私のメモと記憶、印象は、まるでちぐはぐだった。結局私は、メモに従って行動した。しかし、最後の最後まで迷っていた。あとになっても、そのオックスフォードの女子学生は不当に賞を逸したのではないかという感覚を長くぬぐい去ることができなかった。

私たちの直観は、それがまるで不正確なときでも強力だ。だからこそ重要なのは、すばらしい人だ、きれいな家だ、やる価値のある試みだ、才能ある論客だなどと強い直観にとらわれたときに、自問することだ。その直観は何に基づいているのか、本当に信用できるのか、それとも頭のいたずらなのか、と。私のメモのような客観的な外部からのチェックは助けにはなるが、いつもできるわけではない。自分にはまったくバイアスがなく、判断と選択に外部からの影響はないと確信していたとしても、ときには、完全に合理的あるいは客観的には行動していない可能性が高いことを認識する必要がある。たいていにおいて自分の判断を信用しないほうがいい、と認識することが、あなたの判断を実際に信頼できるまで向上させる秘訣だ。さらに重要なのは、私たちが正確であろうと動機付けされていれば、そもそもの初期符号化が手に負えなくなる可能性は低くなるだろうということだ。

　しかし、認識したとしても、たゆまぬ訓練をしなければならない。正確な直観というものは、修得した発見的方法《ヒューリスティクス》を技術に置き換える訓練なのだ。私たちは最初から不注意というわけではないし、また同様に、欠陥のある思考習慣にしたがって行動する運命にあるわけでもない。そうなったのは、繰り返してきた体験と訓練、それに、ホームズが自分のすべての思考に払っていたような〈マインドフル〉な〈注意力《アテンション》〉がなかったせいだ。私たちは、ある特定の方法で考えるように脳を強化してきたことを認識していないだろうが、実際にはそうしてきた。これには良い面も悪い面もあって、もし私たちが脳に教え込んだのだとしたら、教えたことを忘れさせることも、違うように教えることもできるということだ。どんな習慣も、別の習慣へと変えることができる。時間をかければ、技術が発見的方法《ヒューリスティクス》を変えることができるのだ。判断と意思決定という分野の創設者のひとりと言われているハーバート・サイモン（一九一六～二〇〇一、アメリカの政治学者・認知心理学者・経営学者・情報科学者）が言うように、「直観とは、認識以上でも以下でもなく、認識そのもの」なのだ。

　こうした訓練に関し、ホームズは私たちより何千時間も先を行っている。彼の習慣は幼児のころからの毎年、一年三六五日、一日二四時間における、数え切れないほどの機会でつくられたものだ。ホームズを前にすると気後れしがちだが、結局のところ、素直に影響を受けるほうがずっと生産的だろう。もし彼にできるのなら、私たちにもできる。ただ時間がかかるだけだ。長い時間をかけて培い、私たちの脳のあらゆる神経繊維をつくり上げてきた習慣は、簡単には変わらないのだから。

とにかく、意識することが最初の一歩だ。ホームズは〈意識すること《アウェアネス》〉のおかげで、ワトスンや警部たち、依頼人、敵対する者たちがおかす誤りの多くを回避することができた。しかし、彼はどうやって意識を、その先の行動へと結びつけているのだろうか？　そのプロセスは、観察からはじまる。脳という屋根裏部屋がどのようにはたらいているのか、思考プロセスはどこから生じているのかということを観察して理解すると、重要なものに注意を向け、そうでないものには向けない状態になれる。さて、それでは〈マインドフル〉な観察という仕事に取りかかろう。

正典参考箇所

「そんなもの「太陽系に関する知識」が、ぼくにとって何の役に立つというんだ？」「人間の頭脳というものは、もともと小さな空っぽの屋根裏部屋みたいなもので、……」――『緋色の研究』第二章「推理の科学」

「ぼくは問題がほしい。仕事がほしい。……」――『四つの署名』第一章「推理の科学」

「ミス・モースタンは、しっかりした足どりと、……」「最も重要なのは、相手の個人的な特質によって判断を曇らせてはいけないことだ……」――『四つの署名』第二章「事件の陳述」

「さわやかな美しい眺めだ」と私は叫んだ。――『シャーロック・ホームズの冒険』〈椈《ぶな》の木荘〉

第二部　観察から想像へ

第三章　脳という屋根裏部屋にしまう――観察する力をつける

ある週の日曜日の晩、いつものように父が本を読んでくれる時間になった。何カ月かかかってようやく『モンテ・クリスト伯』を読み終わったところだったので、私たちの期待のハードルはかなり高くなっていた。そして私は、城や砦やフランスの財宝から遠く離れ、初対面の人に向かって「アフガニスタンから戻られたんですね？」と言う男と向き合うことになったのだ。「どうしてそれがおわかりですか？」というワトスンの返事はそのときに私が感じたことそのままだった。いったいなぜ彼には、わかったのだろう？　それが単なる綿密な観察というものを超えていることは、私にもはっきりとわかった。

それとも、そうではなかったのだろうか？　ワトスンはなぜホームズが戦時中の自分の軍務について知っていたのかといぶかしみ、誰かに聞いたのだろうとホームズに言う。ただ見るだけでそんなことを言い当てるなんて、不可能だと思ったからだ。

「そんなことはない」とホームズは言った。それは可能なのだと。そして彼は、こう続けた。

ぼくにはきみがアフガニスタン帰りだと、わかっていたのさ。長年の習慣で、思考の速度が非常に速くなっているから、途中の階段をひとつひとつ意識して通らなくても、すぐに結論に達することができるんだ。だが、考えてみれば、推理の手順は、ちゃんと踏んでいるはずだ。それを説明してみよう。『ここに医師らしい紳士がいる。しかも、軍人らしいところもある。だから、おそらく軍医だろう。顔は黒いが手首は白いから、生まれつき皮膚が黒いのではなく、つい最近熱帯地方から戻ったばかりなのだろう。顔がやつれているところを見ると、病気に苦しめられていたのだろう。左腕を負傷しているせいか、体の動きがぎごちなくて不自然だ。熱帯地方で、わが国の軍医が、腕を負傷するようなひどい体験を強いられたとすれば、それはどこだろう？　まずはアフガニスタンと見てまちがいないだろう』これだけの推理の手順を踏むのに一秒もかからなかった。そこでぼくは、きみはアフガニスタン帰りだろうと言ったんだが、あのときさみは、だいぶびっくりしたようだね。

確かに、スタート地点は単純明快な観察のようだ。ホームズはワトスンを見ると同時に、彼の身体的特徴、仕草、マナーなどの詳しい情報を集めた。そしてそれを材料に、ひとりの男の姿を形づくった——ちょうど現実世界でジョゼフ・ベル博士がコナン・ドイルを驚かせたのと同じように。

だが、それだけではない。この〈観察《オブザベーション》〉——ホームズが知り合ったばかりの相棒を一瞥してその経歴を言い当てた方法——には、普通の〝観察〟以上の何かがある。それは単に、自分の視界に入ってきたものを見るというような受身な過程ではない。何をどのように見るべきかわかっていて、そちらに自分の注意を向けることだ。どの部分に注目するべきか？どの部分を忘れるべきか？　そして、注目すると決めた部分をどのようにとらえ、理解するか？　別の言葉で言うと、どのようにすれば脳という屋根裏部屋の潜在能力を最大限に引き出しうるか？　先ほどのホームズの言葉からもわかるように、古い知識をなんでも放り込んでおけばいいというわけではない。できるだけすっきり整理しておきたい。私たちが気づいたものはなんでも、屋根裏部屋の調度品になる可能性がある。それが加わることが屋根裏部屋の情況に影響を与え、そのことがまた、将来加えられるものに影響を与える。だから私たちは、賢く選ばなければならないのだ。

賢く選ぶということは、選択するということだ。ただ見るだけでなく、適切に見る、つまりよく考えて見る。自分が何に注目するのか、そしてどのように注目するのかが、将来自分が展開する推理に影響を与えるということを充分に理解したうえで、見る。全体を見て、重要な部分に注意を払い、そうした細部を、どのようにして思考の大きな枠組みの中に組み入れるかを理解するのだ。

なぜホームズは、ワトスンの見た目の細部に注目したのだろう——そしてなぜ、彼の現実版であるベルは、新しい患者の振る舞いの細部に注目したのだろう？

「諸君」とベル博士は学生たちに言った。「この男性は礼儀をわきまえた人物だが帽子をとらなかった。軍隊では帽子をとらないものだ。それでもずっと前に除隊していたら、民間人のやり方を覚えただろう。また彼には、偉ぶっている雰囲気があるし、明らかにスコットランド人だ。バルバドスにいたことについてだが、彼は象皮病を患っている。これは英国でなく西インド諸島の病気だ。そしてスコットランドの連隊は現在、同地に駐屯している」

それにしても博士は、患者の見た目のさまざまな部分のどれに注目すればいいのか、どうやって知ったのだろう？　それは長年の訓練のおかげにほかならなかった。ベル博士は多くの患者を診察し、多くの人の人生譚を聞き、多くの診断を下してきたため、あるときを境にそうしたことが自然とできるようになった。ホームズがそうだったように。若く経験の浅い時代の博士には、そのような洞察は不可能だっただろう。

ホームズがアフガニスタン帰りの推理を説明する前に、二人はホームズが朝刊に書いた記事『人生の書』について議論していた。前述の、一滴の水から大西洋やナイアガラの滝の存在を推理することができるという記事だ。ホームズは水に関する話をとっかかりにして、人間の相互作用の原則について議論を展開している。

この学問をきわめようとするものは、そのような最も困難な精神面の研究に着手する前に、まず基本的な問題を修得しなければならない。たとえば、見知らぬ人間と出会ったら、その人物の経歴や職業をひと目で見抜くことを訓練すべきだ。こういう訓練は、つまらないことに思えるかもしれないが、そうすることが観察力を鋭くし、どこに目を向けるべきか、何を見るべきかを教えてくれるのだ。指の爪、服の袖、長靴《ブーツ》、ズボンの膝頭、人差し指と親指のたこ、表情、シャツのカフスなど、そのひとつひとつが、その人物の職業を端的に示している。このような観察を総合すれば、有能な研究者が判断を誤ることは絶対にありえないだろう。

ここで再び、ホームズがワトスンのアフガニスタンでの軍隊勤務をどう推理したのかを考えてみよう。彼がワトスンの派遣先を特定した要素をいくつか挙げたとき、そのうちのひとつに、ロンドンにいるのに日焼けしているという点があった。日焼けは明らかにロンドンの気候によるものではないから、どこかよその場所にいたはず、つまり熱帯帰りを示している。しかし顔はげっそりやつれている。ということは休暇ではなく、別の何かで出かけて体を壊したのだろう。そして彼の振る舞いはどうだ？　片腕に不自然なこわばりが見られるし、そういったこわばりは負傷によるものだ。

熱帯、病気、負傷。それらを考え合わせ、パズルのピースとして大きな絵にはめ込むと、どうだ！　アフガニスタン。観察によって得られたひとつひとつの情報は――単独のピースとしてだけでなく、全体を形づくる一部として――互いに組み合わされ、文脈の中で理解される。ホームズは、ただ見ているだけではない。彼は見ながら、これらの情報に関して正しい問いを投げかけているのだ。その問いは彼に、情報を統合すること、つまり一滴の水から大海を推理することを、可能にしてくれる。彼はワトスンが戦場帰りだと見抜くのに、アフガニスタンそのものを知っている必要はなかった。もしその国の名前を知らなくても、「あなたは戦争から帰ってきたばかりのようですね」くらいのことは言っただろう。それほど派手な驚きはなかったかもしれないが、言わんとすることは同じだ。

職業としては、軍医より医師という区分が先にくる。いつでもカテゴリーがサブカテゴリーより先にあり、その逆はない。医師ということに関して言えば、華々しい事件を手がけているホームズにしては、かなりつまらない推理だろう。しかしつまらないのが悪いということではない。ホームズのほかの説明を読めばよくわかるはずだが、職業に関する彼の推理は、よほどのことがないかぎり突飛な飛躍をせず、ごく常識的なことや、観察と事実を土台とする要素に忠実であり、又聞きした情報や憶測に基づくことはない。医師という職業は、たとえば探偵よりはずっとありきたりな職業であり、ホームズはそれを忘れることはなかったはずだ。ひとつひとつの情報は既存の基礎知識《ナリッジベース》に統合されなければならない。実際、もしホームズが自分自身と会ったとしたら、彼は、はなからその職業を推理しようとさえしなかっただろう。何せ彼は、自称、世界でただひとりの〝コンサルタント探偵〟なのだから。平均基準、あるいは一般の集団の中で物事が起こる頻度は、正しい問いを投げかけるのに重要だ。

とりあえず、ワトスンがアフガニスタン帰りの医師だということはわかった。彼自身も言ったとおり、結論につながった要素を見てしまえば、簡単なことだ。しかし、自力で結論にたどり着けるようになるにはどうしたらいいのだろう？

それは結局、ある一語にかかってくる——〈注意力《アテンション》〉だ。

注意を払うのは決して簡単なことではない

ホームズは、初対面であるワトスンの経歴をすぐに正しく推理した。しかしワトスンの印象はどうだっただろう？　まずわかっているのは、彼はホームズに会うために病院に行ったが、その病院にはほとんど注意を払っていないということだ。「そこは私のよく知っている場所」だったから、「案内も乞わずに」歩いていった、と書いている。

実験室に着くと、そこにホームズ本人がいた。ワトスンの最初の印象は彼の力強さへの驚きだった。ホームズと握手した彼は、「意外なほど強い力で私の手を握って親しみをこめて挨拶した」と書いている。そして彼の二番目の印象は、ホームズが、来たばかりの客にやってみせるほど化学実験に興奮しているということへの驚きだった。さらに、ホームズの外見を初めて観察した第三の印象は、「彼がさし出した手を見ると、同じような絆創膏が所きらわず貼ってあって、皮膚が強い酸のために変色していた」というものだった。初めの二つは印象——または前印象——であり、観察というより、前の章におけるパーティでの見知らぬ人物やメアリ・モースタンに対する本能的、前意識的な判断に近いものだ。なぜホームズが強くてはいけないのか？——ワトスンはどうやら早とちりして、彼を医学生と同類だとみなし、つまり身体的にはたいしたことがないだろうと考えた。なぜホームズが興奮していてはいけないのか？——ここでもワトスンはすでに、面白いことと面白くないことの自分の基準を、会ったばかりの人間に押し付けてしまっている。第三の印象は、ホームズ自身がワトスンについて言ったこと、すなわち彼をアフガニスタンでの軍務という推理に導いたのと、同種の観察だった。もっともワトスンの観察は、ホームズが自分の指に絆創膏を貼り、その事実について言及したせいで生じたものだ。「しじゅう毒物をいじるものですから用心しないといけないんです」とホームズは言っている。結局、ワトスンによる唯一の観察も、そのことを教えられて初めてできたものだった。

なぜそんなに認識不足だったり、表面的で主観的な評価しかできないのだろう？　ワトスンがホームズに対して自分の欠点を説明したとき——「共同生活をするとなれば、前もってお互いの欠点をよく知っておいたほうがいい」とホームズが言ったからだが——彼はひと言で言い切った。「ひどい怠け者です」と。この言葉は問題の本質をついており、実際のところ、決してワトスンだけの問題ではない。〝注意する〟ということに限れば、たいていの人は彼と同じ欠点をもっているのだ。一五四〇年、銅版画家ハンス・ラーデンスペルダーは七枚シリーズのひとつとなる作品を仕上げた。女性が柱に肘をついてもたれかかり、目を閉じて、左手で頭を支えている。彼女の右肩の向こうにはロバがいる。この絵のタイトルは『アシーディア』。シリーズの名前は、『七つの大罪』。

〝アシーディア〟というのは、「無関心」という意味だ。「怠惰」ということでもある。

『オックスフォード・ディクショナリー』では「精神的また心的ものぐさ。無関心」と定義されている。ベネディクト会修道士はそれを、〝真昼の悪魔〟と呼び、信心深い修道士たちを誘惑して、本来なら崇高な労働に費やされるべき時間を何時間も怠惰に過ごさせる無気力の悪魔だと考えた。それは現在なら、注意欠陥障害（ADHD／注意欠陥・多動性障害とも）とか、気が散りやすいとか、低血糖など、やらなければいけないことに集中できない困った状態を表す言葉のどれかで呼ばれたかもしれない。

それを罪ととらえるか、誘惑だと考えるか、心の怠け癖とみなすか、また病気と考えるかは別にして、その現象からひとつの疑問が浮かんでくる。なぜ注意することはこれほど難しいことなのか？

それは必ずしも私たちのせいではないのかもしれない。神経学者のマーカス・レイクル（ワシントン大学医学部教授）は、何十年間も脳を見つづけた末に、人間の心《マインド》は生まれつき、さまようものだと学習した。さまようのが初期設定《デフォルト》だというのだ。私たちの脳は、個別の目的があるはっきりした活動の合間に、思考がしばらく中止されると、ベースラインと言える〈休憩《レスティング》状態〉に戻る。もっとも、この言葉に惑わされてはいけない。脳はまったく休んでいないのだから。休むどころか、脳内の〈デフォルト・モード・ネットワーク（DMN）〉と呼ばれる部分では、緊張性の活動が盛んになる。DMNは、後部帯状回、隣接する楔前部、前頭葉内側面などから成り立っている。このベースラインの活性化でわかるのは、私たちの脳はつねに外部の世界や自己の内面から情報を集めており、さらに注目するに値するものはないかと、つねに監視しているということだ。そんなふうに準備が整った状態でいることは、進化の見地から見ると、捕食者を見つけたり抽象的なことを考えて将来の計画を立てるのに役立っているが、それとは別のことも示している。つまり、脳はさまようということであり、それが脳の〈休憩状態〉なのだ。それ以上のことをしようと思ったら、意識的な意志が必要になる。それを考えると、マルチタスクが強調される現代の風潮は、私たちの本来の性質をうまく活用しているが、それによってイライラさせられることが多い。私たちが自分の意識につきつける新しいインプット、新しい要求は、ことごとく脅威のように感じられる。『おっと、こっちに注意するべきかもしれないな』と脳は考える。そしてまた別の何かがやってくる。私たちは自分の頭に対し際限なく迷うネタを供給することになるのだ。その結果はどうなるか？　あらゆることに注意を払っているのに、当然ながら何に対しても注意できていないということになる。私たちの心はさまようようにできているが、現代社会があれこれ押し付けてくる速さで活動を切り替えるようには、できていない。つねに何かに取り組む準備はできているが、同時にいくつものことに取り組んだり、次から次へと急速に取り組みつづけたりできるわけではないのである。

ワトスンがホームズとの初対面において、どのように注意を払ったか——あるいは（たぶんこちらだろうが）払わなかったか——もう一度見てみよう。彼は何も見なかったわけではない。「無数の壜類が整然と、あるいは雑然とならんでいた。あちこちに脚の低い大きなテーブルがあって、その上にはレトルトや試験管や青い炎のゆらめくブンゼン灯がたくさんおいてあった」と彼は書いている。細かな観察ではあるが、目の前の課題——同居人を選ぶこと——に役立つことは、ひとつもない。

〈注意力《アテンション》〉は限られた資源だ。あることに注意を払えば、必然的にほかのことに注意を払わないということになる。実験室にあるさまざまな化学実験器具に気をとられ過ぎたら、同じ部屋にいる男について何か大事なことに気づけない。注意を同時にいくつもの物に割り当て、ひとつのことに集中したときと同じレベルのはたらきを期待することは、不可能だ。二つのタスクを同時に前面に置いて注意を注ぐことは、できない。必然的にそのひとつに主眼が置かれ、もうひとつは——あるいは複数であっても——無意味な雑音のように、除去されることになる。悪くすれば、どれひとつとして注意を払われることなく、全部が、少しは音のいい雑音であっても、やはり雑音として処理されてしまうこともあるのだ。

これからあなたにいくつかの文章を示すので、それぞれの文章について、二つのことをしてほしい。ひとつは、その文章の内容がもっともらしいことか、そうでないかを検証し、もっともらしい（妥当だ）と思ったときは「P」（プロージブル）、そうでないと思ったときは「N」（ノット・プロージブル）と書く。二つ目は、文章の最後の単語を覚えることだ。すべての文章を読んだあとで、それぞれの単語を順番どおりに言ってもらう。各文章にかけられる時間は五秒間。そのあいだに文章を読み、その内容を検証し、最後の単語を記憶しなければならない（五秒ごとに音の鳴るタイマーをセットするなどして、できるだけ正確に時間の見当をつけること）。すでに終わらせた文章を読み直すのはルール違反だ。一度読んだ文章は消えると想像しよう。用意はいいだろうか？ では、スタート。

She was worried about being too hot so she took her new shawl.
（彼女は暑くなるのを心配して新しいショールを持っていった。）

She drove along the bumpy road with a view to the sea.
（彼女は海を見るためでこぼこ道をドライブしていった。）

When we add on to our house, we will build a wooden duck.
（私たちは家の建て増しをするとき木製のアヒルをつくる。）

The workers knew he was not happy when they saw his smile.
（彼が微笑んだのを見て、工員たちは彼が楽しくないのだと思った。）

The place is such a maze it is hard to find the right hall.
（迷路のように入り組んでいたので、目当てのホールを見つけるのは難しかった。）

The little girl looked at her toys then played with her doll.
（その小さな女の子はいくつものおもちゃを見ていたあと、人形で遊びはじめた。）

終わったら、各文章の最後の単語を順番どおりに書いてみよう。ここでも文章を見直すルール違反はしないように。

できただろうか？ 今やってもらったのは、文の真偽判断課題《センテンス・ベリフィケーション・タスク》と、リーディング・スパン・テストだ。出来はどうだろう？　初めのほうはよくできたのではないだろうか。しかし、あなたが予想したほど簡単ではなかったかもしれない。この課題を難しくしているのは、時間の制限があることのほかに、文章を読むだけでなく内容を検証する必要があること、つまり最後の単語に集中するだけでなく、文章全体の意味を処理しなければならないという点だ。文章の数が増えたり、文章が複雑になったりすれば、その内容を検証するのは、より難しくなる。そして制限時間が短くなり、繰り返して読むひまがなくなれば、単語を覚えられなくなるだろう。

あなたがたくさんの単語を覚えられたとしても、いくつかのことが言える。第一に、もしあなたがコンピュータ画面で各文章を読まされたとしたら——文章が複雑だったり、リストの最後のほうに来たときはとりわけ——画面にあるその他の文字や画像は見逃しているはずだ。あなたの目はそれらを見ているはずだが、脳は読むこと、処理すること、記憶することという一連の流れ作業にすっかり気をとられているため、まったく認識しない。そして脳がそれらを無視することは正しい。もし能動的に認識したら、気が散ってしかたがないだろうし、与えられた課題を行っている真っ最中なら、なおさらだ。

『緋色の研究』に出てきた、家の中の騒ぎに気を取られて犯人を見逃してしまった巡査について考えてみよう。ホームズが通りには誰もいなかったかと尋ねると、ランス（問題の巡査）は次のように答えた。「まあ、まっとうな人間は、ひとりもね」しかし、犯人は彼の目の前にいた。彼がものの見方を知らなかっただけだ。彼は疑わなければならない相手を、ただの酔っぱらいだと思い込み、不調和や偶然を気に留めなかった。犯行現場を見張るという〝本物の〟仕事に集中するのに忙しかったからだ。

この現象は〈注意的見落とし《アテンショナル・ブラインドネス》〉と呼ばれ、ある場面においてひとつのことに集中することでその他の要素が消えるプロセスだ。私自身は〈注意深い非注意《アテンティヴ・インアテンション》〉と呼んでいる。この概念は認知心理学の父、ウルリック・ナイサー（一九二八～二〇一二、ドイツ出身でアメリカで活躍した心理学者）によって提唱された。ナイサーは夕暮れ時に窓を見ているとき、外の世界を眺めることも、ガラスに映った部屋を見つめることもできると気づいた。しかし両方に注意を払うのは無理だった。夕焼けか部屋のどちらかをあきらめなければならないのだ。彼はこの現象を〈選択的注視《セレクティヴ・ルッキング》〉と名づけた。

その後ナイサーは、人間による活動が行われている二本の映像を重ね合わせたものを見せられた被験者は——たとえば一本の映像ではカード遊び、もう一本ではバスケットボールをしている映像だ——その一方の活動を追うことは簡単にできるが、他方の映像で何か驚くべきことが起きても、それを見逃すということを発見した。つまり、バスケットボールの試合を観ている被験者は、カード・プレイヤーたちが突然カード遊びをやめて立ちあがり、握手しても、それに気がつかない。これは一九五〇年代に発見された、ある人が片方の耳で会話を聞いているとき、反対の耳に何か言われてもまったく気づかないという現象〈選択的聴取《セレクティヴ・リスニング》〉とよく似ているが、ひとつの感覚だけでなく複数の感覚に当てはまることを考えれば、より広いスケールの現象と言える。この現象〈選択的注視〉は、初めて発見されて以来、何度も繰り返し実験された。ゴリラの着ぐるみを着た人間や、一輪車に乗った道化師が登場する有名な映像もあるし、現実における例では、道路に死んだ鹿が倒れていて、人はそれを見ているのにまったく気づかないということがあった。

恐いことではないだろうか。私たちは、自分でも知らないうちに視野のすべてを消してしまうことがありうる。ホームズはワトスンに、見ているだけで観察していないと諭したが、もう一歩踏み込んでもよかった。私たちは「見ている」ことさえしない場合があるのだ。

私たちには、認知力を必要とする課題に取り組んでいないときでさえ、自分が何を見逃したかまったく気づくことのないまま、物事を見逃していることがある。たとえば、機嫌の悪いときは、機嫌のいいときより少ないものしか見ていない。実際に視覚野が外部の世界から取り入れる情報が減るのだ。まったく同じ場面を二度、物事がうまくいった日と、そうではなかった日に見ると、機嫌の悪い日には気づくことが減り、脳が取り入れる情報も減る。

実は私たちは、注意を払うことなく何かを認識することは不可能だ。例外なく。確かに、認識に必要な注意は最低限ですむが、注意は必要だ。まったくひとりでに何かが起きることはない。何かに関心を向けることなく、それを認めることはできないのだ。

とりあえず、文の真偽判断課題に戻ろう。窓に映る部屋をじっと見ていると夕焼けが見えないだけではなく、考えに集中すればするほど瞳孔が縮小する。つまり、私はあなたの瞳孔の大きさを見るだけで、あなたの精神的な努力――記憶負荷《メモリ・ロード》や課題の難易度、計算速度、青斑核（脳内で神経伝達物質《ニューロトランスミッター》ノルエピネフリンをつくる部分で、記憶の呼び出しやさまざまな不安症候群、〈選択的注視〉に関わりがあるとされる）における神経作用、さらにはあなたが頑張りつづけるか途中であきらめるかどうか――までわかってしまう。

しかし、ひとつ励みになることがある。練習や厳しい訓練の重要性とその効果は、確かにあるということだ。文の真偽判断課題を定期的にやれば（被験者の一部は実際にそうした）、瞳孔は徐々に縮小し、より自然に思い出せるようになり、奇跡中の奇跡が起きて、前は見逃していた文字や画像などに気がつくだろう。たぶんあなたは、いったいなぜ前はこれが見えなかったのかと自問するはずだ。前は骨が折れたことが自然にできるようになり、より習慣化して努力が必要なくなる。ひと言で言えば、簡単になる。〈ホームズ・システム〉の範囲にあったことが、〈ワトスン・システム〉に潜り込んでいくということだ。そのために必要なのは、ちょっとした練習、ほんの少しの習慣化だ。あなたの脳は、その気になれば、非常に呑み込みが速くなる。

その秘訣は、同じプロセスを再現し、脳に学ばせ、覚えさせて、以前は苦労したことを楽にできるようにすることだ。文の真偽判断課題のように、ばらばらになっていない認知タスクでも、あまりに基本的で私たちがつねにやっていること、つまり見て考えるというようなことでも。

心理学者ダニエル・カーネマン（一九三四～、ノーベル経済学賞受賞者）は、システム1、つまり私たちの場合の〈ワトスン・システム〉は、訓練するのが難しいと繰り返し主張している。好きなものは好き、信じるものは信じる、というシステムだからだという。では、どうしたらいいのだろう？　システム1を無理やり黙らせ、システム2つまり〈ホームズ・システム〉に仕事をさせればいい。たとえば、ある仕事に人を雇うときには、自分の印象に頼るのではなく、特徴チェックリストを活用する。印象というものは、前述のとおり、誰かに会って五分以内につくられるものだから、それに頼ることはしない。またある問題を解決しようと思ったら、いわゆる直観の命じるままにするのではなく、踏むべき段階を書いたチェックリストを作成する。たとえばそれは病気の患者だったり、故障した車だったり、作家が陥るスランプだったり、あなたが日常でぶちあたるどんな問題でもいい。チェックリスト、慣例のやり方、体系的な手続き、それらが最良の策である——というのが、カーネマンの考えだ。

ホームズの答えはどうだろう？　一にも二にも習慣付け、そしてモチベーションだ。自分がうまくやりたいと思う種類の判断や観察について、一種の専門家になる。人々の職業を推理し、彼らの思考の流れを追い、彼らのしぐさから感情や考えを推量する？　それはけっこうだ。だが探偵の活動以外にも、役立つことはたくさんある。たとえば、ひと目見て食べ物の質を判断できるようになること、チェスで最適の一手を指せるようになること、野球、ポーカー、商談において相手のしぐさからその考えを読めるようになること。自分が望むことを成し遂げるためには、まず正しい選択のしかたを学んでおけば、〈ワトスン・システム〉がまずいことをしでかさないように前もって教えておくことにより、その損害を減らすことができる。重要なのは、適切な選択能力の訓練——頭脳の影響力《プレゼンス・オブ・マインド》——と、自分の思考プロセスをマスターしたいと思う願望とモチベーションだ。

確かにそれは、たやすいことではない。端的に言えば、注意力は最初から転がっているものではない。それはどこかからか、もってこなければならないのだ。私たちが〈注意力《アテンション》〉という資源《リソース》に追加要求をするたびに——たとえば歩きながら音楽を聴いたり、仕事をしながら電子メールをチェックしたり、同時に五つのストリーミング放送を視聴したりすると——ひとつのことに対する関心を弱め、そのことに積極的かつ生産的に関わる能力を低下させることになる。

しかも、自分を消耗させてしまう。注意力は限られているだけでなく、有限な資源なのだ。再起動《リブート》しないかぎり、今ある量しか使えない。心理学者のロイ・バウマイスター（一九五三〜、フロリダ州立大学社会心理学部教授）は、自制《セルフコントロール》を筋肉にたとえた——考えてみれば、とても適切なたとえだ。筋肉と同様に、自制する意志力には限りがあり、使い過ぎると消耗する。筋肉には補給（物理的にグルコースと休息を補給）する必要がある。自制も最高の状態を保つためには——気合いを入れる言葉も大事だが——文字どおりの意味でエネルギーを補給する必要があると、バウマイスターは述べている。そうしなければ、そのパフォーマンスは低下するのだ。筋肉は、鍛えれば大きくなる（自制や注意力を鍛えれば、より長い時間、より複雑な課題に取り組めるようになる）が、その成長にも限度がある。超人的な注意力を可能にするリタリンやアデロールの運動版であるステロイドを使わなければ、早晩限界に達するし、ステロイドを使っても無限に成長できるわけではない。そして使うのをやめたら？……筋肉はすぐに元のサイズに戻ってしまうのだ。

生まれつきの注意力を高める

ホームズとワトスンがニューヨークを訪ねて、エンパイアステート・ビルディングの最上階にのぼることにしたとしよう（それほど不自然なことではない。彼らの作者はニューヨークを訪ねて忘れられない時間を過ごしたのだから）。展望デッキに出た二人は、見知らぬ人から、二人のうちどちらが先に飛行機を見つけられるかという競争をしてみないかと、もちかけられた。どの望遠鏡を使ってもかまわないし（その人は二人に、望遠鏡に入れる二五セント硬貨をたくさんくれた）、どこを見てもかまわない。どちらが先に飛行機を見つけるかの勝負だ。二人はどう取り組むだろう？

一見、簡単なことに思えるかもしれない。飛行機はかなりの大きさがあるし、エンパイアステート・ビルディングはかなりの高さがあるし、三六〇度の視界がある。しかし競争に勝つには、その場に立って見上げたり見回したりするだけではだめだ。飛行機が別の場所に現れたらどうする？　今立っている場所からは見えないとしたら？　自分の背後で飛んでいたら？　ばかみたいにその場に立って裸眼で見るのではなく、二五セント硬貨を使って望遠鏡で見れば、遠くにある飛行機を自分が見つけられるかもしれないとしたら？　競争に勝ちたいと思ったら、たくさんの「たら」「れば」が考えられるが、戦略の選択として見れば、それらは自分で対処可能な「たら」「れば」だ。

まず初めに、ワトスンがどのようにこの課題に取り組むか考えてみよう。ワトスンは、ご存じのとおり、精力的な人間だ。彼は行動も動作も速い。そしてホームズにかなり競争心をもっている。彼は一度ならず、自分も探偵の真似事が可能だと証明しようとしたくらいだ。ホームズの縄張りで彼を負かすことを考えるのは、無上の喜びだったろう。彼はきっと、次のような行動をとったと思う。まず彼は、考えることで時間を無駄にはしないだろう(『時間は刻々と過ぎている! さっさと動くほうがいい』)。そしてできるだけ広い範囲を歩き回り(『飛行機はどこから来てもおかしくない! それにぼくは後れをとるのはいやだ』)、手当たりしだいに望遠鏡に硬貨を入れ、望遠鏡から望遠鏡へと駆け回り、地平線を見つめる。そして、見つけたという早とちりもするだろう(『やった飛行機だ! いや、あれは鳥だ』)。それは見つけたいという願望のせいで、早とちりするたびに、本気で飛行機だと思っている。駆け回り、早とちりにがっかりして、彼はすぐに息を切らすだろう。そして、『これはひどい、もうくたくただ』と考える。それに、こんなことに何の意味があるのか? 飛行機を見つけたらどうだというのだ、と。ワトスンのために、飛行機が早く現れることを祈ろう。

ホームズはどうするだろうか? 彼はたぶん、まずは自分の位置を確認し、空港の場所を計算してから、飛行機がどの方向に飛ぶ可能性が高いかを推理する。ひょっとしたら、その時刻には空港から飛び立つ飛行機と着陸する飛行機、どちらの可能性が高いかまで考慮するかもしれない。さらに着陸経路や離陸経路を予想する。そうして最も可能性の高い方角を導き出したら、その方角がよく見える場所に立つはずだ。おまけにそこにある望遠鏡に硬貨を入れ、自分が何も見逃していないか、ざっと調べるかもしれない。彼は鳥を見たら鳥だと、横切る影は低い雲の影だと、ちゃんとわかる。焦らない。彼は見るだけでなく、近づくジェット機の音が聞こえないかと耳を澄ますだろう。風向きの変化を感じたり、ガソリンのかすかな臭いがしないかどうか、空気の匂いを嗅いだりするかもしれない。そうしているあいだずっと、有名な長い指をこすり合わせて、こう考えていることだろう。「もうすぐだ。もうすぐやってくる。飛行機がどこに現れるか、ぼくには正確にわかっている」

どちらが勝つだろうか？　もちろん運という要素もあり、どちらも運良く勝者になる可能性をもっている。しかし何度も繰り返せば、私はホームズが勝つというほうに賭けてもいい。一見、彼の作戦はのんびりし過ぎていて、ワトスンのほうが思い切っているし、範囲も広いように見えるが、最終的にはホームズのほうが優れているということになるはずだ。

私たちの脳は、ばかではない。私たちは〈認知バイアス〉（ヒューリスティクスつまり発見的方法の使用によって生まれる、認識上の偏り、先入観）があるにもかかわらず、驚くほどの割合で効率的かつ効果的でいられる。私たちのワトスン的な注意力も同じで、理由があるから、そういうふうになっているのだ。私たちが何もかもすべてのことに気づくわけではないのは、何もかもすべて——すべての音、すべての匂い、すべての光景、すべての感触——に気づいてしまったら、頭がおかしくなってしまうからだ（実際、フィルターを通す能力の欠如は多くの精神障害症状の特徴になっている）。それにワトスンの言い分ももっともだ。飛行機を探す？　そんなものは彼にとって有効な時間の使い方ではないのかもしれない。

つまり問題は、注意力の欠如というより、意識と目的の欠如なのだ。通常、私たちの脳は、私たちが前もって意識的に考えなくても、何に集中するべきか選別している。そうではなくて、私たちが、何をどのようにフィルターにかけるのか、脳に命じることを学ぶ必要がある。さもないと脳は怠けて、何がいちばん抵抗が少ないかに基づいて私たちの代わりに判断を下すだろう。

エンパイアステート・ビルディングの最上階に立ち、静かに立って飛行機を探すホームズは、それを実現するための四つの要素を示している。すなわち、選択力、客観性、包括性、そして積極的関与《エンゲイジメント》だ。

1．選択力をもつ

次に述べる場面を頭に浮かべてほしい。男性が会社に向かう途中でパン屋の前を通りかかると、道路にいる彼のところまでシナモンの甘い匂いが漂ってくる。彼は立ち止まり、躊躇《ちゅうちょ》する。ウィンドウをのぞいてみる。つやつやしたパン。焼きたての、バター入りロールパン。ほんの少し砂糖がかかったばら色のドーナッツ。彼は店に入る。シナモンロールを注文する。『ダイエットは明日からにしよう』と考える。『人生は一度きりだ。それに今日は特別なんだ。ひどい寒さだし、一時間後に難しい会議を控えている』

では時間を巻き戻して、もう一度。男性が会社に向かう途中でパン屋の前を通りかかる。シナモンの匂いがする。『よく考えてみれば、ぼくはあまりシナモンを好きじゃない』と彼は口に出してみる。『ナツメグのほうが好きだが、その匂いはしない』彼は立ち止まる。躊躇する。ウィンドウをのぞいてみる。油分の多そうな砂糖がけは、いかにも心臓発作や動脈閉塞を起こしそうだ。バターがたっぷり入ったロールパン——実際使われているのはマーガリンだろうが、それではおいしいロールパンをつくれるはずがない。揚げ過ぎでこげたドーナッツを食べたら、きっと何時間も胸焼けして、そもそもなぜあんなものを食べたのだろうと後悔するはずだ。『思ったとおり』と彼は考えた。『この店で買うものはない』彼は歩き出し、急いで会議へと向かう。『始まる前にコーヒーを飲めるかもな』と思いながら。

シナリオ1とシナリオ2では、何が違っただろう？　目に見える変化は何もない。感覚情報はまったく同じだ。しかし想像上の男性の意識は変化し、その変化がまさに文字どおり、彼がどのように現実を体験するかに影響を与えた。彼がどのように情報を処理するか、彼が何に注目するか、周囲の環境が彼の心にどのような作用を及ぼすかを、変えてしまった。

こういうことは充分にありうる。私たちの視覚はもともと非常に選択的だ。網膜は一秒ごとに一〇〇億ビットの視覚情報をとらえているが、視覚野の第一の層までたどり着くのは一万ビットであり、その上、入ってくる視覚情報を扱うのは、その場所のシナプスのわずか一〇パーセントにすぎない。言い換えれば、私たちの脳はつねに一一〇〇万ピースのデータ

（私たちの周囲にあり、五感のいずれかを刺激するアイテム）を受け取っている。そのうち、私たちが意識して処理するのはわずか四〇くらいしかない。要するに、私たちは周囲にある物のうち、ほんの一部を〝見て〟いるだけで、私たちが客観的な観察と思っているものは、むしろ〈選択的フィルタリング〉という名前がふさわしい。そして、ある瞬間の私たちの意識、気分、考え、さらには動機や目標といったもののせいで、通常より情報をえり好みすることもありうるのだ。

騒々しい部屋の中でも自分の名前なら聞こえる〈カクテルパーティ効果〉は、まさにそういうことだ。また私たちは、自分が考えていることや、学んだばかりのことに気がつきやすいという傾向がある。妊娠している女性は、どこを見てもほかの妊娠している女性に気づく。人は正夢になった夢を覚えている（そのほかの夢は忘れてしまう）。9・11事件のあとは11という数字が目につく。環境の何かが変わったわけではない（妊娠中の女性や正夢や特定の数字が急に増えることはない）。変わったのは見るほうの意識なのだ。私たちが偶然の一致に弱いのは、そのせいだ。自分が間違っていたり、何も起きなかったときのことは忘れてしまい、偶然一致したときのことだけを覚えている。もともと注意している物だから、なおさらだ。ウォール街の教祖的存在と言われるある人物は、予言者と見られる秘訣は反対のことをセットにして予測することだと、皮肉交じりに述べた。人々は当たったほうの予測だけを覚えていて、はずれたほうはすぐに忘れてしまうというのだ。

私たちの心は、理由があってこうなっている。四六時中、〈ホームズ・システム〉をフル稼動させておくのは疲れるし、生産的でもない。私たちが周囲の環境の大部分をフィルターをかけて除外するのには、理由がある。脳にとって、それは騒音なのだ。すべての情報を受け止めていたら、長くは続かない。ホームズが脳という屋根裏部屋について言ったことを覚えているだろうか？　それは貴重な小さな空間だ。注意して歩き、賢く使わなければいけない。別の言葉で言えば、注意を払うものを選べ、ということだ。

一見、それは直観に反することに思える。そもそも注意するものを減らすのではなく、増やそうとしていたのではなかったのか？　確かにそうだが、肝心なのは注意の質を高めることで、量を増やすことではない。私たちが知りたいのは、どうすればよりよく注意できるか、つまり優れた観察者になれるかということだが、考えもなくすべてに注意を払っていたら、それは不可能だ。うまく行くはずがない。必要なのは、〈マインドフル〉に注意を割り当てることだ。〈マインドセット〉が、その選択力を得る助けとなる。

ホームズはほかの誰よりも、このことをよく理解していた。確かに彼は一瞬で、ワトスンの服装としぐさの細かい点や、部屋の非常にささいな点まで気づくことができる。しかし彼は、外の天気や、ワトスンが下宿から出かけていて戻ってきたのだということには、気づかない。ワトスンから外は嵐だと教えられて初めて顔をあげ、気づかなかったよと言うことがよくある。BBCテレビの『シャーロック』でも、ワトスンが自室に引きとったり、フラットから出かけたあとで、シャーロックが壁に向かって話しかけている場面が多いと気づくだろう。

どんな状況でも、自分が何を達成したいのかを具体的にはっきりさせることは、限られた〈注意力〉という資源を最大限に生かす第一歩になる。そうすることは、本当に重要な目標や考えに気持ちを向け、そうでないことを背景に追いやるうえでの、助けとなる。あなたの脳は、甘い香りやナプキンに付いた油に気づいたろうか？　ワトスンの日焼けした肌や、部屋の外の天気に気づいたろうか？

ホームズは、データがそろう前に理論立てることはしない。しかし、着手するに先立ってのプランは立てる。つまり、目的をはっきりさせ、それを達成するために必要な要素を確認するのだ。『バスカヴィル家の犬』の中で、モーティマー医師が居間に入ってきたとき、ホームズはすでに、その状況から何を得るべきかわかっていた。モーティマーが入ってくる直前に彼がワトスンに言った言葉は、次のようなものだ。「科学者ジェイムズ・モーティマー医師が、犯罪の専門家シャーロック・ホームズに、はたしてどんな相談をもちかけるつもりなのか？」ホームズは問題の男性とはまだ対面していなかったが、自分の観察すべき目標はわかっていた。彼は始まる前にその状況を定義していたのだ（おまけに医師のステッキまでよく見ていた）。

医師が現れると、ホームズはすぐに彼の訪問の目的を確かめ、事件になりそうな出来事のあらゆる詳細、関係する人々、その状況について質問した。彼はバスカヴィルの伝説やバスカヴィル館の歴史、バスカヴィル家の家族について話を聞いた。さらに、近隣の住人やバスカヴィル家の敷地に住むのはどんな人か、また医師本人は一家とどのような関わりがあるのかと尋ねた。その地域の地図を取り寄せ、話の中では省略されていたかもしれないことも含めて、さまざまな情報を集めた。ジェイムズ・モーティマー医師がシャーロック・ホームズに依頼した事件を解決するために、その目標に影響するすべての情報に完全な注意を払ったのだ。

彼にとっては、医師の訪問後からその日の夜までのあいだにあった出来事は、存在していないようなものだった。その日の終わりに、ホームズはワトスンにこう言っている。「肉体はこの肘掛け椅子にとぐろをまいていて、魂が抜けたあいだ、遺憾なことに、大きなポットに二杯ものコーヒーと、信じられないほど多量の煙草をのんでしまった。きみが出かけたあと、スタンフォードの店に使いをやって、荒野の問題の区域の陸地測量部地図をとりよせた。ぼくの魂は、一日じゅうその上を飛びまわっていたんだ。口幅ったいようだが、だいたい状況はわかったよ」

ホームズは霊となってデヴォンシャーを訪れていた。その間、自分の体が何をしていたのかは知らない。彼はまったくの冗談でそう言っているわけではない。自分が何を飲み、何を吸っていたのか、まるで気づいていなかった可能性が高い——おまけに部屋の空気が、戻ってきたワトスンが窓をすべて開け放すほど汚れているということにも。ワトスンの外出さえ、ホームズの計画の一部だった。彼は余計な口出しで気を散らされることがないように、わざと同居人を出かけさせたのだ。

では、彼はすべてに気がついていたのだろうか？　いや、ホームズの能力に関する世間の思い込みとは裏腹に、そんなことはなかった。しかし目下の目的に関係することに関しては、すべて気づいていた。そこに大きな違いがある。［シルヴァー・ブレイズ号事件］で、警部が見逃した証拠を自分が発見したとき、彼は「私は、これを目当てに探したから見つかったんです」と言った。前もって探す理由を知っていなければ、彼自身もその証拠に気づかなかっただろう（そして彼にとっても、どうでもいいものだったはずだ）。ホームズは何にでも時間を無駄にするわけではない。注意力を戦略的に割り当てているのだ。

私たちも、自分が何をどこで探せばいいのかを知るためには、目的を決める必要がある。よく知っている状況では、何が重要なのか特に意識しなくても、脳がそういうことを自然にやっている。

第二章の、髪の毛に青いメッシュを入れた若い女性の話と、名前もわからない人物に出会ったパーティの一件を、思い出してみよう。まずは自分がそのグループに入って、おしゃべりしているところを想像する。まわりを見ると、同じようなグループがいくつもできていて、部屋中に散らばっているのに気づく。そしてみんながあなたたちと同じようにおしゃべりしている。全員がひっきりなしにぺちゃくちゃおしゃべりしているなんて、ちょっと考えただけでうんざりする。だから聞き流す。おしゃべりは背景の雑音になる。あなたの脳はその環境に対応して、あなたの通常の目的と必要に応じて、音の大部分を無視する（具体的には、頭頂葉皮質と前頭葉皮質の背部と前面が、目的指向の頭頂と刺激で動く前頭の注意制御に関わっている）。パーティでは、脳はあなたがしている会話に集中し、ほかの言葉――中には自分の会話と同じ音量のものもある——は、意味のない音として処理している。

そのとき突然、ある会話がはっきりと聞こえてくる。もうそれは雑音ではない。そのひと言ひと言が聞こえる。あなたはそちらをふり向く。はっとする。何があったんだ？　誰かがあなたの名前か、あなたの名前に似た言葉を口にしたのだ。あなたの脳はその刺激に反応して、耳をそばだて、集中する。あなたに関係がある話だ、注意しないと。これがいわゆる〈カクテルパーティ効果〉と呼ばれるものだ。自分の名前を呼ばれると、それまで休んでいた神経系が素早く行動に移る。あなたは何もしなくてもいい。

ほとんどのことには、そんなふうに重要性を合図してくれるような便利な内蔵フラグはない。したがって、自分の名前のような古典的な刺激がない場合でも、いざというときにはもっと注意できるように、脳を訓練する必要がある。ホームズの言葉で言えば、気づくためには自分が何を探しているのか知らなければならない。パン屋の前を通りかかった男性の場合は、簡単だ。個別の目標は、パンや菓子を食べないこと。注意すべき個別の要素は、甘いもののそれ自体（見た目の欠点を探す）、匂い（焼きたてパンの甘い匂いではなく、道路の排気ガスの臭いや焙煎したてのコーヒーの香りに集中したらどうだろう？）、そして環境全般（これからのミーティング、ウェディングとタキシード、何でもいいから現在の刺激以外のことを考える）。簡単なことではない。しかし少なくとも、こうすべきだというトップダウンの処理ははっきりしている。

だが、何かを決断するとか、仕事上の問題を解決するとか、もっと漠然としたことの場合は、どうだろう？　大丈夫、同じやり方が使える。心理学者のペーター・ゴルヴィツァー（一九五〇〜、ドイツ生まれのニューヨーク大学心理学教授）は、できるだけ効果的に人々に目標を決めさせ、それを達成するための行動を起こさせるにはどうしたらいいのかを調べて、いくつかのことが集中と行動を高めると気づいた。

（1）先のことを考えること、または現在の状況をより大きな構図の中や、より長い時間枠の中でとらえ、今はよりよい将来に到達するための通過点だと確認すること。（2）具体的に考え、具体的な目標を立てること。またはできるだけ個別に終点を定義し、自分の注意力という資源をできるだけ具体的なものにプールする。（3）「もし〜なら〜する」という不測事態を想定するか、あることが起きた場合どうするのかということをじっくり考え、決めておく（たとえば、自分の気が散っていることに気づいたら、目を閉じて一〇まで数え、再び集中する）。（4）頭の中で考えるだけでなく、考えたことは何でも紙に書き留める。そうすることで能力を最大限に引き出せるうえに、何でもゼロからやり直さなくてすむ。（5）両方の場合を考えておく——うまくいかなかったらどうなるのか、うまくいったらどんな報いがあるのか。

選択力——〈マインドフル〉で思慮深く《ソートフル》て賢い選択——は、どのように注意を払い、限られた資源を最大限に活かすかを学ぶ、重要な第一歩だ。初めは小さく、無理なく管理可能なもので、範囲の明確なものから始めよう。〈ワトスン・システム〉が〈ホームズ・システム〉のようになるには何年間もかかり、たとえそうなったとしても完全には無理かもしれない。しかし〈マインドフル〉になることに集中すれば、必ず近づける。〈ワトスン・システム〉に〈ホームズ・システム〉のツールを与えて、助けてやろう。そうでもしないと、何もないのだから。

ひとつ注意すべきことがある。目標を立てて世界をフィルターにかけるときに、その目標を目隠しにしないように気をつけることだ。目標、優先事項、「自分は何を達成したいのか」という問いへの答えは、変化する状況に対応できるように柔軟でなければいけない。手に入る情報が変わったら、それに応じて自分も変わるはずだ。より大きな目的のためになるなら、前もって立てた計画をはずれることを恐れてはいけない。それも観察のプロセスの一環だ。

あなたの内なるホームズが、あなたの内なるワトスンにどこを見させるべきか示してやろう。そして、『恐怖の谷』のアレック・マクドナルド警部のようになってはいけないと教えよう。ホームズの示唆を受け、方向転換であれ部屋からの外出であれ、そのとおりにすることだ（マクドナルド警部はモリアーティ教授の書斎を訪ねていながら、その正体に気づかなかった）。

2. 客観性をもつ

〔プライオリ・スクール〕では、大切な生徒が寄宿学校からいなくなった。また、学校のドイツ人教師も失踪した。「イングランドでも一流の予備校の名門」とされ、大変な栄誉と名声を集める学校で、なぜこんな不幸が起きたのか？　同校の創立者にして校長であるソーニイクロフト・ハクスタブル博士は、非常に当惑していた。ホームズに相談するためにイングランド北部からロンドンにやってきた彼は、疲労困憊のあまり、ベイカー街二二一Bの暖炉の前にある熊皮の敷物の上に「その大きな図体をうつ伏せにしたまま気をうしなってしまった」のだった。

ひとりでなく二人もが行方不明になったうえ、生徒のほうは、前閣僚でありイングランドでも「最も富裕な重臣」であるホールダネス公爵の子息だ。これは重大事件に違いない、とハクスタブルはホームズに言った。そして、ドイツ人教師のハイデッガーがなんらかのかたちで共犯として生徒の失踪に関わっているはずだと。彼の自転車が自転車小屋からなくなっていて、彼の部屋にはあわてて外出した痕跡が見られたからだ。その教師が誘拐犯なのだろうか？　あるいは誘拐犯の共犯者なのだろうか？　そのどちらかはわからないが、無実のはずはないとハクスタブルは考えた。二人の失踪を、単なる偶然として片づけることはできないと。

すぐに地元警察の捜査が始まったが、若い男と少年が近くの駅で朝早い列車に乗ったという目撃情報が入ると、ほかの手がかりを追うことは中止された。だが、追跡の結果、その二人はまったく無関係な人間だったことがわかり、ハクスタブルは失望する。そこで謎の失踪事件から三日後、彼はホームズを訪ねてきたのだった。まだ手遅れではないにしても、少し遅すぎた、とホームズは言う。貴重な時間が失われてしまった、と。さらなる悲劇が起きる前に二人を見つけることはできるだろうか？

さて、この状況《シチュエーション》を構成している要素としては、何があるだろう？　この質問への答えは、一連の事実（行方不明の少年とドイツ人教師、なくなった自転車など）を列挙したり、それらの詳細（少年の部屋と教師の部屋のようす、衣服、窓、植物など）を述べたりすればいいというほど、単純ではない。状況（ここで言う状況とは、広義の精神的・物理的状況、さらには空っぽの部屋といった〝状況らしくない〟ものも指す）は本質的に動的なものであるし、さらには、あなたがその状況に入っていくことで、あなたの到着以前の状況がまったく違うものに変化してしまうのだ。

ここには、ハイゼンベルク（一九〇一～七六、ドイツの物理学者）の〈不確定性原理〉がはたらいている。つまり、観察するという行為によって、観察されている対象が変化してしまうということだ。たとえば空き部屋は、いったんあなたが入れば、もう同じ空き部屋ではない。変わらなかったことにして物事を進めることはできないのだ。これは当たり前のことのように思えるかもしれないが、理論としてでなく、実際のこととして理解するのは、かなり難しい。

たとえば、〈白衣効果〉と呼ばれる、よく研究されている現象を見てみよう。あなたには今、痛みや咳といった症状があり、医者に診てもらいたいという状況にあるとする。あなたはため息をついて、電話をかけ、医師の予約を取る。翌日、あなたは病院を訪れる。待合室に座る。名前が呼ばれる。そして診察室に入っていく。

　ここで、診察室に入ったあなたと病院に予約を入れたあなたは、同一人物だと考えていいだろうか？　答えはノーだ。繰り返し実験で確かめられていることだが、多くの人にとって、病院に行って医師に会うということだけで、生命徴候《ヴァイタル・サイン》を大きく変化させる効果がある（だから〈白衣効果〉なのだが）。脈拍や呼吸数、体温、血圧や血液検査の結果まで、医師に会うだけで変わってくるのだ。あなたは不安やストレスを感じていないかもしれないが、それでもあなたの数値や結果は変化する。状況は存在と観察だけで変わっていくのである。

　失踪をとりまく出来事についての、ハクスタブル博士の意見を思い出してみよう。逃亡者（少年）と、共犯者（教師）、そして逃走または目くらましのために盗まれた自転車。それ以上でもそれ以下でもない。校長がホームズに報告したのは、事実（と彼が思ったこと）だけだった。

　しかし、それは本当に事実だったのだろうか？　心理学者ダニエル・ギルバートの、人は見たものを信じるという理論をもう一歩進めてみる。私たちは自分が見たいと思うもの、つまり自分の屋根裏部屋が見ると決めたものを信じ、事実ではなくその考えを脳に伝え、自分は客観的な事実を見たと思い込むが、実際に私たちに見えるのは、そのときの限られた知覚だけだ。私たちは、事実による状況を、自分たちの主観的な判断と区別するのを忘れてしまう――専門家による証言の不正確さを見れば、私たちの評価と記憶がいかにいいかげんか、よくわかるだろう。

　校長はまず誘拐を疑ったから、その思いつきを裏付けるような細部に気づき、それを語った。時間をかけて事件の全貌を話そうとは、しなかった。それなのに、彼は自分がそんなことをしているとは、まるで気づいていなかった。彼としては、自分はしごく客観的だと考えていたのだ。哲学者フランシス・ベーコンの言葉にあるように、「人間の理解力というものは、いったんある意見（それが常識と認められているものでも、道理にかなうものでも）を取り入れると、ほかのものすべてを、その意見の裏付けにしたり合致させたりするものだ」。本当の客観性は、決して得られない。ホームズの科学的客観性さえ完璧ではない。しかし私たちは、自分がある状況について、全体的な見方をしているつもりでも、大きく脱線してしまうこともあると、理解しておく必要がある。

前もって目標を立てることは、注意という貴重な資源を適切な方向に向けるのに有効だ。しかしそれを、自分が見たいもの、期待するものに一致させるために、客観的な事実を再解釈する言い訳にしてはいけない。観察と推理は二つのまったく別の段階だ――実際、その二つは次々にやってくるわけではない。ワトスンのアフガニスタン帰りについて、考えてみよう。ホームズはその観察において、客観的で明白な事実だけを見た。初めから推定したりはしない。そして彼はいつでも、集めた事実がどのように組み合わさるかを考える。状況を最大限に理解するには、いくつかの段階を踏まなければいけないが、最初にして最も基本的な段階は、観察と推理は別物だと肝に銘じることだ。できるだけ客観的でなければならない。

私の母は、かなり若いときに姉を産んだ。今の基準で見ると信じられないほど若かったが、一九七〇年代のロシアでは平均的な年齢だった。姉も若いときに姪を産んだ。そのせいで当時数えきれないほどの人々が――赤の他人からクラスメイトの母親からレストランのウェイトレスまでが――あるひとつの思い込みに基づいて判断した。しかし実際には、彼らが見ていたのはまったく別のものだった。母はよく、姉の姉に間違われたのだ。最近では、姪の母親だと思われることが多い。観察者の側の重大なミスというわけではないが、ミスには違いない。そしてそのミスはたいていの場合、彼らの振る舞いや、その後の判断や反応に影響を与える。これは単に世代の取り違えの問題ではない。女性についての現代アメリカの価値観をソヴィエト時代のロシア――まったくの別世界――に当てはめるという問題でもある。アメリカ人の用語で言えば、母はティーンエイジ・マザーだった。ロシアでは、彼女は結婚も出産も、友人の中で一番早かったわけではない。それが普通だった。

人は考え、判断する。しかし、自分がしたことをもう一度考えてみることをしない。人、物、景色、状況、やりとり――そういったものについて話すとき、私たちはそれを無価値な、客観的なものとして見てはいない。そしてまた、私たちは観察と推理の違いに注意を払うことはない。なぜなら、もちろん、そんなことは重要ではないからだ。しかし訓練された優れた頭脳は、客観的な事実と、その後に続く無意識の主観的な解釈を区別する。

現場を訪れるホームズがまず最初にするのは、何があったのかを感じとることだ。誰が何にさわり、何がどこからやってきて、そこにあるべきでないものは何か、そこにあるべきなのに不在なものは何か。彼は極端な状況でも、きわめて客観的でいることが可能だ。自分の目標を覚えていて、それに影響されるのではなく、情報を選り分けるのにそれを利用する。

一方、ワトスンはそれほど注意深くはない。

もう一度、失踪した少年とドイツ人教師のことを考えてみよう。校長のハクスタブル博士とは違い、ホームズは解釈によって状況が歪められてしまうことを理解していた。また、これもハクスタブル博士とは違い、いわゆる事実というものは、見た目そのままではないという考え方をもっていた。校長の調査はひとつの重要な思い込みのせいで、ひどく通り一遍のものになってしまった。校長は——ほかの人々も——逃亡者と共犯者を探していた。しかしハイデッガー教師がそのどちらでもないとしたら、どうなるだろうか？　彼は逃亡したのではなく、まったく別のことをしていたとしたら？

　いなくなった少年の父親は、ハイデッガーは少年がフランスにいる母親のところに行く手助けをしているのかもしれないと考えた。校長のハクスタブル博士は、ハイデッガーは少年を別の場所に連れていったのではないかと考えた。警察は、二人が列車に乗って逃げたと考えた。しかしホームズ以外の誰も、もっと単純には考えなかった。彼らは、〝逃走した〟教師を探すのではなく、修飾語の付かないただの〝教師〟と少年を探さなければいけなかったのだ。さらに、二人は必ずしも同じ場所にいるとは限らなかった。誰もが、行方不明の教師は、共犯または主犯として、少年の失踪に関わっていると考えた。誰ひとりとして、現在の証拠からは彼が行方不明になったということしかわからない、とは考えようとしなかった。

　すなわち、ホームズ以外は誰もそう考えなかった、ということだ。ホームズは、自分が探しているのは失踪した少年なのだとわかっていた。そしてまた、失踪した教師を探すのだということも。それだけだ。それに加える事実は、それが浮かんだときに、加えていった。この、より公平なやり方のおかげで、彼は校長と警察が完全に見逃していた事実を偶然見つけることができた。つまり、教師は少年を連れて逃げたのではなく、近くで殺されていたということだ。「背が高く、濃い顎ひげを生やした男で、眼鏡をかけているが、片方のレンズが割れていた。死因は頭部に加えられた恐るべき一撃で、頭蓋骨の一部が砕けていた」

ホームズが死体を発見できたのは、新しい手がかりに気づいたからではなかった。彼はただ、そこにあるものを、予断や先入観なしで、客観的に見るということを知っていただけだ。彼はこの発見にいたるまでの段階を、ワトスンに説明してみせた。

「もうすこし事件の再構成をつづけてみよう。彼は学校から五マイル離れたところで殺されている。弾丸によってではない。いいかね、弾丸なら、子供だって撃とうと思えば撃てるが、これは腕力による強い一撃で殺されたんだ。だから、少年の失踪には、誰か同伴者がいたのだ。自転車に熟練した男が追いつくのに五マイルもかかったところから考えると、逃げるほうも、かなり速かったに違いない。しかし、惨劇の現場を調べて、ぼくらは何を発見しただろう？　牛の足跡が少しあるだけで、ほかには何もなかった。この付近を調べてみたが、五〇ヤード以内には小道一本なかった。だから、もう一台の自転車の乗り手は、この殺人とは全然関係がないとみていいだろう。それから付近には人間の足跡も見当たらなかった」

「ホームズ」と私は叫んだ。「そんなことはありえないじゃないか」

「そのとおりだ」と彼は言った。「それは、きわめて啓蒙的な見解だ。いまぼくが話したかぎりでは、確かにありえない。だから、ぼくは、どこかの点で誤りをおかしているんだ。きみも自分の目で見ているはずだ。どこが間違っているのだろう?」

ワトスンには答えられなかった。それどころか、あきらめたほうがいいと言い出した。

「そう言われると、ぼくにもよくわからんな」

「ちぇっ」とホームズ。「ぼくらは、もっと難しい問題だって解決してきたんだぜ。利用さえできるなら、少なくとも材料は山ほどあるんだ」

この短いやりとりの中で、ホームズは校長の仮説がすべて間違っていたことを示した。登場人物は二人ではなく、少なくとも三人いる。ドイツ人教師は少年を傷つけたり連れて逃げようとしたりしたのではなく、彼を助けようとしていた（彼が死んでいること、少年に追いつくために最初のタイヤ跡をつけていったことを考えれば、最も可能性の高いシナリオは、彼は誘拐犯でも共犯者でもなかったことになる）。自転車は悪意ある動機で盗まれたのではなく、追跡の手段だった。そのうえ、少年の逃走を助けるために、別の自転車が存在し、誰かはわからないがひとりまたは複数の人間がいた。ホームズは何も目覚しいことをしたわけではない。ただ、証拠に語らせただけだ。彼はまた、状況に一致させるために事実をねじまげるようなことはしなかった。要するに、彼は〈ホームズ・システム〉の落ち着きと慎重さをもって行動したのに対し、ハクスタブルの結論は、興奮し、反射的で、思いつきで行動する〈ワトスン・システム〉の特徴を示しているのだ。

観察するためには、状況を解釈から分離させ、自分が見ているものと自分自身を分離させることを学ぶ必要がある。〈ワトスン・システム〉は主観的で、仮説に基づく、演繹的な世界へ逃げ込みたがる。自分にとってわかりやすい世界だ。一方〈ホームズ・システム〉は、手綱を締めることを知っている。

効果的な訓練のひとつは、状況を始まりから全部、何も知らない他人に対して説明するように、声に出すか紙に書いて描写することだ。それはちょうど、ホームズがこのやり方で自分の推理をワトスンに話して聞かせることに似ている。ホームズが自分の観察を述べると、前にはわからなかった食い違いや矛盾が表面に浮かび上がってくる。

この訓練は、自分が書いた文章の、文法、論理、文体などの間違いを見つけるために、声に出して読むことに似ている。観察は考えや知覚と密に絡み合っているため、客観的な現実と、頭の中の主観的な現実を区別することは、不可能とは言わないまでも、難しい。同様に、作文、物語、論文などを書いていると、自分の文章に没頭しすぎて、ミスを見逃しがちになり、言葉そのものが伝えていることではなく、言葉が伝えるべきことを書いてしまう。だが声に出して読んでみることで、落ち着いて対処でき、目では見えなかった間違いを見つけることができる。目が気づかなかったものを、耳が気づいてくれるというわけだ。注意しながら音読することは、一見、時間と手間の無駄に思えるかもしれないが、必ずそれまで見過ごしていたミスに気づかせてくれる。

ワトスンの合成した理論や、ハクスタブルの自信たっぷりの思い込みに陥るのは、簡単だ。しかし自分が何かを観察後、すぐに判断を下していると思ったら――実際、自分がそんなことをしていると思わなくても、あるいはその判断が完璧に理にかなっているように見えたとしても――立ち止まって、こう自問するように自分を訓練しよう。「私が言ったとおりのことは不可能だ、つまり私はどこかで間違っているに違いない」次に最初に戻って、最初のときとは違うやり方で言ってみる。黙読するのでなく音読する。頭で考えるのではなく、字に書いてみる。きっとたくさんの知覚のミスに気づけるはずだ。

3. 包括的に見る

ここで再び、『バスカヴィル家の犬』に戻ろう。物語の序盤で、バスカヴィル家の相続人であるヘンリー・バスカヴィルは、ブーツがなくなったと言った。それもひとつではなかった。ブーツが消えた翌日、なくなったブーツは奇跡的に見つかり、別のブーツの片方がなくなった。ヘンリーにとって、これは腹が立つことではあったが、それ以上の意味はなかった。だがホームズにとっては、超常現象めいた呪術的な怪事件になりそうだった事件の、重要な手がかりになった。ほかの人々にとってはただの奇妙なことだったが、ホームズにとっては、事件の謎を解くうえで非常に示唆に富んだことだったのだ。

つまり、彼らが扱っている〝猟犬〟は、幽霊ではなく、生きた動物だった。主に嗅覚に頼っている動物だ。ホームズがのちにワトスンに語ったことによれば、盗まれたブーツが別のブーツに取り替えられたことは、「きわめて暗示的な出来事」だった。「これによって、ほんものの犬が関係していることが、はっきりとわかったからだ。新しい靴には用がなくて古い靴を手に入れようとしたことは、そう考えるしか説明がつかないじゃないか」

しかし、それだけではなかった。ブーツが消えただけでなく、もっとあからさまな警告があった。ヘンリーはロンドンでホームズに相談していたとき、バスカヴィル館には近づくなと警告する差出人不明の手紙を受け取った。このときも、ホームズ以外の人間にとっては、この手紙はただの手紙にしかすぎなかった。だがホームズにとっては、この事件の第二の鍵となる手がかりだった。彼はワトスンにこう語っている。

「たぶん覚えているだろうが、あの活字を貼りつけた手紙を調べたとき、ぼくは透かし模様を念入りに検査した。紙を目の先二、三インチばかりのところにかざしたとき、白ジャスミンの香料が、かすかに匂うことに気がついた。香料は七五種類もあるが、犯罪の専門家にとっては、そのひとつひとつを嗅ぎ分けられるかどうかが非常に重要なのだ。ぼく自身の経験でも、すばやく嗅ぎあてたことが事件解決の決め手となったことがしばしばあるのだ。この香水によって女が関係していることがわかり、ぼくの推理はステイプルトン夫妻を指向しはじめた。こうして、犬のこともわかったし、西部地方へ行く前から犯人の目星はついていたのだ」

またしても嗅覚だ。ホームズはただ手紙を読み、観察しただけではなかった。彼は匂いも嗅いだ。手紙の活字や外見ではなく、その匂いによって、彼は犯人の目星をつけることができた。匂いの存在がなければ、この事件の重要な手がかり二つは見つからなかっただろう――ホームズ以外の人間にわからなかったように。だからと言って、七五種類の匂いを記憶すべきだということではない。しかし嗅覚を――実際嗅覚だけでなくすべての感覚を――ないがしろにしてはいけない。感覚は決してあなたをないがしろにはしない。

あなたが車を買う状況を考えてみよう。ディーラーに行って、敷地内に置かれてあるさまざまな種類のピカピカの車を眺める。あなたはどうやって、自分にとっていちばんいい車を選ぶだろうか？　今私があなたにこの質問をしたら、あなたはきっと、いくつかの要素をてんびんにかけて決めると答えるだろう。コストと安全性、見た目と乗り心地のよさ、耐久性と燃費。そのうえで、あなたは自分の条件に最も合った車を選ぶと。

しかし現実には、状況はもっと複雑だ。想像してみてほしい。たとえば、あなたがディーラーの敷地内にいるとき、そのそばを男がホットチョコレートの入ったマグカップを手に通りかかったとする。彼が通りかかったことは忘れてしまうかもしれないが、匂いがあなたの祖父の記憶を呼び覚ます。祖父のところに遊びに行くと、よくホットチョコレートをつくってくれたものだ。それは儀式のようなものだった。こうなると、あなたは気づかないうちに、祖父が乗っていたような車を買ってディーラーをあとにし、その車の安全性が低いことは都合よく忘れてしまう（またはまったく考えもしない）。そのうえ、自分がなぜその車を選択したのか、あなたにもわからない可能性が高い。あなたは何も間違ってはいないが、選択的な記憶のせいで、あとでこの選択を後悔することになるかもしれないのだ。

別のシナリオを想像してみよう。今度はガソリンの臭いがぷんぷんしていたとする。ディーラーの敷地の道路を挟んだ向かいにガソリンスタンドがあるからだ。あなたは母親に、ガソリンは引火しやすく、火傷の恐れがあるから、その取り扱いには注意するように言われたことを思い出す。あなたは安全性を重視する。祖父の車とは似ても似つかない車に乗ってディーラーをあとにすることになる。そしてこのときも、あなたはなぜこの車を選んだのかがわからない。

ここまでは、〈注意力《アテンション》〉を視覚的な現象として述べてきた。そしてそれはほとんど合っている。しかし視覚だけではない。想像上のホームズとワトスンを、エンパイアステート・ビルディングにのぼらせたときのことを覚えているだろうか？　あのときのホームズは飛行機を聴覚と嗅覚で探そうとしたが、それほどおかしな行為ではなかった。〈注意力《アテンション》〉とは、あらゆる感覚、つまり視覚、嗅覚、聴覚、味覚、触覚のすべてに関することだ。可能なかぎりのあらゆる方法を使って理解することであり、何ひとつ見逃さないことである。ここで言う何ひとつとは、あらかじめ立てた目標に関係のあるものは何ひとつ、ということだ。感覚は私たちに影響を及ぼす。私たちが気づいていようといまいと、その影響はあるということを、理解しなければならない。

完全な観察、真の注意を実現するには、包括的でいて、何ひとつ見逃してはならない。さらに、〈注意力《アテンション》〉というものは、私たちの〈意識すること《アウエアネス》〉がなければ、隠れた感覚に導かれるということを理解する必要がある。あのジャスミンの香りは？　ホームズは意識して手紙の匂いを嗅いだ。そうすることで、女性の存在に気づくことができた。それも特定の女性だ。もしワトスンが手紙を手に取ったとしても、彼はそんなことをしなかっただろう。しかし彼の鼻は、彼が意識することなしに匂いをとらえていた可能性が高い。そうしたらどうなっただろう？

私たちは匂いを嗅ぐと、それを記憶する。実際、匂いにまつわる記憶は、あらゆる記憶の中でも最も強力で、鮮明で、感情的だと証明されている。匂いは、私たちが何を思い出すか、その後どう感じるか、結果として何を考えるかに影響する。しかし、嗅覚はしばしば隠れた感覚と呼ばれる。私たちはふだん、自覚することなく匂いを経験している。匂いは鼻から入り、嗅球にたどり着き、そこから直接、海馬、扁桃体（私たちの感情を処理するセンター）、嗅覚皮質（嗅覚だけでなく複雑な記憶、学習、意思決定を司るところ）に伝わり、さまざまな考え、感情、記憶の〝引き金〟となる。しかしおそらく、私たちは匂いにも記憶にも気づかない。

それでは、大陸をまたにかけてプレイボーイぶりを発揮したワトスンが、ジャスミンの香水をつけた女性と付き合ったことがあったとしたら、どうなっただろう？　その付き合いが幸福なものだったと仮定しよう。手紙の匂いを嗅いだ彼は、突然はっきりと物が見えるようになるだろう（幸福な気分では、視野が広くなる）。一方では、バラ色の気分のせいで、一部の手がかりを見逃してしまうおそれもある。この手紙は結局、それほど悪意あるものではないはずだ。ヘンリーはそれほどの危険にさらされてはいないのだろう。それなら飲みに出かけ、魅力的な女性と会うほうがいい――女性は誰でも魅力的じゃないか？　では失礼。

逆に、もしその付き合いが波瀾に満ち、不幸で、短かったら？　まず視野狭窄が起き（暗い気分では視野が狭くなる）、手紙のほとんどすべての要素を取るに足らないものとして退けてしまう。なぜこんなものが重要なんだ？　どうしてもっと働かなきゃいけない？　ぼくは疲れているし、感覚は酷使されている。休みが必要だ。それになぜヘンリーは、このくだらない手紙でぼくたちをわずらわせる？　幽霊の犬だって？　ばかばかしい。うんざりだ。

置かれた状況を包括的にとらえようとするとき、私たちの五感はつねに活動しているということを忘れてはならない。感覚によって気持ちや判断が影響を受けてはならない。むしろこちらから感覚を利用して――ホームズがブーツや手紙でそうしたように――感覚をコントロールすることを学ぶのだ。

前述のワトスンのどちらのシナリオでも、ジャスミンの匂いを嗅いだ瞬間から、彼の行動は影響を受けた。その影響の正確な方向性はわからないが、確かなことがひとつある。彼の注意は包括的でなかっただけでなく、〈ワトスン・システム〉に乗っ取られて、無意識のうちにいっそう視野の狭い主観的な考えに陥ってしまったということだ。

誇張しているように聞こえるかもしれないが、感覚の――とりわけ嗅覚の――影響は大きい。そのことをしっかり自覚していないと、これまでに私たちが念入りにつくり上げてきた目標や客観性を、感覚に乗っ取られるおそれがある。

匂いはいちばん目立つ犯人だが、もちろんほかにも仲間はいる。私たちが誰かを見るとき、その人物に関係するさまざまな固定観念のスイッチが入る。でも私たちは、そのことに気づかない。私たちは温かいものや冷たいものにさわると、気分まで温かくなったり冷たくなったりする。誰かに励ますように触れられると、私たちは突然もっとリスクをとるようになったり、自信をもったりする。自分が重いものを持っていると、何か（誰か）のことを実際より重く、深刻だと考える。そうしたことはいずれも、観察と注意の本質とはまったく関係がない。強いて関係があるとすれば、それらが私たちの気づかないうちに、慎重につくり上げた道をはずれさせるということだろう。それは危険なことだ。

感覚を能動的にはたらかせると言っても、ホームズのように、一瞬匂いを嗅いだだけでほかの数多くの匂いと区別できるようになる必要はない。感覚の影響を自覚することによって、ある状況のより完全な全体図を把握することが可能だ。匂いつきの便箋？　何の匂いか知らなくても、匂いがあること――それは潜在的な手がかりであること――はわかる。もしあなたが匂いにまったく注意を払わなければ、手がかりの存在にまったく気がつかないままだろう。そして自分でも知らないうちに、あなたの客観性は損なわれてしまう。ブーツがなくなった? また別のブーツがなくなった? たぶんそれはブーツの見た目以外のことが原因だろう。何と言っても、なくなったのは古くてくたびれたほうだったのだから。そう考えれば、別の感覚による手がかりがあるはずだと、簡単にわかる。その手がかりは、もしあなたが視覚以外の感覚のことを忘れていたら、見逃されていただろう。どちらの場合でも、すべての感覚を活用しなければ、現場を最大限よく見たことにはならず、注意が適切に割り当てられることなく、潜在意識下の合図が、最善とは言えない方法で割り当てられた注意を歪めることになる。

すべての感覚を能動的に使えば、世界が多次元であることがわかる。物事は私たちの目、鼻、耳、肌を通して起きている。五感のそれぞれが私たちに何かを教えてくれる。もし何も教えてくれなかったとしても、それも何かを教えていることになる。つまり、いずれかの感覚で感じるべきものがないということだ。たとえば匂いがなかったり、音がなかったり。別の言葉で言うと、感覚を意識的に使えば、ある状況の現在が明らかになるだけではなく、その状況の忘れられた一部、すなわち、そこには存在しないもの、本来ならあるべきなのに欠けているものが浮かび上がってくるということだ。そして、不在は存在と同じくらい重要で、有力な手がかりになる。

〔シルヴァー・ブレイズ号事件〕を考えてみよう。シルヴァー・ブレイズ号は、行方不明になった有名な競走馬だ。ホームズが事件の現場を調べたあと、この競走馬を見つけられなかったグレゴリー警部は、彼に尋ねた。「ほかに私が注意すべき点はありませんか?」ホームズは「事件当夜の犬の奇妙な動きに注意すべきでしょうね」と言う。しかし、と警部は反論した。「犬はあの晩、何もしませんでしたよ」それに対するホームズのひと言は、一種の〝落ち〟になっている。「それが奇妙だというのです」

ホームズにとっては、犬が吠えなかったということが、事件を解決へ向かわせる転機になった。犬は侵入者をよく知っていたのだ。そうでなければ、大騒ぎになっていただろう。

私たちは、犬が吠えなかったということをつい忘れてしまう。たいていの場合私たちは、そこにないものは却下することさえしない。そもそも気づいていないのだから。自然に注意や観察の対象になる目に見えるものとは違い、音の場合は特にその傾向が強い。だがそうした不在の要素は、存在する要素と同じくらい重要で、有力な手がかりになり、私たちの思考に大きな影響を及ぼす。

探偵が扱う事件でなくても、不在の情報が私たちの思考プロセスに大きな役割を演じる例はある。たとえば、携帯電話の購入を考えてみよう。これからあなたに二つの選択肢を示すので、どちらを買いたいと思ったか教えてほしい。

	電話A	電話B
Wi-Fi	802.11 b/g	802.11 b/g
通話時間	12 時間	16 時間
連続待受時間	12.5 日	14.5 日
容量	16.0 GB	32.0 GB
価格	$100	$150

決まっただろうか？　では先を読む前に、電話Aか電話Bか、紙に書こう。書いたら、また二つの携帯電話についての説明をする。最初に示した情報は何も変わらないが、追加の情報がある。

	電話A	電話B
Wi-Fi	802.11 b/g	802.11 b/g
通話時間	12 時間	16 時間
連続待受時間	12.5 日	14.5 日
容量	16.0 GB	32.0 GB
価格	$100	$150
重量	135g	300g

今はどちらの電話を買いたいと思うだろうか？　どちらを選んだか、また紙に書きとめておこう。それでは二つの電話について三度目の説明をしよう。また追加の情報がある。

	電話A	電話B
Wi-Fi	802.11 b/g	802.11 b/g
通話時間	12 時間	16 時間
連続待受時間	12.5 日	14.5 日
容量	16.0 GB	32.0 GB
価格	$100	$150
重量	135g	300g
比吸収率（SAR）	0.79 W/kg	1.4 W/kg

＊「比吸収率」とは、人体の側頭部に吸収される電波の平均エネルギー量で、日本では2.0 W/kgという許容値を超えないことと規定されている。

さあ、あなたはどちらを選ぶだろうか？

おそらく、二回目と三回目の説明のあいだのいずれかの時点で、電話Bから電話Aに変わったのではないだろうか。しかし二つの電話は、何ひとつ変わっていない。変わったのは、あなたが知った情報だけだ。この現象は、〈不在情報の無視《オミッション・ネグレクト》〉と呼ばれている。私たちは最初に気づかなかったものには注目しないし、いざ決定するときにも、さらに詳しく調べたり、欠けたピースを考慮に入れることもない。一部の情報はつねに手に入るが、つねに目立たない情報もある。そして私たちが積極的に掘り起こさないかぎり、そうした情報は目立たないままだ。そしてこの例では、私が使ったのは視覚的情報だけだ。しかしこれが、二次元から三次元、リストから現実へと変わると、ほかの感覚も関わってきて、格好の的になる。それにつれて、不在の情報が無視される可能性は高まる。同時に、もし私たちが積極的に包括的であろうと努力すれば、という条件付きではあるが、より多くの情報を手に入れられる可能性も高まる。

さっきの好奇心の強い犬の話に戻ろう。犬は、吠えても吠えなくてもよかった。そして吠えなかった。この事実のひとつの見方は、警部のように、犬は何もしなかったというものだ。しかし別の見方をすれば、そう、ホームズのように、犬は積極的に吠えなかったのだと言うことができる。この二通りの考えの結論は同じだ。吠えなかった犬。しかしその意味は正反対だ——「消極的に何もしなかった」か、「積極的に何かをした」か。

選択しないということも、立派な選択のひとつである。おまけに、その選択は非常に有力な手がかりになる。行動しないことは、行動を示す。選択しないことは、選択を示す。何かが不在なのは、存在を示す。よく知られている〈初期設定効果《デフォルト・エフェクト》〉を考えてみよう。たいていの場合、私たちはデフォルトのオプションをそのまま利用し、実際には別のオプションのほうがいい場合でも、変えるためのエネルギーをかけようとしない。私たちは進んで退職基金に入ろうとはしない——基金に入れば自分の払う掛け金と同額を会社が負担してくれるとしても。加入することがデフォルトとして設定されていたら別だ。同様に、私たちはデフォルトとして臓器移植のドナーだと定められていないかぎり、自分からドナーになろうとはしない。例を挙げるときりがない。何もしないほうが楽なのだ。しかし、だからと言って、私たちが実際に何もしなかったということではない。私たちはしたのだ。つまり、何もしないということを選んだのである。

注意を払うということは、すべてに注意を払い、積極的に関わり、五感のすべてを使って、周囲の状況のすべてを、本来そこに存在するはずなのに不在のものも含めて受け止めることだ。質問をして、答えを得ることだ。車や携帯電話を買いに出かける前に、こんな質問をするべきだろう。「自分にとっていちばん重要な機能は何だろう?」そして必ずその機能に——まったく別の何かではなく——注意することだ。世界は三次元であり、多感覚であり、好むと好まざるとにかかわらず、私たちは環境の影響を受けるから、周囲のすべてに注意を払い、その影響をコントロールするべきだと理解することだ。そうは言っても、状況全体をコントロールすることはできないかもしれない。さらに、自分がした選択は、よくよく考えてみれば正しい選択ではなかったということもあるだろう。しかしそれは決して、努力が足りなかったせいではない。私たちにできるのは、力のかぎりよく観察して、何ひとつ決めてかからないことだ。何かの不在は、何もないと同じではないということも含めて。

4．積極的に関与する

ホームズも、ときにはミスをする。しかしそのミスはたいていの場合、評価を誤るというミスだ。人の評価ではアイリーン・アドラーとの事件、馬が隠れたままでいる能力の評価では［シルヴァー・ブレイズ号事件］、人が同じ状態でいる能力の評価では、［唇のねじれた男］。彼が根本的なミスをすることは、きわめて珍しい。実際、ホームズが注意深さ《アテンティヴネス》の最終要素である、現在の興味対象に対する能動的《アクティヴ》な関わり、つまり自分が今していることへの積極的関与《エンゲイジメント》という面でしくじったのは、私の知るかぎり一度しかない。しかも、そのせいであやうく容疑者の命が失われるところだった。

それは［株式仲買店の店員］事件（『シャーロック・ホームズの回想』所収）の終盤で起きた。題名になっている株式仲買店の店員、ホール・パイクロフトは、アーサー・ピナーという男から、フランコ・ミッドランド金物株式会社の重役の地位を約束される。パイクロフトはその会社の名前を聞いたことがなかったし、翌週から評判のよい株式仲買店で働き始めることになっていた。しかし、断るにはあまりにも給料が高かった。そこで彼は、翌日から働き始めることに同意した。だが新しい雇用主であるアーサー・ピナーの兄ハリーが、アーサーにあまりにもよく似ていたことから、パイクロフトは疑いを抱く。その上、彼が雇われたオフィスと呼ばれる場所には、彼以外の従業員はいず、訪ねてくる客にその会社の存在を知らせる看板もかかっていなかった。何より、パイクロフトの仕事はふつうの株式仲買店員の仕事とはまったく違っていた。分厚い電話帳から名前を書き写すという仕事だった。一週間後、彼はハリーにアーサーと同じ金歯があることに気づくと、その奇妙さをいよいよ耐え難く思い、ホームズのもとを訪問した。

ホームズとワトスンはパイクロフトと一緒にフランコ・ミッドランド社を訪ね、雇用主のオフィスに行った。ホームズは何が起きているか自分にはわかっていると思っており、よくある手だが、求職者を装ってそこを訪れたのだった。ホームズには状況のあらゆる側面がはっきり見えているはずだった。推理に必要な部分の穴埋めを犯罪者にさせなくてはならないような事件ではなかった。ホームズに必要だったのは、その男、つまり犯人だけだったのだ。しかし三人がオフィスに入っていくと、ピナーの振る舞いはまったく予想していないものだった。ワトスンはその場面を次のように描写している。

ひとつしかないテーブルの前に、さっき通りで見かけた男が、夕刊をひろげて腰かけていた。私たちを見あげたその顔には、なんともいえないほど悲痛な——いや、悲痛を超えて、人間の生涯のうちでもめったに経験しないような恐怖の色がうかんでいた。額は汗で光り、頬は魚の腹のように生気なく蒼ざめ、目は狂気じみて大きく見開かれていた。パイクロフトを見ても、誰だか見わけがつかないようだった。これを見てパイクロフトが意外そうな顔をしたので、彼の雇主は、いつもはこんなふうではないことがわかった。

だがその次に起きたことは、さらに予想外だった。そして、ホームズの計画を完全に失敗させるところだった。ピナーが自殺を図ったのだ。

予期せぬ展開にホームズは面くらう。それまでのことはすべて「はっきりわかっているんだが、わからないのは、悪党のひとりが、われわれを見るなり部屋をとび出して首を吊った理由」だというのだ。

その答えはすぐに明らかになった。男はワトスンによって蘇生術を施され、自分で説明した。新聞だ。ホームズたちが訪れたとき、彼は新聞——特に新聞の中の一部、彼に感情の均衡を完全に失わせる何か——を読んでいた。ホームズはこのことがわかると、柄になく激しい反応をする。「新聞？　そうか！」ホームズは発作的に興奮して叫んだ。「なんてぼくはばかなんだろう！　ここへ来ることにだけ気を取られて、新聞のことは、まるで気がつかなかった」

新聞という言葉を聞いたとたん、ホームズはそれが何を意味するのか、なぜそんな効果があったのかを理解した。しかしなぜ彼は、最初にそのことに気づかなかったのだろう？　なぜ、ワトスンでさえきっと恥ずかしさにうなだれるようなミスをしたのだろうか？　なぜ〈ホームズ・システム〉が、〈ワトスン・システム〉になってしまったのだろう？　その答えは簡単だ。ホームズが自分で言っている。彼は事件への興味を失ったのだ。彼の頭の中では、事件はすでに、最後の部分——事務所への訪問——まですべて解決されていた。彼は訪問について充分に考えたので、ほかのすべてのことから切り離してもいいと思ってしまった。いつものホームズなら、しないようなミスだ。

ホームズはほかの誰より、適切な観察と思考には積極的関与《エンゲイジメント》が重要だと知っている。人の心は、自分がしていることに能動的に関与する必要がある。さもないと、心はずさんになり、重要な細部を見逃し、観察の対象があやうく死んでしまう事態にもなる。モチベーションが肝心だ。モチベーションを失うと、仕事ぶりは低下する。それまでどんなにうまくやっていたとしても——それまでに自分がやるべきことをすべてうまくこなしていたとしても——モチベーションと関与が失われた瞬間、必ず失敗するのだ。

自分がやっていることに積極的に関わると、さまざまなことが起きる。難しい問題に食い下がり、解決する可能性が高まる。私たちは、心理学者エドワード・トーリー・ヒギンズ（一九四六〜、コロンビア大学心理学教授）が論じている〈フロー〉（提唱者は第四章に出てくる心理学者チクセントミハイ）を経験している。〈フロー〉とは心の状態であり、私たちが現在やっていることからより多くを引き出すだけでなく、私たちを気分よく、より幸福にしてくれる。私たちは、ある活動に能動的に関与し注意することによって、たとえその活動が郵便物の仕分けといった退屈なものであっても、実際に測定可能な快楽価値を引き出せる。自分がそれをする理由、自分がそれに積極的に関与する理由があれば、よりうまくできるし、結果としてより幸福な気分になれる。この原則は、それをするのに多大な精神的努力が必要な場合――たとえば難しいパズルを解くことなど――にも当てはまる。たとえ苦労しても、より幸福で、満たされ、いわゆる〝無我の境地〟状態になる。

さらに、積極的関与と〈フロー〉は、一種の好循環を誘発する傾向がある。よりやる気が出て全体的に覚醒し、結果としてより創造的になり、価値あるものを生み出せる。さらには、観察における最も基本的な間違い（たとえばある人物の見た目を彼の実際の人格を表すものと誤解すること）も減る。そうした間違いは、ホームズのような観察者になりたいと思う者の綿密なプランを誤らせかねないものだ。ひと言で言うと、積極的関与は〈ホームズ・システム〉を刺激する。〈ホームズ・システム〉がはたらきはじめ、〈ワトスン・システム〉のやっていることをうしろからのぞき込み、その肩に頼もしい手を置いて、〈ワトスン・システム〉があわてて行動しようとしたら、こう声をかける。「ちょっと待った。ぼくたちは行動する前にもう少しよく調べたほうがいい」

どういうことか説明するために、ホームズの話に戻ろう。具体的には、「ノーウッドの建築業者」（『シャーロック・ホームズの復活』所収）の中で、ワトスンが依頼人に下した過度に表面的な（積極的に関わっていない）判断に、ホームズがどう反応したかだ。この物語で、ワトスンは典型的な〈ワトスン・システム〉的観察を行っている。第一印象に基づいて早まった判断をし、関係する特定の状況に応じて修正しない。この事件で判断を下したのはある人物についてだったが（人についての判断の場合、特に〈対応バイアス〉と呼ばれる。これについては前述した)、そのプロセスは対人間の認知以外でも見られる。

ホームズが事件の難しさを列挙し、早く動かなければならないと強調したとき、ワトスンはこう言った。「そうかもしれないが、あの青年の態度を見たら、陪審員の考えも変わるんじゃないかね」そう決めつけるのは早すぎる、とホームズは指摘した。「ワトスン、そういう考え方は危険だ。一八八七年に、無実を訴えて依頼してきたバート・スティーヴンズという恐ろしい殺人鬼を覚えているだろう? いかにもやさしそうな物腰の、日曜学校にふさわしいような青年に見えたじゃないか」ワトスンはそのとおりだと認めた。人の第一印象の判断が違うということも多いのだ。

対人認知は、積極的関与のプロセスが実際にはどうはたらくかをよく表している。これから各ステップを見ていくが、人だけでなく何にでも当てはまること、ここではより幅広い現象を視覚化するために人を例にしているだけだということを、覚えておいてほしい。

対人認知のプロセスは、一見とても簡単だ。第一に、私たちは〝分類〟する。この人間は何をしているのか? 彼はどのように行動しているか? 見た目はどんなか。ワトスンにとってそれは、ジョン・ヘクター・マクファーレンが最初に二二一Bに入ってきたときを思い出すことを意味する。彼は(ホームズの言葉で)すぐに、訪問者が事務弁護士で、フリーメースン会員——一九世紀のロンドンで尊敬される職業と所属——だと知った。ワトスンは青年をさらに詳しく描写している。

亜麻《あま》色の髪、おどおどした青い目、きれいに剃った顔、繊細な感じやすい口もとなど、消極型の美青年だ。歳は二七ぐらいだろう。服装も態度も紳士で、うすい夏外套のポケットからはみ出した裏書き入りの書類の束が彼の職業を物語っていた。

では、このプロセスが、物または土地またはその他について、同じように起きているところを想像してみよう。たとえば、身近な存在であるリンゴ。リンゴについて描写する。見た目はどうだろうか？　どこにあるだろうか？　何をしているだろうか？　ボウルの中にある、ということも行動として考える。

私たちは、分類《カテゴライズ》したあとで、特徴《キャラクタライズ》を抽出する。対象の職業や見た目がわかったら、それが何を意味するのか考える。私たちの第一印象や観察結果を引き起こしたような特性や特色が、背後にあるのだろうか？　ワトスンはまさにこれを行い、前述のように、ホームズにこう言った。「あの青年の態度を見たら、陪審員の考えも変わるんじゃないかね」彼は自分の観察（かなり先入観に満ちているが）を思い出し、ハンサムで繊細そうであること、紳士の立ち居振る舞い、彼が事務弁護士だと示す書類などから総合的に、信用を示していると考えた。陪審員が疑うことなどありえない、まじめで真正直な性質だと。では、リンゴの特徴を抽出してみよう。リンゴは果物だから、本来備わっている特徴として、健康的というのはどうだろう？　そしてあなたの観察から、とても栄養価が高そうだというのは？

最後に、修正を行う。「自分の最初の査定以外に、特徴の抽出をもたらしたものはあるだろうか？　自分の第一印象を、一部の要素を強調したり、一部の要素を割り引いたりすることで、調整する必要があるだろうか？」と。これだけ聞くと簡単なことのように思える。ワトスンの「信用できる」という判断、あなたの「健康的だ」という判断を例にとって、調整が必要かどうか見てみよう。

ただ、ここでひとつ大きな問題が出てくる。このプロセスでは、最初の二つはほぼ無意識に行われるが、最後の三つ目はそうではなく、むしろまったく行われない場合が多い。ジョン・マクファーレンの場合でも、ワトスンの印象を修正したのは彼自身ではなかった。彼は第一印象をそのまま受け止め、先に進もうとしていた。しかし、何事にも積極的に関わるホームズが、ワトスンの論理に対して「そういう考え方は危険だ」と指摘した。マクファーレンがその見た目で、どんな陪審員にも信用されるかどうかはわからない。それはすべて陪審員と、事件のその他の論拠しだいなのだ。見た目は当てにならない。マクファーレンを見ただけで、彼の信用性についていったい何を言えるだろう？　リンゴに話を戻すと、見た目だけで本当にそのリンゴが健康的かどうか、わかるだろうか？　そのリンゴは、有機栽培でないだけでなく、違法な殺虫剤を使用すると知られている果樹園から出荷され、きちんと洗浄されず、取り扱いもずさんだったとしたら？　ここでも、見た目は当てにならない。あなたはすでに自分の頭の中にリンゴの概要をもっているから、さらに追及することは時間がかかるし必要ないと思うかもしれない。

なぜ私たちは、認知におけるこの最後の段階をやらずにすませてしまうことが多いのだろう？　答えは私たちが議論している、積極的関与《エンゲイジメント》にある。

認知には受動と能動の二通りがあり、その区別はあなたが考えているものとは異なるかもしれない。この場合、〈ワトスン・システム〉のほうが能動的であり、〈ホームズ・システム〉が受動的だ。受動的な知覚者は、ただ観察する。言い換えると、ほかのことは何もしない。つまりマルチタスクはしない。受動的観察者であるホームズは、もてる精神的能力すべてを、観察対象に向ける。この事件では、ジョン・マクファーレンだ。彼はいつものように「目を閉じ両手の指先を合わせて」話を聞いた。〝受動〟という言葉は誤解を招きかねない。なぜなら、彼の集中した知覚にはどこにも受動的なところなどないからだ。何が受動的なのかというと、それはほかのすべてに対する彼の態度だ。彼はほかのタスクに気をとられることはない。受動的な観察者は、ほかのことは一切せず、一心に観察する。私が思いついたもっと適切な言葉は、〝積極的に関わる受動〟というものだ。これは積極的に関わりながら、ひとつのこと、またはひとりの人間に焦点を合わせる状態を意味する。

しかしたいていの場合、私たちはただ観察するということはできない（もしそうしたとしても、選択的に行ったわけではないことが多い）。通常の社会的な環境では、一歩うしろに下がって観察だけしているわけにはいかない。私たちは事実上マルチタスクの状態で、人でも物でも環境でも、その特徴を判断しながら複雑な社会的相互作用をこなそうとする。能動的知覚は、現在積極的《アクティヴ》に関わっているという意味で能動なのではない。能動的《アクティヴ》知覚は、知覚者が文字どおり活発であり、多くのことを同時に行っているという意味である。つまり〈ワトスン・システム〉が何ひとつ見逃すまいとあたりを走り回っている状態なのだ。ワトスンは訪問者を吟味しながら、同時にドアの呼び鈴、新聞を気にして、昼食は何だろうと考え、ホームズは何を考えているのだろうと心配している。もっと適切な言葉で言えば、〝積極的に関わっていない能動〟だろう。一見、能動的で生産的に思えるが、実際には何に対しても充分に力を注いでいず、注意という精神的資源を分散させているのだ。

ホームズとワトスンの違い、受動的観察者と能動的観察者の違い、積極的に関わる受動と積極的に関わっていない能動の違いは、二つの例で私が使ったキーワードである、〝積極的関与〟に尽きる。〈フロー〉。モチベーション。興味。何という言葉で言い換えてもかまわない。それこそ、ホームズを訪問者だけに集中させ、彼をうっとりさせ、その心が目の前の対象以外にさまようのを防ぐものだ。

一連の古典的な研究において、ハーヴァード大学の研究者グループは、次のことを証明してみせた。つまり、能動的知覚者は、分類と特徴の抽出は、ほぼ無意識のレベルで特に考えることもなく自動的に行うが、最後のステップである修正は――そのための情報がすべて与えられている場合でも――やらずじまいで、相互作用のすべての変数を考慮しないままで誰かの印象を形づくってしまう。彼らはワトスンのように、陪審員が男の見た目を気に入るだろうということしか考えず、ホームズのように、見た目が当てにならないということや、見た目がいくら信用できそうだとしても、陪審員がそれを偽りだと判断する状況があるということを、考慮することができない（たとえば非常に強力な証拠が追加され、事件についての主観的な印象などどうでもよくなってしまう場合がある)。

最初の研究では、知覚的に〝多忙な〟人間、つまり私たちの日常生活のように同時にいくつものタスクをこなしているマルチタスク状態の人間が、適切な調整を行って、第一印象を修正することができるかどうかを調べる実験が行われた。被験者のグループは、女性が見知らぬ人間と会話している七本のビデオ映像を見せられた。ビデオ映像には、プライバシー保護のためという理由で、音声は入っていなかったが、映像の下部に登場人物の話題は何かを示す字幕が書かれていた。七本のうち五本では、登場人物の女性は不安そうに振る舞い、あとの二本では落ち着いていた。

被験者全員が同じビデオ映像を見たが、二つの要素が異なっていた。字幕と、被験者が求められるタスクだ。一部の被験者には、五本の不安そうな映像に、不安をかきたてるような話題、たとえばセックスライフといった言葉が、字幕として示された。しかしそれ以外の被験者が見る映像は、七本とも当たり障りのない話題、たとえば世界旅行といった言葉が書かれていた（つまり、登場人物の女性の不安そうな振る舞いの五本は、当たり障りのない話題とは不釣合いに見えることになる）。そしてこの条件で、それぞれの被験者の半数に対しては、見終わったあとでビデオ映像の女性の性格について評価することを求め、残りの半数に対しては、見終わったあとで七本のビデオ映像の話題を順番に思い出すことを求めた。

その結果は、研究者にとっては予想どおりのものだったが、その後の対人認知――私たちがほかの人々をどう見ているか――の認識に大きな影響を与えるものだった。女性にだけ注意していた被験者たちは状況に合わせて調整し、当たり障りのない話題だけの場合は女性が不安になりやすい性格だと評価し、不安をかきたてるような話題がある場合はそれほど不安になりやすい性格ではないと評価した。しかし話題を順番に覚えるように指示された被験者たちは、女性の不安のレベルを判断するにあたって、話題のことをまったく考慮に入れることがなかった。彼らにも判断をするためのすべての情報が与えられていたのに、それを使うことを考えなかった。つまり彼らは、ある状況が人を不安にさせるということを理論として知ってはいたのに、実際には女性はもともと不安になりやすい人間だと断定した。さらに、今までのシナリオがどれほど不安をかきたてる話題かどうかにかかわらず、今後も女性は不安がるだろうと予想した。また、会話の話題をよく覚えている人ほど、予想が極端になった。言い換えれば、脳が〝多忙〟であればあるほど、一度形成した第一印象を調整しなくなるということだ。

ここにはいい知らせと悪い知らせがある。最初に、明らかに悪い知らせは、たいていの状態、たいていの状況において、私たちは能動的観察者であり、無意識かつ自動的に分類と特徴の抽出を行い、その第一印象を修正しない間違いをおかしがちであるということだ。見た目にとらわれ、慎重さを忘れ、人はつねにさまざまな――内的または外的な――要因に影響されやすいということを忘れてしまう。ちなみにこれは、西洋人の多くがするように一時的な状態ではなく不変の特徴だと推測するか、東洋人の多くがするように、不変の特徴ではなく一時的な状態だと推測するか、どちらにも当てはまる。どの方向で間違うにしても、調整ができないという点では同じだ。

しかし、いい知らせもある。いくつもの研究で確かめられたことだが、やる気のある人間は、やる気のない人間より、よく修正する。そしてその修正も正しいことが多い。言い換えれば、私たちはオートパイロットのように判断を下してそれを調整しない傾向が自分にあることを自覚すると共に、もっと正確にやりたいと能動的に考えるべきなのだ。ある研究で、心理学者のダグラス・クルール（ノーザンケンタッキー大学心理学科教授）は、ハーヴァード大学の不安の研究と同じ段取りを使い、その上で一部の被験者に対して追加の課題を与えた。質問によって引き起こされる不安の大きさを見積もること。この課題を与えられた被験者は、登場人物の女性がもともと不安になりがちな人間だと考えることは少なかった。知覚的なタスクで多忙でも、それは変わらなかった。

もうひとつ、よく利用されるパラダイムを例にとってみよう。よく考えて選んだものではなく、ある主題に割り当てられた政治的意見だ。たとえば、死刑。前にも同じ問題について述べたし、ホームズの犯罪の世界にもよく合う。またこうした実験的環境でもよく使われる主題だ。あなたは死刑について、大きく分けた三つのうち、いずれかの姿勢をとるとする。賛成、反対、どちらとも言えない、またはよく知らない、またはあまり考えたことがない。もしあなたが、死刑に賛成する意見が書かれた記事を読まされたら、どう反応するだろうか？

その答えは、場合によるということになる。もしあなたがよく知らなかったり、どちらでもないとしたら——つまり興味がなく積極的に関わってもいない場合——記事を額面どおり受け取る可能性が高い。その発信源を疑う理由もなく、内容に筋が通っていると思えば、あなたは記事の意見に納得するだろう。あなたは分類して、特徴を抽出するが、修正する必要はほとんど感じない。修正には手間がかかるし、わざわざそんなことをする個人的な理由がない。この反応を、あなたが死刑に対して強硬な賛成派または反対派だった場合と、比較してみよう。いずれの場合でも、あなたは記事で死刑について言及している部分に注意を払う。より気をつけて記事を読み、修正にかかる手間をかける。修正は、あなたが賛成派か反対派かで、変わるだろう。記事の主張に反対なら、あなたは過度に修正して、極端に反対に振れるだろう。しかしどちらの場合でも、あなたはより能動的に関わり、自分の第一印象が合っているのかどうか、検討する精神的な手間をかけるはずだ。なぜなら、あなたにとって正しく理解することが重要だから。

ここで政治的な問題を取り上げたのには、文脈《コンテクスト》は人間のことである必要はないと示すためだ。しかしちょっと考えてみてほしい。初対面の任意の人間に会う場合と、あなたを面接したり、あなたの評価をする予定の知り合いに会う場合では、知覚にはどのような違いが出るだろうか。自分が与える印象を誤解されないように気をつけるのは、どちらのケースだろうか？　また、修正や再調整の手間をよりかけるのは、どちらのケースだろうか？

人は何かについて個人的な関わりを強く感じるとき、余分な手間をかける価値があると考える。そしてそのプロセスそのもの、つまり、より注意深く観察するということや、集中するということに積極的に関わっていたら、自分が正確かどうか、自問自答する可能性が高い。もちろん、その前提になるのは、プロセスを意識することだ。あなたはもう、意識している。もしあなたが、積極的に関わるべきだとわかっていても、その気になれなかったらどうなるだろう？　心理学者のアリー・クルーグランスキ（一九三九～、メリーランド大学心理学教授）は、〈完結欲求〉として知られる現象の研究に、キャリアを捧げている。完結欲求とは、ある事について決定的な知識を得たいという心の欲求だ。クルーグランスキは、この欲求の個人差を研究しただけでなく、この欲求を利用することで、私たちはより注意深く積極的に関わり、判断する上で修正の段階をきちんと行うようになれると示した。

　いくつか方法がある。最も効果的なのは、私たちは自分の判断に責任があると思えば、最終的な判断を下す前にさまざまな角度や可能性を考慮し、第一印象を修正する手間をかけ、正しい判断をしようとするということだ。そういう場合、私たちの心は、自分ができるかぎりのことをやったと確信するまで、〝完結《クローズ》〟（クルーグランスキの言葉では〝凍結《フリーズ》〟）しない。いつでも私たちに責任を負わせる実験者がいるわけではないが、自分で、重要な判断や観察を、挑戦と考えてみればいい。『自分はどれほど正確に観察できるだろう？　どれくらいうまくやれるだろうか？　前回のときより注意する能力を高めることが可能だろうか？』そうした挑戦は、私たちを観察のタスクに積極的に関わらせ、タスクそのものを面白くするだけでなく、私たちがすぐに結論に飛びついたり、あまり考えずに判断してしまう可能性を小さくしてくれる。

能動的観察者は、同時に多くのことをしようとするから、うまくいかない。たとえば、社会心理学の実験で七つの話題を順番どおりに記憶するようにと、または数字の列や、その他心理学者が知覚的に〝多忙な〟状態をつくりだすために使いたがるもの何でもいいから、それを記憶するようにと求められたら、もうだめだ。それはなぜか？　なぜなら実験が強制的に、積極的関与を妨げているからだ。私たちは、関連のないたくさんの情報を記憶しようと必死になっていたら、積極的に関わることはできない（実際には、関連のある情報でも同様だ。精神的資源がほかのことに使われているという点がポイントになる）。もっとも、直観像（以前の視覚的印象が刺激の去ったあとも鮮明に見えるもの）のような記憶をもっていたり、メモリ・パレス（記憶の宮殿：たくさんの物事を最小限の努力で覚えるための記憶法）についての本を読んだことがある場合は、そのかぎりではない。

しかしここでいい知らせがある。私たちの日常生活は心理学の実験ではない。私たちは能動的観察者である必要はないのだ。誰も私たちに対して、会話を順番どおりに記憶することや、以前は気づかなかったことについてスピーチをすることを求めていない。誰も私たちが積極的に関わることを制限していない。それをしているのは、私たち自身なのだ。たとえばそれは、パイクロフト氏の事件におけるホームズのように、興味を失ったせいかもしれない。またはワトスンのように、未来の陪審員裁判のことばかり考えて、現在目の前にいる男性に注意を払っていないせいかもしれない。いずれにせよ、私たちがある人物や状況に積極的に関わるのをやめるということは、私たちが自分で選んでそうしているのだ。そうしないことも、もちろん選べる。

私たちは、積極的に関わりたいと思えばそうできる。そうすれば、知覚の間違いを減らせるだけでなく、自分ではそんなふうになれるとは思ってもみなかった、集中力・観察力のある人間になれる。ADHD（注意力欠陥・多動性障害）と診断された子供でさえ、自分の興味のあること、彼らの頭脳を活性化させて積極的に関わらせることには、集中できることがわかっている。たとえばテレビゲームだ。テレビゲームが、人々が自分ではもっていると思っていなかった〈注意力〉資源《リソース》を引き出せるということは、これまで繰り返し証明されてきた。さらに、積極的関与のプロセスから引き出された持続的注意や細部の認識といった力は、ゲーム以外の分野に移すことが可能だ。たとえば認知神経学者のダフネ・バヴェリア（フランス生まれ、アメリカの研究者）と、C・ショーン・グリーン（ミネソタ大学認知科学センター心理学科博士課程修了研究者）は、実験を繰り返し、いわゆるアクションゲーム（高速、高知覚負荷、高運動負荷、予測不可能、周辺処理の必要といった特徴をもつゲーム）は、視覚的注意、低レベル視力、処理速度、注意、知覚、社会的な制御力、その他、無人飛行物体の操縦や腹腔鏡手術など、さまざまな分野において能力を向上させるということを発見した。つまり、脳は実際に変わり、長期にわたって〈注意力〉を持続させることを学べる——自分にとって本当に重要な何かに、積極的に関わる時間をもつことで、学べるのだ。

この章は、人間の心はさまようものだという話から始まった。章の締めくくりにも、その話をしよう。心がさまようことは、積極的な関わりにとっての嫌われもの《アナテマ》だ。刺激の欠如で心がさまよったり、マルチタスク（現代生活の大部分を占める）で心がさまよったり、実験という環境で強制的に心がさまようように仕向けられたり、いずれにしても、心がさまよっていては、何かに積極的に関わることはできない。私たちが〈観察《オブザベーション》〉に必要とする、〈マインドフル〉な注意を払うことも。

それなのに私たちはいつも、積極的に関わらないという能動的な選択をしている。私たちは歩くとき、走るとき、地下鉄に乗るとき、ヘッドフォンで音楽を聴く。友人や家族と一緒に夕食をとっているのに、携帯電話をチェックする。ミーティングに出席しているときに、次のミーティングのことを考える。つまり私たちは、自分でつくり出した記憶や数字の羅列で、頭を一杯にしたり悩ませたりしているのだ。前述のダニエル・ギルバートは、二二〇〇人の大人のグループの日常生活を、iPhoneのアラート機能を使って追跡した。彼は被験者に、どう感じているか、何をしているか、さらに、アラートを受け取ったときにやっていたこと以外のことを考えていたかどうかを尋ねた。彼はどんなことを発見しただろうか？人々は、今自分がやっていることについて考えるのと同程度の割合で（正確に言えば四六・九パーセントで）、今やっていること以外のことを考えているだけでなく、そのとき何をしているかは、その結果に関係がないという結果が出た。つまり、面白くてやりがいのある活動でも、つまらなくて退屈な活動でも、心がさまようのは変わらないということだ。

観察力のある心、注意力のある心は、現在に集中する心だ。さまよわない心であり、今やっていることが何であれ、それに積極的に関わる心だ。そういう心なら、素早く駆け回り、今や何でも見て何でもやろうとする〈ワトスン・システム〉でなく、〈ホームズ・システム〉で仕事を始められる。

知り合いの心理学の教授に、毎日二時間、電子メールとインターネットを遮断して、執筆だけに集中するという人がいる。彼女が自分自身に課した規律と隔離からは、学ぶことがたくさんありそうだ。私自身、もっとそうしたアプローチをとりたいと思っている。ある脳科学者が最近、人が三日間完全に電波の届かない未開地にいたらどうなるかを、実証しようとした。結果は、創造性が向上し、思考が明晰になり、脳が再起動《リブート》されたようになったという。誰でも未開地に三日間旅行できるわけではないが、私たちもときどき数時間の時間をつくって、意識的に選択し、集中してみるといいかもしれない。

正典参考箇所

「彼がさし出した手を見ると、……」「アフガニスタンから戻られたんですね？」──『緋色の研究』第一章「シャーロック・ホームズ君」

「ぼくにはきみがアフガニスタン帰りだと、……」「この学問をきわめようとするものは、……」──『緋色の研究』第二章「推理の科学」

「科学者ジェイムズ・モーティマー医師が、……」──『バスカヴィル家の犬』第一章「シャーロック・ホームズ」

「肉体はこの肘掛け椅子にとぐろをまいていて、……」――『バスカヴィル家の犬』第三章「問題点」

「もうすこし事件の再構成をつづけてみよう。……」――『シャーロック・ホームズの復活』〔プライオリ・スクール〕

「たぶん憶えているだろうが、あの活字を貼りつけた手紙を調べたとき……」――『バスカヴィル家の犬』第一五章「回想」

「ほかに私が注意すべき点はありませんか?」――『シャーロック・ホームズの回想』〔シルヴァー・ブレイズ号事件〕

「ひとつしかないテーブルの前に、さっき通りで見かけた男が、……」――『シャーロック・ホームズの回想』〔株式仲買店の店員〕

「そうかもしれないが、あの青年の態度を見たら、……」――『シャーロック・ホームズの復活』〔ノーウッドの建築業者〕

第四章　脳という屋根裏部屋の探求——想像力を身につける

　ある朝、若い事務弁護士のジョン・ヘクター・マクファーレンが目覚めると、彼の人生は一変していた。一夜にして、地元建築業者殺害の最も疑わしい容疑者になっていたのだ。彼はどうにかホームズに会って事件のことを話せたものの、きわめて不利な証拠があったため、スコットランド・ヤードに連れていかれてしまう。

　マクファーレンは連行される前に、被害者のジョウナス・オウルデーカーに会ったのは前日の午後が初めてだったとホームズに説明した。オウルデーカーは事務所にやってくると、マクファーレンに自分の遺言書を正式な書類にするように頼んだという。驚いたことに、その遺言書はオウルデーカーの全財産をマクファーレンに遺すというものだった。オウルデーカーは自分には子供も身寄りもないし、昔マクファーレンの両親のことをよく知っていたので、その友情の記念として遺産を残したいという。しかしマクファーレンに対し、家族をびっくりさせるために翌日まではひと言もこのことを漏らさないようにと念を押した。

オウルデーカーはマクファーレンに、家で夕食を一緒にとり、そのあとで地所についての重要書類を調べようと誘った。マクファーレンは言われたとおりにしたが、何も問題はないように思えた――翌朝の新聞でオウルデーカーの死が報じられるまでは。焼け焦げた死体が、家の裏にある材木置き場で発見されたのだ。最も疑わしい容疑者は、財産を相続するだけでなく、犯罪現場に(血まみれの)ステッキを残していった、ジョン・ヘクター・マクファーレンだった。

ホームズに奇妙な話をしたマクファーレンは、すぐにレストレイド警部に逮捕される。遺産にステッキ、夜の訪問などのすべてがマクファーレンの有罪を示唆しており、この逮捕は筋が通っているように思えたが、ホームズには何かがおかしいと感じられてならなかった。直観ホームズはワトスンに言う。「そんなことは、いずれも嘘だとぼくは知っているんだ。直観でわかるんだ」

しかしこのとき、ホームズの直観は圧倒的な証拠に反していた。スコットランド・ヤードにとってはこの事件は完璧で、あとは調書を仕上げるだけだった。ホームズがまだすべてがはっきりしていないと主張すると、レストレイド警部は反論する。「はっきりしない? これがはっきりしないんなら、ほかにはっきりしたものなんてありませんよ」と彼は言い返し、次のように話す。

「ここにひとりの青年がいて、ある老人が死ねば莫大な財産が相続できるということを、とつぜん知った。青年は、どうするでしょう？　誰にもそのことを秘密にして、依頼人を訪問するとかなんとか口実をつくって、その夜、外出する。ただひとりの同居人が眠るのを待って、誰もいない部屋で老人を殺し、その死体を材木置き場へ運んで火をつけ、それから、近所のホテルへ行く」

これでもかというように、レストレイドは続ける。「室内の血痕も、ステッキの血痕も、ひじょうに薄いので、青年は、血を流さずに殺害できたと思いこみ、死体さえ焼いてしまえば、殺人の証拠は完全に消せると考えた。何か痕跡を残せば、どんなことで自分に嫌疑がかかるかわかりませんからね。どうです、これでも、はっきりしないとおっしゃるんですか？」

ホームズは納得せず、レストレイドに言う。

「レストレイド警部、私には、あまりにもはっきりしすぎるように思えるんですよ。あなたは、なかなかすぐれた才能をもっておられるが、惜しいことに想像力がいささか欠けているように思われます。青年の立場になって考えてごらんなさい。よりにもよって遺言状をつくったその日の夜を選んで犯行をくわだてるでしょうか？　二つの出来事が、そんなに間なしに行われたら、危険だとは思いませんか？　それに、家政婦に出迎えられて、家のなかにいると知られているのに、どうしてわざわざその日を選ぶでしょう？

最後に、死体を始末するのにひどく苦労しながら、犯人は自分だと言わんばかりにステッキをその場に残したりするものでしょうか？　レストレイド警部、正直に言って、あなただって、こういうことはありえないと思うでしょう？」

しかし、レストレイドは肩をすくめるだけだ。想像力に何の関係があるというのか、と。観察と推論なら、確かに刑事の仕事の要《かなめ》だ。しかし、想像力とは？　スコットランド・ヤードとはまったく違って、あまり現実を考えない科学的職業についている、ただ言葉を弄《ろう》するだけの人間の、ただの見え透いた言い訳ではないのか？

レストレイドは、自分が大きく間違っていることを理解していない。探偵や刑事にとってだけでなく思索家にとっても、成功をおさめるために想像力がいかに中心的役割を果たしているかも。もし彼が容疑者の身元や事件の調査以外のことでもホームズの言うことに耳を傾けていたら、その先でホームズに頼る必要は少なくなっていたかもしれない。なぜなら、もし想像力をはたらかせないなら——それも、推論の前に想像力を使わないなら——すべての観察も、これまでの章についての理解も、ほとんど何の価値もなくなるのだ。

想像力は、思考プロセスにおける重要な次のステップだ。ジョウナス・オウルデーカーが死んだノーウッドの悲劇の夜の出来事であれ、あなたの頭を悩ましている家や仕事の厄介な問題の解決法についてであれ、想像力はあなたが集めた構成要素を使って素材をつくり、その素材はその後の推論の強固な基盤としてはたらく。そんなものは省略できるし、非科学的で取るに足りないものだと考えるなら、あなたの努力は無駄になり、しかも、真実とはかけ離れた、あなたにとって明白に思える結論だけにしか到達できない。

想像力とは何なのだろうか、なぜそれほど重要なのだろうか？　レストレイドに語ったすべての中で、なぜホームズは特にこの特性に焦点をあてたのか、そして、科学的思考法という厳格に思えることにおいて、想像力はどう関係しているのだろうか？

想像力が正当な科学的役割を果たしているという考えをばかにしたのは、何もレストレイドが初めてではないし、また、逆にそうだと主張したのはホームズだけでもない。二〇世紀の偉大な科学思想家のひとり、ノーベル賞を受賞した物理学者リチャード・ファインマンは、彼が思考と科学の両方における中核的な特性と考えているものが評価されていないことに、よく驚きを表明していた。彼は「人々が、科学に想像力があるということを信じないのは驚きだ」と、聴衆に向かって言ったことがある。科学には明らかに想像力があるし、しかも「それは芸術家のものとは違う、きわめて興味深い種類の想像力だ。非常に難しいのは、今まで見たことのない何か、しかもすでに知っていることと完全に矛盾せず、今まで考えられていたことと異なる何かを想像することだ。さらに言えば、それは曖昧《あいまい》ではなく明確な主張でなければならない。これはほんとうに難しい」。

思考の科学的プロセスにおける想像力の役割を、うまく要約し定義するのは困難だ。想像力は観察と体験から物事を取り入れ、それを組み合わせて新しいものにする。このとき、想像力は推論、つまりさまざまな選択肢の選別のための、舞台を提供する。想像できうる可能性すべての中から、すべての事実を最もうまく説明できるひとつを決定するのだ。

あなたは実際には存在しているかどうかわからない仮想のものを、想像によって生み出すが、それはあなたの頭の中で能動的につくりあげられたものだ。つまり、あなたが想像したものは「考えていたものとは異なる」のだ。それは事実を言い換えたものでも、たいして考えなくても到達できるAからBへの単純な経路でもない。あなた自身が合成して創造したものだ。想像力を屋根裏部屋にある〝不可欠な精神的空間〟だと考えてみよう。そこではさまざまな中身を自由に取り扱えるが、貯蔵や管理システムに深く関わることはない。また、好きなように中身を動かしたり、組み合わせたり、いじったりできるが、それでも屋根裏部屋全体の秩序や清潔さを乱してしまう心配はない。

この空間が不可欠なのは、これなくしては屋根裏部屋が機能しないからだ。いっぱいになった箱が詰め込まれていては、貯蔵空間が使えない。中に入れないし、必要なものを探すために箱を見つけだせない。どの箱が使えるかもわからないし、その箱がどこにあるかもわからない。空間が必要なのだ。光も必要だ。屋根裏部屋の中身を利用するには、中に入っていって見回す必要がある。

そして、この空間には自由度がある。集めた観察結果のすべてを、一時的にそこに置いておくことができる。屋根裏部屋の恒久的な貯蔵場所にファイルしたり、しまったりする必要は、まだない。そんなことはせずに、見えるところに全部並べて、好きなように遊べるのだ。

どんなパターンが現れるのか？　恒久的な貯蔵場所から何かを足すと、意味の通る違う絵が描けるだろうか？　その空間に立って、自分が集めたものを調べられる。違う要素を引っ張り出したり、違う組み合わせを試したりして、どれがうまくいってどれがうまくいかないか、どれが正しいと思えて、どれが違うと感じるかを見てみるのだ。そして、そこに入れた事実や観察とは異なった創造物を持って出ていく。その創造物は、そこで生まれたことは確かだが、あなたの頭の中だけに仮想的に存在する独特のものであり、現実ではないかもしれないし、さらには真実でさえないかもしれない。

しかし、その創造物は出し抜けに出現したものではない。現実に基づいている。それまでにあなたが集めた観察結果のすべてを用いた、すでにわかっていることと、あらゆる細部で一致しているものなのだ。言い換えると、もともとは観察のプロセスを通じて屋根裏部屋に集められた中身から生じたものが、ずっと屋根裏部屋にあった材料、つまり基礎知識《ナリッジベース》と世界についての理解と混ぜ合わされたのである。これをファインマンは、「想像力はきつい拘束衣に縛られている」と言い表した。彼にとっての拘束衣は、物理の法則だ。ホームズにとっても基本的に同じで、現時点までに獲得した知識の基盤と観察だ。これは、決して単なる飛躍した想像ではない。この状況における想像力を、作家やアーティストの創作物と同じように考えることはできない。まず第一に、それまでに積み上げた事実に即した現実に根付いており、第二に「曖昧ではなく明確な主張でなければならない」からだ。想像は具体的でなければならず、かつ詳細でなければならない。現実に存在しないとはいえ、理論的には、頭から出たものは少し調整するだけで現実の世界に適用できる内容でなければならない。それは、ファインマンによれば拘束衣に縛られており、ホームズの言い方では、あなたの独特な脳という屋根裏部屋によって限定され、決定されているのだ。あなたの想像はそれを基礎として使わなければならないし、そのルールに従わなければならない。そしてこれらのルールには、あなたがこつこつ集めた観察が含まれている。ファインマンはこう言っている。「私たちが知っていること、可能なことを解明する努力をするのが、このゲームだ。これには逆分析、つまり適応するのかどうか、既知のことに照らして可能かどうかを確認することが必要となる」

　この言葉には、想像力を定義するにあたっての最後の重要点が含まれている。そう、想像力は現実の具体的な知識、つまり屋根裏部屋の具体性と特異性から生じなければならないのだ。それは、より大きな目的を果たしている。つまり、科学的真実や殺人の解決、あるいはそれとはまったく違う人生の決定や問題といったことを推論するための基礎となることだ。さらに、これらのすべての例において、ある程度の制約に対処しなければならない。しかしそこには、自由も楽しみもある。別の言い方をすると、〝ゲーム〟だ。真剣な試みの中の、最も楽しめるところなのだ。ホームズが〔アベイ荘園〕（『シャーロック・ホームズの復活』所収）の冒頭で、有名な「獲物が飛び出した《ゲーム・イズ・アフット》*」というせりふを口にしただけのことはある。この言葉は彼の情熱と興奮を伝えるだけでなく、捜査技術や、より一般的な思考法への彼のアプローチを表現している――真剣なことではあるけれど、遊びの要素を決して忘れないということだ。この要素は不可欠であり、これがなければどんな真剣な試みにも見込みはない。

私たちは創造性《クリエイティビティ》というものを、あるかないか、脳の特性としてもっているかいないかと考えがちだ。しかし、これは真実からかけ離れている。創造性は学ぶことができる。それは注意や自制《セルフコントロール》と同じく、筋肉のようなもので、練習で成長し、使用や訓練、集中、動機によって強化されるのだ。実際のところ、創造性は流動的なもので、人間は訓練によってより創造的になれることが研究で実証されている。もしあなたが、想像力は練習によって成長すると考えるなら、想像的な仕事をよりうまくやれるようになるだろう（ここでもやはり、動機が必要だ）。自分が優秀な人と同じように創造的になれると信じ、創造性における不可欠な要素を学ぶことが、ワトスン（あるいはレストレイド）ではなくホームズのように考え、決断し、行動する全般的な能力を向上させるために重要なのだ。

ここで、合成や組み換え、洞察の舞台となる脳の空間を探求していこう。一見すると気楽に見えるこの領域のおかげで、ホームズはノーウッドの建築業者の事件を解決することになる。そして予想どおり、明白だというレストレイドの自信はすぐに見当違いだと判明する。

＊訳者注——「ゲーム・イズ・アフット」は、シェイクスピアの『ヘンリー四世』および『ヘンリー五世』にある「獲物が出たぞ」を引用しているとするのが、大方の研究者の認めるところだ。だが、あえて「ゲーム（事件）が始まったぞ」と解釈するケースは、英語圏でも見受けられる。本書の著者も後者の解釈で論を進めているわけだ。なお、〔アベイ荘園〕事件は、早朝にホプキンズ警部からの「重大な事態に発展しそうだ」という電報を受け取ったホームズが、ワトスンを起こすシーンから始まる。

想像的疑問をうまく扱う

以下のことを頭の中で思い描いてほしい。あなたは、テーブルのある部屋に連れてこられた。テーブルの上には鋲《びょう》の箱とブックマッチ（紙マッチ）、キャンドルという三つの品物が載っている。あなたがするように言われた課題はひとつ、キャンドルを壁に取りつけることだ。必要なだけ時間をかけていい。さてあなたは、どのように課題をすすめるだろうか？

今では古典となった、ゲシュタルト心理学者カール・ドゥンカー（一九〇三〜四〇）の研究である。あなたがその参加者の七五パーセントと似ているとしたら、二つのやり方のうちのひとつを試すだろう。キャンドルを鋲で壁に取りつけようとするかもしれないが、すぐにそのやり方ではだめだと気づくだろう。あるいは、鋲の箱のことなど無視して、キャンドルに火をつけて垂れてくる蠟で壁につけようとするかもしれない（鋲は気をそらせるための誤った選択肢だと考えてだ）。この方法でもやはり失敗する。蠟にキャンドルを支えるほどの強さはないからだ。では、どうすればいいのか？

本当の解決法のためには、想像力が必要だ。瞬時に解決法がわかる人間はいない。一、二分考えただけで見つける人も、少しはいる。そのほかの人は、何度か失敗してから気づく。その人たちは、外部の助けなしには解決できない。先ほどの課題の答えは、鋲を箱から出して箱を壁に鋲で取りつけ、キャンドルにマッチで火をつける。キャンドルの底の部分をマッチの火で溶かし、箱の中に蠟を垂らして、その上にキャンドルを固定する。そして、キャンドルが燃えていって箱に火がつく前に部屋を出る。ほらね《ヴォアラ》。

多くの人々がそのやり方に気づかないのはなぜだろうか？　観察と推論のあいだに重要な知的瞬間があることを忘れているのだ。行動、行動、また行動という熱情的な〈ワトスン・システム〉のやり方をとり、その正反対となる静かな熟考の瞬間の必要性を過小評価している。そして当然のことながら、最も自然な、あるいは最も明白な解決法に飛びつく。先ほどの課題では、大多数の人々が鋲の箱という明白な物には気づくが、実際には箱と鋲があるのだという、あまり明白ではないことには気づかないのだ。

これを、〈機能的固着〉と言う。私たちは、対象物をすでに割り当てられている特定の機能を示すものとして見る傾向がある。箱と鋲は、鋲の箱というひとつの物として見ている。箱はただ鋲を入れる物で、別の機能はないと思っている。この見方を振り捨てて、対象物を二つの構成部分へと分割し、箱と鋲は二つの別々の物だと認識するためには、想像上の跳躍をする必要がある。ゲシュタルト学派のドゥンカーが研究していたのは、私たちには細部より全体を見る傾向があるという、まさにこの問題だった。

実際、ドゥンカーの最初の研究の追跡研究において、ある実験で鋲を箱の横に置くというように対象物を別々に提示したとき、課題を解いた人の割合が劇的に上昇したことが明らかになっている。単純な言葉による調整でも同じことが起こる。参加者がこの課題の前に、「箱と鋲」というように、〝の〟ではなく〝と〟でつながった言葉によるプライムを受けていると、彼らが答えを見つける可能性がずっと高くなる。また、五つの品物の言葉に別々に下線を引くことによっても（キャンドル、ブックマッチ、鋲の箱）、参加者が解く可能性は高まる。

とはいえ、もともとの課題では多少の思考が必要で、外部の手助けなしに明白なことから方向転換しなくてはならない。すぐに行動したり、自分の目的を最も満足させるシナリオを推論したりしようとしても、あなたが観察しているすべては見かけほど単純ではない。解決できた人間は、行動しないことの重要さや、状況を考えて頭の中で静かに思考することの価値を知っていた。つまり彼らは、観察と推論のあいだに、想像力という重要で不可欠な段階があることを認識していたのだ。

シャーロック・ホームズは、厳格で無情な推理機械、論理的思考の権化だと思われがちかもしれない。しかし、論理的機械人間ホームズという見方は、真実からかけ離れている。まったくの逆なのだ。ホームズの人となりをつくりあげ、ほかの探偵や刑事、一般市民の上に立たせているものは、非直線的なものに取り組み、仮説を受け入れ、推測を検討することへの彼の意欲だ。そして、彼がもつ創造的思考と想像的熟考の能力なのだ。

では、私たちがホームズの柔軟で芸術的ともいえる面を見過ごし、合理的計算というコンピュータのような能力にばかり注目しがちなのは、なぜだろうか？ 簡単に言うと、その見方のほうが容易で無難だからだ。このような考え方は私たちの心理に深く染み込んでいる。子供のころから、そうするように訓練されているのだ。アルベルト・アインシュタインいわく「知性を私たちの神にしないように気をつけるべきだ。それにはもちろんたくましい筋肉があるが、人格がない。リードすることはできず、ただ仕えるだけだ。そして、リーダーをえり好みしない」。私たちは、コンピュータのモデルを称賛する社会に生きている。その社会は当然ながら、膨大なデータを取り入れ、驚くほどの正確さで分析して解答を吐き出す、超人的なホームズを崇拝している。想像力のような数量化できないものの力を軽んじ、代わりに知性の力に注目する社会だ。

あなたは、そんなことはまったくの大嘘だと考えるかもしれない。革新や創造性という考えも盛んだし、起業家やアイデアマンの時代、スティーヴ・ジョブズとそのモットー「発想を変えよう《シンク・ディファレント》」の時代に生きているじゃないかと。まあ、イエスでもあり、ノーでもある。つまり、私たちは表面的には創造性を重んじるが、心の奥底では想像力を非常に恐れてもいるのだ。

原則として、私たちは不確実性を好まない。不安になるからだ。確かな世界のほうが、ずっと居心地がいい。だから私たちは、できるだけ不確実性を減らすように努力しており、現状を守るためにしばしば習慣的で経験的な選択をする。「見知らぬ悪魔より知っている悪魔のほうがましだ」ということわざを知っていると思う。まさに、そういうことなのだ。

一方で、創造性には斬新さが必要となる。想像力とは新しい可能性であり、それまでに存在していない出来事であり、事実に反することであり、新しいやり方で再構成した要素だ。それは試されていないことなのだ。そして、試されていないことは不確実だ。恐ろしいことだ——たとえ私たち個人にとってどれほど恐ろしいかわからなくても。また、恥をかく可能性もある（結局のところ、成功の保証などない）。コナン・ドイルの描く刑事たちがつねに標準的なやり方からそれることを嫌い、捜査を少しでも危険にさらしたり、わずかでも遅らせるかもしれないような行為をしないのは、なぜなのだろうか？　ホームズの想像力が彼らをおびえさせているのだ。

よくあるパラドックスを考えてほしい。組織や団体、個々の意思決定者は、たとえ公《おおやけ》では創造性は重要でありときには中心的目標となると言明していても、しばしば創造的アイデアを拒絶する。その理由は何だろうか？　新しい研究が示唆しているのは、私たちが創造的アイデアに、人種差別や恐怖症におけるケースとよく似た無意識のバイアスを抱いているからだ。

第二章に出てきた〈潜在的連合テスト（ＩＡＴ）〉を覚えているだろうか？　ジェニファー・ミューラーと共同研究者たちによる一連の研究では、それまで対象とされなかった創造性に対して、このテストが調整されて用いられた。参加者は標準的なＩＡＴと同様に良い／悪いカテゴリーの組み合わせを完成させるが、今回の二つの言葉は、実用的（機能的、建設的、有益）と創造的（新奇、発明的、独創的）だ。その結果が示していたのは、肯定的特性のリストで創造性を明確に高く評価していた人々でさえ、不確実な状況下では実用性を優先するという潜在的バイアスを見せるということだった。さらに、彼らは予備テストでは創造的だと判断したアイデアを（たとえば、足の水ぶくれを抑えるために繊維の厚さを調整するナノテクノロジーを用いたランニングシューズ）、より確実性のある同等品より創造性が低いと評価もしていた。彼らは〈潜在的バイアス〉を抱いていただけでなく、実例を見せられたときには創造性を理解できないことをも示したのだ。

この効果は不確実な状況のみで見られたが、多くの意思決定の環境も不確実な状況ではないだろうか。探偵の仕事に当てはまるのは確かだ。企業や科学、ビジネスにも当てはまる。基本的には、ほかに思いつくすべてに当てはまる。

偉大な思想家は、不確実さの恐怖を乗り越えてきた。アインシュタインは何度も失敗したことがある。エイブラハム・リンカーンもそうだった。ごく珍しいことに、大尉として戦争へ行き、二等兵として戻ってきたし、大統領になる前に二度の破産申し立てをした。ウォルト・ディズニーも地方紙を「想像力の不足」という理由で解雇された（創造性のパラドックスのよい例だ）。トマス・エジソンもやはり、ちゃんと点灯する電球をつくりだすまでに一〇〇〇もの失敗作を発明している。そして、シャーロック・ホームズもそうなのだ（ご存じのように、アイリーン・アドラーの一件や〔黄色い顔〕の事件は失敗だ。これについては、先で詳しく述べる）。

これらの人々がほかと違っていたのは、失敗しなかったからではなく、失敗への恐怖をもたず、創造的精神の特質であるオープンな態度をもっていたからだ。彼らも私たち大多数と同じように、創造性に抗するバイアスを人生のある時点ではもっていたのかもしれないが、なんとかしてそれを抑え込んだのだ。ホームズには、コンピュータにはない要素がひとつある。そしてその要素こそが、彼を彼という人物にしてもいるし、卓越した論法家という探偵のイメージを弱めてもいる。その要素とは、想像力だ。

人間というものは、すぐに浮かぶ明白な答えがないという理由で問題を切り上げてしまう。私たちは明白でわかりやすいことを少しばかり明白すぎるとは決して考えたりしないため、間違った決断をしたり道を誤ったりする。私たちがとうてい理想的とはいえない状況に固執するのは、ただいつもそうしているからだ。よりよい方法があるかもしれないが、実証済みの方法からあまりにも離れてしまう。知っている悪魔のほうがましなのだ。

私たちは不確実さへの恐怖のせいで、ホームズを見習って彼のように想像をめぐらせ、とりあえずは頭の中にだけ存在しているシナリオを考えようとはしない。たとえば、一般相対性理論という大理論を発表したときのアインシュタインには、直観しかなかった。一九二九年、ジョージ・シルヴェスター・ヴィエレックが、アインシュタインに発見は直観やひらめきの結果かどうかを質問したとき、彼は「私は想像で自由に描けるほどの芸術家だよ。想像力は知識よりずっと重要だと思う。知識には限界がある。想像力はこの世界を抱え込める」と答えた。想像力がなければ、偉大な科学者は直線的で利用しやすい確実性から抜け出せなかっただろう。

さらに重要なのは、多くの問題には頼ることのできる明白な答えさえないことだ。ノーウッドの事件の例では、レストレイドにはすでにでき上がった筋書きがあったし、容疑者もいた。しかし、それがなかったらどうだっただろう？　直線的な物語《ナラティブ》は存在せず、答えにたどり着く唯一の道すじが、頭の中で仮説をめぐらすという遠回りの蛇行だったとしたら？『恐怖の谷』はその実例で、被害者も家もまったく見かけとは違う。この場合、想像力がないことは解決できないことを意味する。そして、探偵や刑事、建築業者の話はさておき、私たちを幸せにしてくれるであろう出世街道やすてきな恋愛、選択が明らかでなかったとしたらどうだろうか？　答えが明白ではなく、探求や自己分析が必要なものだったとしたら？知っている悪魔を知らないものと取り替える者はまずいないだろう——そして、存在しないものと取り替える者はさらに少ないだろう。

想像力がなければ、到達することが可能な思考の高みには決してたどりつけない。せいぜいよくても、細部と事実を洗い出すのが得意になるのが関の山だ——しかし、その事実を利用して、判断や意思決定を有意義に向上させるのは難しいだろう。私たちの脳の屋根裏部屋には、美しく整理された箱やフォルダー、資料が山積みになっている。でも私たちは、調べるためにどこから手をつけていいのかわからない。何度も何度も目を通さなければならない。正しいやり方を見つけられるかもしれないが、見つけられないかもしれない。そして、使うべき正しい要素がそこになかったり、二つか三つの違うファイルに入っていたとしたら、いったいどうすればいいのか。できるのは、幸運を祈ることだけだ。

ノーウッドの建築業者の事件に戻ろう。想像力のないレストレイドが真相に近づけず、あやうく無実の男性を有罪に追いやろうとしたのはなぜだろうか？　想像力は、直接的な分析では得られない何を提供するのだろうか？　レストレイドとホームズのどちらも、まったく同じ情報を利用することができた。ホームズは、レストレイドが知らないことを知ることができる秘密の知識はもっていない――少なくとも、レストレイドがほぼ同じやり方で応用できない知識はもっていない。しかし、この二人は彼らが共有している知識から異なる要素を使うことを選択しただけでなく、その知識をまったく違う角度で解釈したのだ。レストレイドは直接的なやり方をとり、ホームズはレストレイドが可能だと思いもしない、より想像力に富んだやり方をとった。

捜査の最初に、ジョン・ヘクター・マクファーレンはホームズとレストレイドが一緒にいるところですべての供述をしているのだから、二人はまったく同じ地点から出発している。実際のところある意味で、先んじていたのはレストレイドだった。彼はすでに犯罪現場を見ていたが、ホームズはそのとき初めて耳にしたのだ。にもかかわらず、すぐそのあとで二人のアプローチは分かれる。レストレイドがマクファーレンを逮捕して連行する前に、何か聞くことはないかとホームズに尋ねたとき、ホームズは「ブラックヒースへ行ってみるまでは何もありません」と答えている。なぜブラックヒースなのだろうか？　殺人が起こったのはノーウッドだ。レストレイドは「ノーウッドへ、じゃないんですか？」と聞き直している。ホームズは「いや、まちがえました。そういうつもりだったんです」と言って、当然ながらブラックヒースへ、つまり不幸なマクファーレンの両親の家へと向かう。

「どうしてノーウッドから始めないんだ？」レストレイドと同じように戸惑っているワトスンが聞く。

ホームズの答えはこうだ。「その理由はね、この事件は、ひとつ奇妙な出来事が起きると、連続してまた次の出来事が起きているからだ。警察は、たまたま第二の出来事が現実に犯罪を構成するものだから、あやまって、そのほうに気をとられているんだ」おわかりのように、レストレイドのきわめて直接的なアプローチとは違うやり方だ。

その後ホームズは、がっかりして帰ってきて、ワトスンに言う。「二、三誘導してみたが、ぼくの意見を裏づけるようなことは、何ひとつ引き出せなかったし、むしろ不利な点が、いくつか出てくる始末なんだ。とうとうあきらめて、ぼくはノーウッドへ出かけた」

しかし、やがてわかるが、時間を無駄にしたわけではなかった――ホームズもそうは思っていない。なぜなら、屋根裏部屋の想像力の空間を最大限活用したとき、最も明白と見えた出来事がどう展開するかは、決してわからないからだ。そして、どの情報が無意味な謎を突然意味が通るようにしてくれるのかも、決してわからない。

それでも、事件は解決に向かって進んでいるようには見えない。「このノーウッドの失踪事件は、辛抱強い読者が、いずれは読まされることになるだろうが、思いがけない幸運にでもめぐまれないかぎり、ぼくらの成功物語のほうへは入らないだろうね」と、ホームズがワトスンに言うとおりなのだ。

そしてその後、最もありそうもない場所から、まさにその幸運が現れる。レストレイドが言う、マクファーレンの有罪を確定的にする「重要な新事実」だ。ホームズは打ちひしがれる。しかしそれも、新事実というのが玄関ホールの壁の血痕に残ったマクファーレンの指紋だということを認識するまでだ。レストレイドには有罪の確定的証拠だったものが、ホームズにとってはマクファーレンの無罪をありありと示すものだったのだ。そしてさらに重要なのは、それが、それまでは単なる違和感だったもの、つまりホームズの言う「直観力」を裏付けるものだったことだ。それは、そもそも犯罪などなかったのではないかという疑惑だった。そして実際に、ジョウナス・オウルデーカーはぴんぴんしていた。

どうしてこういうことが起きるのだろうか？　なぜまったく同じ情報が、レストレイドにとってはひとりの男性を有罪にするものであり、ホームズにとっては彼を救うものであり、さらには犯罪そのものの本質に疑いを起こさせるものだったのだろうか？　それはすべて、想像力の問題なのだ。

では、少しずつ検討していこう。まず第一に、ホームズの最初の反応だ。彼は犯罪があったとされる現場にすぐに行かず、役に立つかどうかはともかくとして、可能性のあるすべての角度から考えた。そしてブラックヒースへ行き、マクファーレンのことはもちろん、若いころのオウルデーカーを知っていたと思われる両親に会う。これは特に想像的とは思えないかもしれないが、まっすぐ犯罪現場に向かったレストレイドより、ずっとオープンな精神とあまり直線的でないアプローチを必要とするものなのだ。レストレイドはある意味で、最初からほかの可能性すべてを閉ざしている。必要なすべてがひとつの場所にあるとしたら、なぜわざわざほかを考えるのか？　と。

想像力がまず行うことは、初めは異なっているように見える要素のあいだに、完全には明白ではない関連をつくりあげることだ。私が幼かったころ、両親が真ん中に穴のあいた木の棒の端にリングが付いているおもちゃをくれた。穴には両端に木の輪がついた紐が通してある。棒からリングをはずすおもちゃだ。最初はとても簡単に思えた——輪のついた紐のせいで、棒の上からリングをはずすというたやすいやり方ができないと気づくまでは。私は力を込めてみた。それから、素早くやってみた。うまくいくのではないか？　紐と輪をどうにかしてはずそうともした。前は輪の上を通り抜けられなかったリングが、通り抜けるはずだった。何をしてもだめだった。見込みのありそうな解決策は、どれも本当の答えではなかった。リングを取り外すためには遠回りする必要があり、そこにいたるまでには何日にもわたって何時間もかけた忍耐が必要だったのだ。成功するためには、ある意味でリングをはずそうとすることをやめなければならなかった。私はいつも、正しい方法があるはずだと考えて、リングから取りかかっていた。だって、肝心なのはリングをはずすことではないか、と考えて。答えが浮かんだのは、リングのことを忘れて全体像をながめ、さまざまな可能性を探ってみてからのことだった。

私のおもちゃの場合も、ノーウッドで起きていることを解明する前にブラックヒースへ行かなければならなかったのだ。レストレイドとは違って、私には正確なガイドがいる。つまり、パズルを正しく解けば、そうだとすぐにわかる。そして私は、ホームズに注意してもらう必要はない。正しかったときには絶対にそうだとわかるのだから、自分が間違っていることを認識している。しかし、ほとんどの問題はそれほど明快ではない。正しいか間違っているかという二つの答えしかない、厄介なリングがあるわけではない。紛らわしい曲がり角や偽りの解決策だらけなのだ。ホームズの助言がなければ、リングをはずそうと引っ張りつづけているかもしれない――そして、ただ単にリングを少し上に移動させただけなのに、リングがはずせたと思ってしまうかもしれない。

だから、ホームズはブラックヒースへ行った。しかし、想像をめぐらす意欲はそれだけではなかった。ノーウッドの建築業者の事件にホームズのようにアプローチするためには――そして彼が成し遂げたことを達成するためには――心を開いた状態から始める必要がある。最もわかりやすい筋道を、唯一可能性のある筋道だとみなしてはいけない。そうしてしまったら本当の答えにたどり着くかもしれない、多くの可能性を考えもしない危険をおかすことになる。そしておそらく、これまでの章で見てきた厄介な〈確証バイアス〉のえじきとなってしまうことだろう。

この事件で、ホームズはマクファーレンが本当に無実かを考えただけでなく、建築業者の死を含めたすべての証拠が見かけと違っている場合のさまざまな仮説を熟慮した。本当に起こったことを理解するために、まずその出来事についての可能性を想像したのだ。そうでなければ「マクファーレンが真夜中に監獄を抜け出して、わざわざ自分に不利な証拠を残しにやってきたとでもおっしゃるんですか?」という皮肉っぽい言葉のあとに、「ホームズさん、私は実際的な人間ですから、証拠があれば、それによって結論を下します」と言ったレストレイドのようになっていただろう。

レストレイドの言葉にある確信は、彼が証拠から結論へと一直線に進む現実的な人間であるがゆえに、まったく見当外れだった。彼は、証拠と結論のあいだの重要段階を無視している。この段階が与えてくれるのは、目の前にあることだけを利用するのではなく、熟考し、ほかの可能性を考え、何が起こったのかを検討し、頭の中でこれらの仮説に沿って考えをめぐらす時間だ。しかし、利用するため準備領域に情報をためこむ、前段階の観察の重要性を決して過小評価してはいけない。ホームズが親指の指紋について結論に達することができたのは、彼が自分の観察に漏れがないことを知っていたからだ。彼はワトスンに「ぼくだけが知っていることだが、きのう玄関を調べたとき、あの指紋はなかったんだ」と言っている。彼は自分の観察と注意、自分の脳という屋根裏部屋の健全さ、そしてその内容を信頼している。訓練をせず、〈ワトスン・システム〉で制御されているレストレイドには、そのような確信はもてない。

想像力の欠如はこうして、誤った行動（間違った容疑者の逮捕）だけでなく、適切な行動（本当の犯人の捜索）をとらないことへもつながる。最も明白な解決策だけを追い求めると、正しい解決策は決して見いだせないのだ。

想像力のない理性は〈ワトスン・システム〉が主導権を握っている状態と似通っている。筋が通っているように見えるし、私たちがしたいと思っていることでもあるが、あまりにも衝動的で拙速だ。一歩退いて想像力をはたらかせなければ、とても全体像を評価できない——解決策が結局は平凡なものだったとしても。

レストレイドの行動の逆の例を見てみよう。〔ウィスタリア荘〕で、ホームズは彼としては珍しく、サリー州警察のベインズ警部を称賛している。「あなたは、この道で、きっと出世しますよ。あなたには本能と直感力があります」という称賛を受けたベインズは、スコットランド・ヤードの刑事たちとはどう違っていたのだろうか？　彼は人間の性質を無視するのではなく、予期した。本当の犯人を安心させておびき出すために、犯人ではない男を逮捕したのだ。もちろん、この男には逮捕するに充分な不利な証拠があり、レストレイドのような人間にはまさに犯人だと思える。実際ホームズも、最初はベインズの逮捕はレストレイドがするような失策だと思ったほどだ。そしてこの予期に、想像的アプローチの主要な長所がある。事実を解釈するという単純な論理を超え、同じ論理を用いて別の仮説をいくつもつくりだすのだ。レストレイド型の人間は、これほど直線的でないことをしようとは決して考えない。一体どうして、法に従えば逮捕すべきではない人物を逮捕するために、エネルギーを費すのかと思うのだ。想像力のない彼は、直線的にしか考えられない。

一九六八年、ハイジャンプはすでに確立されたスポーツだった。走って、ジャンプして、いくつかの方法のうちのひとつでバーを跳び越える。古い時代なら、空中で両脚を動かして跳び越えるシザーズジャンプだったろうが、六〇年代ごろならストラドルや、腹を下に向けてバーを飛ぶベリーロールだっただろう。どの跳び方をしようと、跳ぶときに前を向いていることは同じだ。そこで、うしろ向きで跳ぶことを想像してみてほしい。ばかげていると思うことだろう。

しかし、ディック・フォスベリーはそう思わなかった。彼には、うしろ向きのジャンプのほうがいいと思えたのだ。彼はハイスクール時代をとおしてうしろ向きの跳び方を発展させ、カレッジではそれまでの誰よりも高く跳ぶようになった。彼はなぜ自分がそうしたのかわからなかったが、よく考えてみると、おそらく東洋つまり孔子と老子からのインスピレーションではないかとのことだ。彼はほかの人がすることを気にかけたりしなかった。彼はただ、物事の感覚で跳んだだけだった。人々は彼をからかって、笑いものにした。彼らにとって、フォスベリーはただばかげているように見えた（そして、彼のインスピレーションもばかばかしく聞こえた。フォスベリーはアプローチについて《スポーツ・イラストレイテッド》に質問されたとき、「ハイジャンプのことさえ考えない。ポジティブ・シンキングなんだ。ただやるだけだ」と答えている）。彼がアメリカのオリンピックチームに入ったり、ましてオリンピックで勝つなど期待する人など、ひとりもいなかった。しかし彼は勝利し、世界記録よりわずか一・五インチ低い七フィート四・二五インチ（二・二四メートル）という、アメリカとオリンピックの新記録をつくった。

フォスベリー・フロップ（背面跳び）と呼ばれる前代未聞のテクニックで、フォスベリーはほかの多くの昔ながらのアスリートが決して達成できなかったことを成し遂げた。彼はスポーツ全体に、きわめて現実的なやり方で大変革をもたらしたのだ。勝利のあとでさえ、風変わりなやり方で跳ぶ彼は一匹狼で、まわりは傍観するだけだろうと思われていた。しかし、一九七八年以降に世界記録をつくったのは背面跳びの選手だけだったし、一九八〇年になると、オリンピックで決勝に進出した一六人のうち、一三人は背面跳びになった。背面跳びは、現代でもハイジャンプの跳び方の主流でありつづけている。これと比べると、ストラドルは古くさくて不格好に見える。どうして誰も、もっと早く変えようと考えなかったのだろうか？

当然ながら、振り返って見ればすべては明白に思える。しかし、今なら明白に思えることが、当時は革新的で前代未聞だった。誰も、うしろ向きで跳べるなど思ってもいなかった。ばかばかしく思えたのだ。では、フォスベリーはどうだったのか？ 彼は特に才能のあるジャンパーではなかった。コーチのバーニー・ワグナーが言うように、「ディックより高く跳べる円盤投げの選手がいた」のであり、重要なのは彼のアプローチなのだ。実際、フォスベリーの記録は、ハビエル・ソトマイオルの八フィート（二・四五メートル）という現在の記録と比べると見劣りがするし、彼の記録は上位二〇位にも入らない。しかし、ハイジャンプという競技をがらりと変えた。

私たちは、想像力のおかげで現実とは逆の状態を見ることができる。実際には生きている人を死んでいると考えたり、うしろ向きという前向きな跳び方を考えたり、鋏の箱をただの紙の箱と考えられるのだ。確かな証拠がなくても想像力で、あるものとして考えられる。では、細部まですべてが目の前にあるとき、どのように配置すればいいのだろうか？ どうすれば、どれが重要だとわかるのだろうか？ 単純な論理で途中までは到達できるのは確かだ

が、それだけではだめだ。ひと息ついて考える空間がなくては無理なのだ。

　創造性への抵抗がある私たちは、レストレイド型の人間だ。しかしありがたいことに、内なるホームズもそう遠くない場所に存在している。私たちの〈潜在的バイアス〉は強力かもしれないが不変ではないし、私たちの考えに大きく影響させる必要もない。

　上の図を見てほしい。

　図の四つの点をひと筆で、かつ線が交差しないように、三つの直線で結んでみてほしい。始めた場所と終わりの場所は同じになること。与えられた時間は三分だ。

　終わっただろうか？　終わらなくても心配しなくていい。できない人は大勢いる。実際、被験者の七八パーセントができなかった。できた人は、どのぐらいの時間がかかっただろうか？

　では、まだ問題が解けていなかったとして、あなたが問題に取り組んでいるときにあなたの視線の先で電球が点灯したとしたら、どうだろう。実はこの場合、解ける可能性が高くなるのだ。解けた被験者はもとの状況（あなたが先ほどいたような状況）では二二パーセントだったのに対して、電球を見た被験者では四四パーセントになった――さらに、より速く解けるようになった。電球というものは頭の中にある洞察と関係する概念を活性化し、脳は通常より創造的なやり方で考えるように刺激される。〈プライミング〉の一例だ。私たちは電球と創造性と洞察を結びつけているため、電球がついたのを見ると、より粘り強く難しい問題に取り組み、創造的で非直線的なやり方で考える可能性が高まるのだ。脳という屋根裏部屋で「電球がつく（ひらめく）瞬間」や「洞察」、「わかった《ユリーカ》」などのアイデアの隣に蓄えられた概念すべてが活性化され、その後この活性化が私たちのアプローチをより創造的にする手助けになるのだ。

　ところで、先ほどの問題の解答は上のようになる。

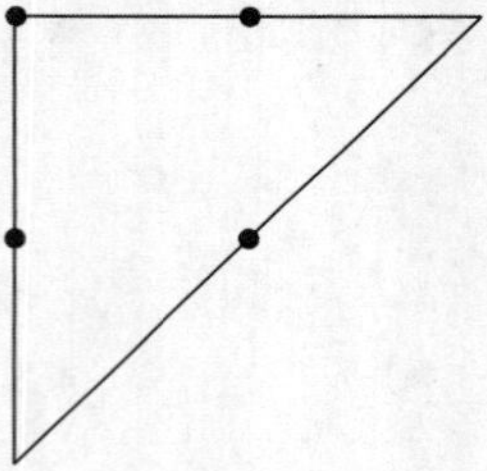

私たちの自然な〈マインドセット〉は足手まといになっているかもしれないが、実は単純な先行刺激《プライム》だけでまったく異なる方向へ向けることができる。電球でしか起こらないわけではなく、壁に掛けた美術品でも効き目がある。青い色でも、有名な創造的思想家の写真でも、幸せそうな顔でも、楽しい音楽でもいい（実のところ、前向きなものすべてがきっかけになる）。植物や花、自然の風景もそうだ。これらすべてが、私たちが気づいていてもい

なくても、私たちの創造性を高める傾向がある。喜ばしいことだ。

刺激が何であっても、脳がそのアイデアを考えはじめるとすぐ、あなたはそのアイデアを体現するようになる。白衣を着ただけで科学用語で考えるようになり、問題解決がうまくなることを示した研究さえある。おそらく、白衣が研究者やドクターという概念を活性化し、それらの人々と関係する特徴を取り込みはじめるのだ。

しかし、壁にアインシュタインとジョブズの写真がかかった青い部屋で電球をつけ、白衣を着て楽しい音楽を聴きながら美しいバラに水をやることができない場合、ホームズのような想像的思考能力を得るためにはどうすればいいのだろうか？

距離の重要性

想像的思考をうながし、決してレストレイドのように証拠から結論へとまっすぐ進まないようにする最も重要な方法のひとつは、あらゆる意味において距離をとることだ。ホームズとワトスンの協力関係のかなり後期に起こった「ブルース＝パーティントンの設計書」事件で、ワトスンは次のように語っている。

シャーロック・ホームズのもっとも顕著な特徴のひとつは、これ以上仕事をつづけても意味がないと気がつくと、脳の活動を停止させて、これをほかの軽い思考に切りかえる能力があることだ。忘れられないあの日、ホームズは、かねてから手がけていたラサスの多声聖歌曲《モテット》の小論文の完成に没頭していた。私は、もちろんそんな心の余裕などあろうはずもなく、この一日が、いつ果てるとも知れないほど長く感じられた。

脳を強制的に一歩下がらせるのは、難しいことだ。解決したい問題から遠ざかるのは、直観に反しているように思える。しかし実は、ホームズにとっても深く考える人にとっても、この特徴はそれほど驚くべきことではない。これはワトスンにとっては驚くべきことであり（彼もこの技術をもたないことを自分で認めている）、ホームズが成功するのにワトスンがしばしば失敗する理由をうまく説明できる。

心理学者のヤーコフ・トロープ（ニューヨーク大学心理学教授）は、心理的距離をとることは思考と意思決定を向上させるために踏むべき重要段階のひとつかもしれないと主張している。距離は多くの形をとって現れる。時間的距離（未来と過去のどちらも）、空間的距離（何かから物理的に近いか遠いか）、社会的距離（ほかの人がどう見るか）、そして仮説的距離、つまり現実からの距離（どのように起こりえたか）だ。しかしどんな形であっても、これらのすべての距離には共通点があり、どれもが頭の中にある今現在の瞬間を超越することを要求している。つまり、あなたに一歩下がることを求めているのだ。

トロープの仮説によると、私たちが遠くに離れれば離れるほど、ものの見方と解釈がより一般的かつ抽象的になる。つまり、自分のものの見方から離れれば離れるほど、より広い状況を考えることができるようになるのだ。逆に、私たちが再び近づくと、思考はより具体的に、より特定的に、より現実的になる。そして、自己中心的《エゴセントリック》な見方の近くにとどまっていればいるほど、私たちの目に映る像は狭く限定的になる。私たちのこの解釈レベルは、次に、どのように状況を評価するか、そして最終的にどのように状況と接するかに影響を与える。決断と問題解決能力にも影響する。また、脳の神経レベルにおける情報の処理方法を変更しさえする（具体的には、前頭前野と側頭葉内側部にはたらきかける。これについては後述する）。

基本的に、心理的距離はある重要なことを達成する。〈ホームズ・システム〉を動かすのだ。そして、静かな内省を行わせる。距離をとることで、実際の問題解決から自己コントロールの能力にいたるまで、認知能力が向上することが証明されている。心理的距離をとるテクニック（たとえば、マシュマロをふわふわした雲だと思い描くような、次のセクションで詳しく述べるテクニック）を使う子供は、満足をあとにとっておいてより大きくかえってくるまで待つ能力が高い。一歩下がって、より一般的な観点から状況を想像するように言われた成人は、よりよい判断と評価をし、自己評価がより高く、情動的反応性はより低くなる。典型的な問題解決シナリオに心理的距離をおくテクニックを用いる人は、心理的距離の近い人たちより頭角を現す。そして、政治的問題に距離をおく考え方をする人は、古びない評価を下す傾向がある。

大きくて複雑なジグソーパズルをすることを考えてみればいい。箱をなくしてしまったので、自分がどんな絵を組み立てているのか正確にわからないし、長い年月のうちに似ているパズルのピースが紛れ込んでしまってどのピースを使うべきかもわからない。パズルを完成させるには、まずは絵を全体としてとらえなければならない。角や端、色やパターンがはっきりしている一部のピースは、すぐにどこにはまるかわかる。そしていつの間にか、パズルの完成図と残りのピースの場所がはっきりわかるようになっている。しかし、ピースを適切な位置に並べ、どう進めるかを見極め、頭の中で完成した絵のイメージを描くことに時間をかけなければ、決してパズルを完成できない。個々のピースを手当たり次第に組み立てようとすると大変な時間がかかり、不必要なフラストレーションが引き起こされ、おそらく完成できないだろう。

学ぶ必要があるのは、個別のピースという具体的なものと（細部と色、それらが示唆していること）、より広義の全体像（全体としての絵を伝える総合的印象）という二つの要素が一緒になって、パズルの完成を手助けしてくれるということだ。念入りな観察ですでに組み合わされているピースを、どうすれば全体に組み立てられるかは、想像力という距離があってはじめて理解できる。これは時間的、空間的、社会的、仮説的というトロープの距離の、どの形でもいい。しかし、距離は絶対に必要なのだ。

幼いときの私は、イエスかノーで解いていくなぞなぞが大好きだった。ひとりが簡単ななぞなぞを出し（お気に入りのひとつは、『ジョーとマンディが死んで床に横たわっています。

彼らのまわりには割れたガラスと水たまり、野球のボールがあります。さて、何が起こったのでしょう？』）、残りの子供たちが、イエスかノーで答えられる質問をして、解いていくものだ。私は何時間もこの遊びができて、運の悪い友達をむりやり付き合わせていた。

そのころの私は、なぞなぞは単なる楽しいひまつぶしではなく、探偵の能力を試すものだと考えていた――好きだった理由の一部は、自分には能力があると感じられたからだ。今になって初めて、答えがイエスかノーしかない質問方法がきわめて巧妙だったと理解できる。このやり方は、そうしたいと思わなくても観察と推論を分離させる。ある意味、このなぞなぞには解決にいたるための指針が埋め込まれているのだ。何度も質問をすることで、想像力がそれまでにわかったことを少しずつ統合し、つくり直していく。突進するわけにはいかない。観察して学び、可能性を考える時間をとり、あらゆる角度から見て、適切な文脈の中に要素を配置し、初めのころの自分の結論は間違っていたのではないかと考えるのだ。イエスかノーの質問だけのなぞなぞは、想像的距離を強制する。ジョーとマンディの問題の解決策は、彼らが金魚だということ。野球のボールが窓を抜けて飛んできて、金魚鉢を割ったというわけだ。

しかし、このようにヒントが備わっていないとき、どうすれば距離をとれるのだろうか？どうすれば距離をとれない〈ワトスン・システム〉に抵抗し、どうすればホームズのように、いつどのように脳を休ませて気軽なことを考えればいいのかわかるようになるのだろうか？意外かもしれないが創造性や想像力のように生まれつきと思えることでさえ、「もっているるか、いないかのどちらか」という二者択一を打破して、数段階に分解して考えることができるのだ。

無関係な活動を通じて距離をとる

正典に登場する「パイプ三服の問題」とは何だろうか？　心理学文献の一般的な問題のリストに載っていないことは確かだ。しかし、そろそろ載せられるようになってもおかしくない。

ホームズは〔赤毛連盟〕で、一見すると合理的な解決策がない奇妙な謎に出会う。いったいどうして、髪の色で人を選び、たいした仕事もせず部屋にとじこもっているだけの者に給料を払ったりするのか？　燃えるような赤毛のミスター・ウィルソンが話をして帰ったあと、ホームズはワトスンに、事件は早く解決しなければならないと言う。どう解決するのかを知りたくてたまらないワトスンは、「これから、どうするつもりだ？」と聞く。ホームズの返事は、ちょっとした驚きだっただろう。

「煙草だ……（中略）この問題を解くには、パイプ三服くらいは時間がかかるだろう。

五〇分ほど、ぼくに話しかけずにいてくれないか」彼は椅子の中にうずくまり、やせた膝を、とがった鼻の先までもちあげ、黒いクレイ・パイプを怪鳥のくちばしのように口から突き出して、目を閉じた。そのうち、ホームズは眠りこんだように見えたので、私も居眠りをはじめた。すると、とつぜん彼は何か決心したように椅子から立ち上がり、パイプをマントルピースの上においた。

パイプ三服の問題とは、問題を直接考えるのではなく別のこと（パイプを吸う）をしながら、パイプ三服分の時間、静かに集中することが必要な問題ということだ。問題には、パイプ一服分の小さなものから、最大回数（気分が悪くなってすべてが無駄になる限度）が必要なものまであると考えられる。

もちろん、ホームズの返事には言葉以上のことが含まれている。彼にとって、パイプは目的のための手段——多くのうちのひとつ——にすぎない。彼自身と問題のあいだに心理的距離をつくりだすための手近な手段であり、これによって観察したことを（この場合、訪問者の話と外見から得たことを）頭脳に浸透させ、実際にとるべき次の手段を知るため、くつろいだ状態で脳という屋根裏部屋にあるすべての事柄と混ぜ合わせるのだ。ワトスンなら、質問でわかるように、すぐに何かをしようとするだろう。しかしホームズは、彼と問題のあいだにパイプを置く。邪魔されずに仕事をする時間を想像力に与えるのだ。

パイプは目的のための手段だが、同時に大切な物理的手段でもある。ここで重要なのは、実際の物体と実際の行動に取り組んでいることだ。行動を変え、一見して問題とは無関係なことをすることは、想像力をはたらかせるために必要な距離をつくりだす大きな手助けとなる要素のひとつなのだ。実際のところ、これはホームズがしばしば用いる効果のある方策だ。彼はパイプも吸うが、ヴァイオリンを弾いたり、オペラを見に出かけたり、音楽を聴いたりもする。これらが、彼好みの距離をとる方法だ。

行動がなんであるかは、その物理的性質や考えを違う方向に向ける力ほどは重要でない。必要とするのは、いくつかの特徴だ。まず、達成しようとしている目的とは無関係であること（犯罪を解決するのなら、別の犯罪を解決しようとしてはいけない。大切な買い物について決めようとしているなら、別のものを買いに行ったりしてはいけない）。そして、あなたがそれほど努力しなくていいこと（新しい技術を学ぼうとすると、脳がいっぱいになるため、屋根裏部屋を引っかき回すのに必要な資源《リソース》を自由にできない。ホームズがつまびいたヴァイオリンは、あなたが彼のような名演奏家でないかぎり、必要はない）。また、あるレベルまであなたを引きこむものであること（もしホームズがパイプでの喫煙を嫌っていたら、パイプ三服から得るものはほとんどなかっただろう。また同様に、パイプを退屈だと思っていたら、彼の頭脳はどのようなレベルにおいても本当には考えられないほど鈍くなっていたかもしれない。あるいは、ワトスンを悩ましているように、自分を切り離すことができないかもしれない）。

私たちは頭を切り換えるとき、解決しようとしている問題を意識的脳から無意識的脳へと移動させる。私たちが何か別のことをしていると思っているときも――〈注意ネットワーク〉は実際に何か別のことにとりかかるが――脳はその間、もともとの問題を検討しつづけている。私たちは屋根裏部屋を離れてパイプを吸ったりソナタを演奏したりしているが、準備領域は忙しく働いてさまざまな項目を引っ張り出したり、さまざまな組み合わせをつくったり、さまざまなアプローチを評価しているのだ。

ワトスンが事件とのあいだに距離をとれない原因は、おそらく適切に気をそらしてくれて、しかものめりこんでしまうようなことのない行動を見つけていないからだろう。ワトスンはいくつかの場面で読書を試している。これは課題として難しすぎた。読書に集中できなくて行動のそもそもの意図を見失っただけでなく、考えないはずのことに考えが行ってしまうのを止められなかった。だがホームズには、読書は距離をとるために適切な方法だ。何しろ、『ラサスの多声聖歌曲《モテット》』の論文を書くのだから。別の場面では、ワトスンは座って瞑想を試した。だが彼自身が言うようにあまりにも退屈で、すぐに居眠りしそうになっている。

どちらの場合でも、距離をとることはできなかった。脳はただ、するはずのことをまったくしないだけだった。つまり、現在の環境から切り離して、〈注意拡散ネットワーク〉（脳が休んでいるときに活動する初期設定《デフォルト》ネットワークと同じもの）で取り扱うことをしなかったのだ。これは、ひとつ前の章で扱った注意散漫《ディストラクション》の問題とは正反対だ。ワトスンは充分に注意をそらすことができないのだ。彼がすべきことは、事件から彼自身の気持ちをそらすことなのに、事件が逆に選択した注意拡散行動から気持ちをそらしたため、集中した考えからも、拡散した注意からも恩恵を得ることができなかった。注意散漫は必ずしも悪いことではない。問題はそのタイミングとタイプだ。ここで、おもしろい事実をひとつ。私たちは、疲れているときや酩酊しているときのほうが、問題の本質を見ぬき解決しやすい。その理由は、私たちの実行機能が抑制されているため、通常は気が散るものとみなされる情報が入り込むからだ。このため、遠隔性の連想をしやすくなる。ひとつ前の章は〈マインドレス〉な注意散漫についてだった。ここでの注意散漫は、それとは反対の〈マインドフル〉なものだ。

しかし、これがはたらくためには、パイプやヴァイオリン、オペラあるいはまったく別のことであれ、正しい行動を選ぶことが不可欠だ。充分に関わることができ、適切に注意を転換してくれる行動だ。そしてさらに、裏で内省ができないほど圧倒的であってはいけない。あなたのやり方が見つかったら、「パイプ三服」や「運動二回」、「博物館行き一回」など、好きなように名づけたらいい。

実に単純なものだが、まるでこのためにあるような行動がひとつある。散歩だ。ホームズが「ライオンのたてがみ」（『シャーロック・ホームズの事件簿』所収）で洞察を得たのは、まさに散歩をしていたときだった。散歩は、創造的思考と問題解決意欲を繰り返し刺激することが証明されている。特に、都市化された環境ではなく、森などの自然環境の中で散歩したときほど効果がある（だがどちらの環境でもしないよりするほうが良く、街路樹のある道路の散歩でも助けになる）。散歩のあとには、問題解決がよりうまくなる。難しい課題に対して粘り強くなり、洞察力のある解決策を得る可能性が高くなる（前に出した四点をつなぐ問題ができるようになるなど)。木々や空を見ながら歩くだけなのに。

実際のところ、自然に囲まれることで満足感が高まる傾向がある。そして、そういう感情は問題解決と創造的思考をうながし、脳における注意と認知制御メカニズムを、よりホームズ的な想像力で取り組むようなやり方に調節してくれる。ワトスンのようにプレッシャーが強すぎて、何か別のことを考えはじめることさえできないときは、散歩せずに自然の風景写真を携帯電話の画面で見るだけでもいい。理想的とはいえないが、いざというときには役立つかもしれない。

シャワーも同じように想像的思考と関連していることが多く、ホームズのパイプや公園での散歩と同じように、距離のとり方を手助けする。しかし、かなりの時間シャワーを浴びることになる。パイプ三服の問題に匹敵するには、ずいぶん長いシャワーになるだろう。そのような場合には、散歩のほうが好ましい解決策かもしれない。ホームズのヴァイオリンやオペラのように音楽を聴くことも、視覚的なイリュージョンや抽象画のように視覚を刺激する行動も同じだ。

このすべてにおいて、〈注意拡散ネットワーク〉の機能が可能となる。実行機能の抑制がきくようになるにつれて、このネットワークが私たちが気にしていることを支配するようになる。言うならば、それが何であっても次に来るもののための準備を整えるのだ。そして、その事例の手助けになるかもしれない遠隔性の連想を把握し、無関係な記憶や思考、体験を活性化させ、統合する必要のある要素を統合する可能性を高くしてくれる。はたらくための空間と時間を与えさえすれば、無意識の処理は強力なツールなのだ。

〝複合遠隔連想〟と呼ばれる、古典的な問題解決パラダイムについて考えてみよう。次の単語を見てほしい。

クラブ（蟹）　パイン（松）　ソース

では、それぞれに加えると複合語、あるいは二語の語句になる単語をひとつ考えてみよう。考えるのにどのぐらいの時間がかかっただろうか？　そして、どうやって解答にたどり着いただろうか？

この問題を解くには二つの方法がある。ひとつは洞察力から、つまり数秒探してから正しい単語を見つける方法。もうひとつは分析的アプローチ、つまり適切な単語が見つかるまでひとつひとつ試していく方法だ。正解の単語はアップルだ（クラブアップル（野生リンゴ）、パイナップル、アップルソース）。この解答には、答えを直接考えても、可能性のある単語のリストを検討していっても到達できる（ケーキはクラブにはいいがパインにはだめだ、草《グラス》もやはり同じだ、というふうに）。前者は、屋根裏部屋の反対の隅にある項目からそれぞれを引き出して、三分の一ずつ関係があるが同時に関係がないもの、見ればすぐにそれとわかるものを形づくる。後者は、屋根裏部屋をゆっくり苦労しながら探し回って箱を手に取り、正しいものが見つかるまで合わないものをひとつひとつ捨てていく。

想像力がなければ、ワトスンがするような後者のあまりぱっとしない手段から離れられない。そして、ワトスンは言葉の連想のようなパズルなら最終的には正しい答えにたどり着けるかもしれないが、現実の世界ではこの三つの単語のように要素がきちんと目の前に並べられていないのだから、成功する保証はどこにもない。彼は洞察力に必要な脳の空間をつくらなかった。彼にはどの要素が組み合わされるべきなのか、まったくわからない。言い換えるなら、彼には問題の見当がまったくつかないのだ。

言葉の連想や建築業者の事件などのように、問題に取り組むときのワトスンの脳はホームズの脳とは異なっている。もしワトスンが自分自身で正しい答えにたどり着いていたとしたら、一見したところではその違いはわからないかもしれない。断層写真を見ると、ホームズの脳もワトスンの脳も、約〇・三秒という本人が気づかないような速さで解決策にたどり着く。具体的に言えば、右前側頭葉（右耳のすぐ上の複雑な認知処理に関わる領域）の活動が活発になり、右前上側頭回（特定の感情を伝える言葉のリズムとイントネーションである情動的韻律の理解と、複雑な言語の理解において異なる情報を統合することに関連する領域）が活性化される。

しかしおそらく、ワトスンは解決にたどり着けないだろう。私たちには、彼が気づくずっと前に失敗する運命にあることがわかる。彼がパズルと格闘しているときにその脳の二つの領域の神経活動を見ることで、彼が正しい方向に向かっているかどうかを予測することができるのだ。その二つの領域とは、語彙と語義の情報処理に関わっている左右の側頭葉と、注意転換と不統一かつ矛盾する行動の発見に関わっている、前帯状回を含む中前頭葉だ。後者における活性化は、非常に不可解な問題への洞察を得ることができる「処理」を意味しているため、特に興味深い。前帯状回はおそらく、脳からの異なる信号を見つけるために待機している。私たちが送っていることに気づかない弱い信号さえ見つけ出し、可能性のある解決策を手に入れるためにそれらの信号に注意を向け、すでに存在しているが、ひとつのまとまりとして統合し処理するためには少しばかり助けが必要な情報を言わば増幅している。ワトスンの脳では、ここはあまり働いていないだろう。しかし、ホームズの脳ではまったく違う。

実際の話、もしワトスンの脳とホームズの脳を単純に比較できたなら、達成すべき目標がなくてもホームズは洞察を得やすいことを自ずと示すしるしが見つかるだろう——ワトスンにはそれがないことも。具体的に言うと、ホームズの脳は語彙と語義処理に関係する右半球がワトスン的な平均的脳より活発で、視覚系でより広く拡散した活性化が見られることが発見できるだろう。

このような違いには、どんな意味があるのだろうか？　右半球は、洞察の瞬間に一緒にもたらされることの多い、ゆるやかな、あるいは遠隔性連想の処理により深く関わっている。一方の左半球は、より緊密で明確な関連に集中する傾向がある。おそらく、洞察にともなう特定のパターンが脳に処理するように信号を送り、つねに連想を処理する準備ができている脳は、最初はまったく連想とは見えないものでもそう処理をするのだ。言い換えると、一見して無関係に見えるもののあいだの関連を見つけられる脳は、アイデアと印象の広範囲なネットワークにアクセスし、かすかな関連でさえ見つけ出す。そしてこのかすかな関連は、重要であった場合には、その重要性がわかるように増幅される。洞察はどこからともなく現れるように思われるかもしれないが、実際には屋根裏部屋と、あなたが忙しくほかのことをしているときに行われている処理から生じているのだ。

パイプやヴァイオリン、散歩、コンサート、シャワーなどのすべては、距離をとるための好ましい候補としての評価基準を満たしているだけでなく、そのほかにも共通していることがある。これらは頭脳をリラックスさせるのだ。プレッシャーを除いてくれる。無関係であり、あまり努力がいらないが、ある程度の努力がいるという、述べてきたすべての特徴は、基本的に神経をリラックスさせるために適切な環境も提供してくれるのだ。問題に取り組まなければいけないのなら、リラックスできない。だからこそ、無関係でなければならない。努力がいると思っているなら、やはりリラックスできない。また逆に、あまりにも楽だと刺激されないし、リラックスしすぎて寝てしまうことになる。

問題から離れている時間で何の結論にもいたらず、何の視点も得られなかったとしても、元気を回復して、もっと努力する準備をして再び問題に戻れるだろう。一九二七年、ソヴィエト（当時）のゲシュタルト心理学者ブリューマ・ゼイガルニク（一九〇一〜八八）が、おかしなことに気づいた。ウィーンのレストランのウェイターたちは、進行中のオーダーだけしか覚えられないのだ。オーダーが伝えられて出されてしまうと、記憶から消え去ってしまうようだった。そこで彼女は、優秀な心理学者らしく、研究室に戻ってある研究を計画した。成人と子供の集団に一八から二二の課題（粘土像をつくるような物理的課題と、パズルを解くような知的課題の両方）を与えるが、課題の半分は中断されるため完成できないというものだ。終わったとき、被験者は完成した課題より中断された課題のほうをずっとよく覚えていた――実際は二倍以上も。

ゼイガルニクは、これを連載小説やテレビドラマによくある〝宙吊りのままの中断《クリフハンガー・エンディング》〟と同種の緊張状態の結果だとみなした。脳は次に来るものを知りたがっている。終わらせたがっている。働きつづけたいと思っている――止めろと命じても働きつづける。ほかの課題がすべて終わっても、無意識のうちに完了しなかったものを思い出しているのだ。これは以前にも出てきた〈完結欲求〉と同じで、不確実な状態を終わらせ、未完成の仕事に決着をつけたいという脳の願望だ。この欲求は、もっと頑張って働いて完成させようという動機を与える。そして、すでによく知っているように、動機付けされた脳はより強力になるのだ。

物理的な距離をおく

では、これまでに提案したすべての選択肢を知っていても、あなたがワトスンのように、ほかのことを考えられる別の行動を思いつかなかったとしたら、どうすればいいだろう？幸いなことに、行動の変化ではなくても距離はとれる（行動はたまたまやさしい方法のひとつではあるが）。心理的距離を生むもうひとつの方法は、文字どおりに距離をとることだ。物理的にほかの地点へと移動するのだ。ワトスンにとっては、座って同居人を眺める代わりに、立ち上がってベイカー街から出かけていくことを意味する。ホームズなら頭の中で場所を変えることができるだろうが、彼ほどではない人間には実際の物理的変化は手助けになる——偉大な探偵にとってさえ、想像によるインスピレーションが訪れないときの助けになる。『恐怖の谷』で、ホームズはもっぱら思索にふけっていた宿を出て、ひと晩捜査中の犯罪現場で過ごすと言い出す。

「ひとりでひと晩だって？」ワトスンは大声で叫ぶ。確かに、何よりぞっとするようなことだ。ホームズは取り合わない。実際に非常に役に立つ可能性があるのだ。「まもなく行ってみるつもりだ。このことは、あの敬愛すべきエイムズと、すでに話がついているんだ。彼はバーカーを決してこころよく思っていないようだ。あの部屋に腰をおろして、その雰囲気から霊感を引き出せるかどうかたしかめてみたい。ぼくは、その土地土地の守護神というものを信じているのでね。きみは笑っているが、ワトスン、まあいいさ、いまにわかるよ」そう言って、ホームズは出かけていく。

ホームズはインスピレーションを得たのだろうか？　得られた。翌朝には、謎への答えを手にしていた。なぜ可能だったのか？　地霊が、ホームズが望んでいたインスピレーションを本当に与えてくれたとでもいうのだろうか？

実はそうかもしれない。場所は可能なかぎり最も直接的な方法で思考に作用する——肉体的な影響さえ及ぼす。これは心理学で最も有名な実験のひとつ、パブロフの犬にまでさかのぼる。イワン・パブロフは、肉体的な刺激が実際の報酬に対するのと同じ反応を最終的に引き出すことを証明したかった（この場合には音だが、見えるものや匂い、場所でもいい）。そこで彼は、ベルを鳴らしてから犬に餌をやった。餌が見えると、当たり前のことだが、犬はよだれを出す。しかしすぐに、犬は餌が見えたり匂ってくる前に、ベルだけでよだれを出すようになった。ベルが餌への期待という引き金を引き、それが肉体的反応を引き起こしたのだ。

私たちは、このタイプの関連付け学習は、犬とベルと肉だけではないことを知っている。人間はこのようなパターンを当然のようにつくりあげる傾向があり、やがてはベルといったどうということのないものが、私たちの脳の中で予測可能な反応を引き起こすことになる。たとえば診察室に入ったとき、その匂いだけでも不安の引き金を引く可能性がある。痛いことがあるかもしれないと知っているからではなく（書類を出しに来ただけかもしれない）、その環境と医院を訪れる不安を関連させることを学習していたからだ。

関連付け学習の力はあらゆるところで見られる。たとえば、私たちは初めて資料と接した場所でのほうが、その資料のことをよく思い出せるのだ。学生が、自分が勉強をした部屋でテストを受けた場合、新しい環境で同じテストを受けたときより成績がいいという傾向がある。そして、その逆もまた正しい。特定の場所が欲求不満や退屈、いらいらと結びついているなら、その場所は勉強に適した選択肢ではない。

すべてのレベルで、物理的場所も神経上の場所も記憶と関連付けられる。場所はそこで起こった行動のタイプと関連付けられる傾向があり、そのパターンをこわすのは驚くほど難しい。たとえば、ベッドでテレビを見ることで、眠りに入るのが難しくなる可能性がある（テレビを見ているうちに寝てしまうなら別だが）。一日じゅう同じ机に座っていると、考えが行き詰まったときに考えを変えにくくなるということがあるかもしれない。

場所と思考のあいだにつながりがあることは、非常に多くの人が自宅では働けず、特定のオフィスへ行く必要がある理由を説明している。自宅で働くことに慣れていない人たちは、家にいるとさまざまなことに気を散らされてしまうのだ。これらの精神的関連性は、物事——仕事に関連すること——を成し遂げる助けにはならない。またこれは、散歩がきわめて効果的な理由を説明している好例でもある。風景が変わりつづけているとき、非生産的な思考パターンに陥りにくくなるのだ。

場所は思考に作用する。言うならば、場所の変化が違う考え方へのきっかけになるのだ。深く染み込んだ関連を消して私たちを解放し、新しい関係をつくったり、以前には抱かなかった考え方や思考経路を探求できるようにする。想像力はいつもの場所に閉じ込められているかもしれないが、学習した制約から離してやれば、解放されるのだ。私たちを縛りつける作用のある記憶や、神経連絡などなくなる。そこには、想像力と物理的距離のあいだの隠れたつながりがある。物理的視点の変化が可能にする最も重要なことは、精神的視点での変化をうながすことだ。ホームズはワトスンと違って、精神的距離を活用するために、むりやり手を引かれてベイカー街から連れ出される必要はないが、それでもこの特性から恩恵を受けている。

もう一度、殺人が起こった部屋で夜ひとりで過ごすという、『恐怖の谷』でのホームズの奇妙な行動に戻ろう。場所と記憶、想像的距離のあいだのつながりを考慮すると、ホームズが場所に宿る霊を信じていることは、それほど奇妙なことには思えなくなる。ホームズは実際に現場で起こったことを再構成できると思っていたわけではなく、まさに私たちが議論していたことを当てにしていたのだ。彼が望んでいたのは、文字どおり場所を変えて視点の変化をうながすことだった。この例では、犯罪現場という特定の場所に行き、犯罪に関係している人々という特定の視点を得ることだ。こうすることで、彼自身の体験や記憶、関連ではなく、犯罪に関係している人々のそれをたどるように、想像力を解放したのだ。犯罪現場の部屋がきっかけとなった連想は何だったのだろうか？　何がインスピレーションを与えたのだろうか？

ホームズは、登場人物の〈マインドセット〉に入り込む必要と、すべての要素がどこかで間違った方向に行きかねないという困難さの両方を認識している。となると、犯罪のあった部屋で夜ひとりで過ごすのは、すべての邪魔になる情報を排除して、もともとの登場人物がもっているであろう、最も基本的な特質に集中する最高の方法だ。もちろんホームズは、彼の観察と想像の技術すべてをその場所で駆使する必要がある。しかしその場にいる彼は、犯罪現場にいた全員が体験した情景と要素を利用することができる。そして彼は、ずっと確固とした足場から進むことができるのだ。

実際、この部屋で彼は初めて一個のダンベルに気づき、なくなった片方が事件に関係しているに違いないとすぐに推測し、そのダンベルが落とされる可能性のある唯一の窓の外にあると推理した。ホームズが部屋から出てきたとき、彼の推理は当初のものから変わっていた。それまで部屋にいたあいだに、彼は疑惑のある登場人物の〈マインドセット〉に入り込み、それまでぼんやりしていた要素を解明していた。

この意味でホームズは、私たちが探ってきたのと同じ文脈依存記憶の原理に訴え、文脈《コンテクスト》を利用して視点の取得と想像力をうながしたのだ。問題となっている犯罪をおかしている、あるいはおかしたばかりの人物は、その部屋でその時間に何をして何を考えた可能性が高いだろうか、と想像したわけだ。

しかし、物理的な変化と距離がなければ、ホームズでさえ想像力が低調だと思ったかもしれない。実のところ彼は、その晩より以前には実際の出来事を可能性のひとつとして思い描けていないのだ。私たちは、単に相手との相互関係を考えるのではなく、もっと基本的で幅広い見方に立って、他人の観点から世界を見るようには訓練されていない。ほかの人の状況の解釈は、どう私たちと違うのだろうか？　ある特定の状況で、その人はどう行動するのだろうか？　あるインプットがあったとき、その人はどう考えるのか？　こういったことなど、私たちはめったに自問しないのだ。

実際、他人の観点を現実に取り入れることにあまりにも慣れていないため、はっきりそう求められたとしても、自己中心の地点から出発してしまう。しかしある一連の調査で、人間は他人の視点を取り入れるとき自分の視点を調整するだけにすぎないということを研究者が発見した。視点の方向ではなく、度合いを調整するだけなのだ。私たちは自分たちの視点を基準点としてはじめ、それから観点を完全に変えるのではなく、ある方向に少し向けただけでよしとする。また、充分だと思えるところまで達すると、考えるのをやめて、問題は解決したとみなす。要求された観点は、ちゃんと捉えたと考えるのだ。この傾向は、満足化《サティスファイシング》として知られている。これは充足《サファイシング》と満足させる《サティスファイイング》を混ぜたもので、与えられた問題に対して、自己中心的《エゴセントリック》な立場での妥当な解答へそれてしまう〈反応バイアス〉だ。私たちは満足できる答えを見つけるとすぐ、ほかの答えを探すことをやめてしまう。その答えが理想的かどうか、真実に少しでも近いかどうかにかかわらず、満足してしまうのだ。たとえば、オンラインでの行動についての最近の研究では、利用者のウェブサイトへの評価は個人個人がすでにもっている好みに大きく影響されており、検討するサイトの数を減らしたり、オンライン・サーチを終了する基準としてその好みが採用されている。その結果、利用者は新しい情報源としての可能性を評価するために時間をかけたりせず、すでに知っているサイトを訪れる。また、決定するために実際にサイトを訪れるのではなく、サーチ・エンジンの検索結果一覧に集中することを選択する。満足化において〈自己中心的バイアス〉がかかる傾向は、探求過程の初期にもっともらしい答えが提示されたときに特に強くなる。本当はまったくそうではないときでさえ、仕事は完成したと思ってしまうのだ。

物理的な位置という意味での視点の変化は、そのまま〈マインドフルネス〉を強いる。世界を再考し、違う角度から物事を見るように強制する。そして、この視点の変化が、難しい決定をしやすくしたり、それまでなかった場所に創造性を生み出すきっかけになったりする。

ノーマン・メイヤー（一九〇〇～七七、実験心理学者）が一九三一年に考案した、有名な問題解決実験のことを考えてみよう。参加者は天井から二本の紐が垂れ下がっている部屋に入れられる。するべき課題は二本の紐を結び合わせることだ。しかし、一本を握ってもう一本のところまで持っていくのは不可能だ。部屋の中にある棒や延長用の紐、ペンチなどの品物を使ってもいい。あなたならどうするだろう？

ほとんどの参加者は棒と延長用の紐と格闘し、一本の紐を握ったままでもう一本に手を伸ばそうとする。非常にやりにくい仕事だ。

では、最もエレガントな解決法は？　ペンチを紐の下に結びつけて振り子として使い、もう一本の紐を持っているあなたの方へ振り、それをつかむ。単純で洞察力があり、手早いやり方だ。

しかし、課題に夢中になっているときに、品物の使い方の変更（ペンチはペンチではなく、紐につけられるおもりだと想像すること）を思い浮かべることのできた参加者はほとんどいなかった。できた人は、ほかの人とは違うことをひとつしていた。一歩下がったのだ。彼らは文字どおり、距離をとって見ていた。彼らは全体を見て、どうすればうまくいくかを考えようとした。自然にできた人もいれば、偶然を装って紐の一本を揺らした実験担当者を見て気づいた人もいた（実験者の行動だけで、参加者は自分でペンチの使い方を考え出した）。しかし、ここでの観点の変化は小さかったとはいえ、観点の変化なしに成功した人はいなかった。つまり、パズルのピースからパズル全体への転換のような、いわゆるトロープの用語でいう具体性（ペンチ）から抽象性（振り子のおもり）への転換が必要だったのだ。物理的視点というきっかけの強力さを、決して過小評価してはいけない。ホームズが「ソア・ブリッジ」（『シャーロック・ホームズの事件簿』所収）で言ったように、「ひとたび見方を変えると、それまで犯罪の証拠と思われていたものが、かえって真相を発見するための手がかりになることがある」ものなのだ。

精神的テクニックで距離をとる

以前にも触れた『バスカヴィル家の犬』の場面に戻ってみよう。モーティマー医師の最初の訪問のあと、ワトスンはベイカー街からクラブに出かける。しかしホームズは、ワトスンが夜の九時近くに戻ってきたときも肘掛け椅子に座ったままだった。一日じゅう座りっぱなしだったのかと、ワトスンが聞く。ホームズは「とんでもない。デヴォンシャーへ行ってきたんだ」と返事をする。ワトスンはあわてず、「魂がかい？」と問いかける。ホームズは「そのとおりだ」と返した。

ホームズが椅子に座っているときに精神が肉体を離れたとは、正確にはいったいどういうことなのか？　彼の脳に何が起こったのか？　そして、彼の思考過程における重要な要素である想像力というこの効果的なツールを、彼が決して手放そうとしないのはなぜなのだろうか？　ホームズの精神的旅には多くの名前があるが、最も一般的なのは瞑想という呼び方だ。「瞑想《メディテーション》」と言ったとき、ほとんどの人が連想するイメージは修道士やヨガ行者など、スピリチュアルに響く言葉だろう。しかしこれは、この言葉の意味のほんの一部にしかすぎない。ホームズは修道士でもヨガ実践者でもないが、瞑想の本質が実際には頭を澄みきった状態にする、精神的な運動だということを理解している。瞑想とは、統合的で観察力があり、〈マインドフル〉な思考に必要な、静かな距離にほかならない。頭の中だけで、あなたと取り組んでいる問題のあいだに時間と空間の両方の距離をつくりだす能力なのだ。よく憶測されるように、何も体験しない方法ということではない。気が散ることがなくて頭が澄んでいるなら——より正確には、気が散ることがなく頭が澄んでおり、気が散ることが浮かんできても（どうしてもそうなる）頭を澄んだ状態に保っていられれば——方向性のある瞑想は特定の目標や目的地（デヴォンシャーのようなところ）に連れていってくれる。

二〇一一年、ウィスコンシン大学の研究者たちが、瞑想の習慣がない人たちに対して次のような指示を与えて調査を行った。参加者は目を閉じてリラックスし、鼻で行う呼吸に集中する。もし何かの考えが浮かんだらそれを受け入れて、静かに注意を息に戻すことで考えをやりすごす。参加者は、この指示にしたがって一五分間過ごした。その後、参加者は二つのグループに分けられた。一方のグループは、五週間にわたって三〇分の瞑想指導セッションを九回受けることになった。もう一方のグループもセッションを受けることはできたが、時期は全実験が終了したあとになった。五週間が過ぎたとき、全員が以前と同じ課題を再び行なった。

各指導セッションでは、研究者が参加者の脳波（EEG）活動——頭皮に沿った電気的活動——を計測し、興味深いことを発見した。一日あたり平均で五分から一六分の訓練と練習という短い訓練期間にもかかわらず、神経レベルで変化を起こすことができたのだ。研究者たちが特に興味をもったのは脳前部の脳波の非対称性で、肯定的感情と関係しているパターンだった（〈マインドフル〉な瞑想テクニックの訓練を七〇時間以上受けたときに現れるものだった）。訓練の前には二つのグループは違いを示さなかったが、研究の終わりには、追加訓練を受けたグループは非対称性が左に移動した。肯定的かつアプローチ指向の感情状態——上昇した創造性と想像的能力にたびたび結びついている状態——のパターンへの移動だった。

これが意味するものは何だろうか？　まず第一に、かなりの時間とエネルギーが求められた瞑想についての過去の研究と異なり、この実験は大きな資源《リソース》を必要としなかったにもかかわらず、神経への顕著な結果を示したこと。さらに、与えられた訓練がきわめて融通のきくものだったこと。参加者は自分たちがいつ指導を受けるか、いつ練習するかを選ぶことができた。そして、最も重要なのは、自発的に受動的な練習をすることが増えたと参加者から報告があったことだ。瞑想とは無関係な環境で、瞑想しようと意識的に決めてさえいないときに、教えられた指示に沿って考えていることに気づいたという。

確かに、一例だけの研究だ。しかし、脳の話はこれだけでは終わらない。以前のある研究が、瞑想訓練は初期設定《デフォルト》ネットワークに影響を与えられると示唆している。初期設定ネットワークとは、すでに説明した〈注意拡散ネットワーク〉であり、これが創造的洞察をうながし、私たちがまったく違うことをしているあいだに脳に遠隔性のつながりを検討させるのだ。定期的に瞑想する人は瞑想しない人たちより、安静状態でネットワークにおける機能的結合の増加を示す。さらに、八週間にわたる瞑想の効果についての研究では、瞑想の経験の浅い参加者のグループ（研究までは瞑想をしていなかった人々）の灰白質密度は、対照群に比べると変化が見られた。密度が増加していたのは、左海馬と後帯状皮質（ＰＣＣ）、側頭頭頂接合部（ＴＰＪ）、小脳で、これらの領域は学習と記憶、情動調整、自己関連付け処理、視点獲得に関係している。海馬とＰＣＣ、ＴＰＪは、協力して神経回路網をつくりあげる。この回路網は、仮説的な未来についての思考を含む自己投影と、視点獲得あるいは他人の観点の想像、つまりは、まさにこれまで検討してきたタイプの距離のとり方の両方を支援している。

瞑想は考える方法のひとつだ。自己強化という好ましい結果にいたる、距離をとる習慣だ。〈マインドフル〉かつ想像的な思考に必要な距離を獲得するために、正しい心理的枠組みをつくりあげる手助けができる、多くの精神的テクニックのうちのひとつのツールだ。言葉からの連想で予想するよりずっと達成しやすく、はるかに多くのことに適用できるものなのだ。レイ・ダリオという人物の例を考えてみよう。ダリオはほぼ毎日瞑想をする。仕事の前にすることもある。オフィスのデスクで、背もたれにもたれかかり、目を閉じて軽く手を握ってするときもある。これで瞑想ができる。「これは精神をすっきりさせる精神的運動だ」と、ダリオは以前《ニューヨーカー》のインタビューで語っている。

ダリオは、瞑想実践者を考えるときにまっさきに浮かぶような人物ではない。修道士でもヨガの熱狂者でも、ニューエイジ信奉者でもないし、心理学研究に興味があるわけでもない。彼は世界最大のヘッジファンドであるブリッジウォーター・アソシエイツの創設者で、無駄にする時間がほとんどなく、やるべきことはいくらでもある。それなのに彼は、最も広い意味で最も古典的な瞑想に、毎日一定の時間を割くことを積極的に選んでいる。

ダリオが瞑想をするのは、頭をはっきりさせるためだ。リラックスしながら、これから何時間も頭を悩ますことになる考えを寄せつけないようにして、その日に備えるのだ。確かに、こんなことをするのは時間の無駄で、まったく生産的には思えないかもしれない。しかし、脳の空間にこの何分間かを与えることで、実際にダリオはより生産的に、より柔軟に、より想像的に、より洞察的になる。要するに、彼がよりよい判断を下す助けをしているのだ。

だが、どんな人にでも効果があるのだろうか？　メンタルな空白状態である瞑想は簡単なことではなく、実際にエネルギーと集中力が必要だ（だからこそ、物理的距離のほうが簡単だ）。ホームズやダリオのような人は大きな効果のある空白状態にすぐに入り込めるだろうが、ワトスンならきっと苦労するはずだ。頭には何もなくても、呼吸だけでは押し寄せてくる考えを押しとどめられないだろう。頭だけに頼らなければならないことより、物理的きっかけで距離をとるほうがずっと簡単だ。

　幸いなことに、少しだけ触れたように、瞑想は空白である必要はない。瞑想をするとき、ほかのすべてのことはしめ出し、実際にはとらえるのが難しい呼吸や感情、身体感覚だけに集中しうる。しかし、視覚化と言われる方法も利用できる。空白に取って代わる、より具体的で利用しやすい明確なイメージを、頭の中に思い浮かべることに集中するのだ。ここで、デヴォンシャーに漂っている『バスカヴィル家の犬』のホームズのところへ戻ろう。彼がしていることも瞑想だし、目的がある。また、空白ではなく、頭の中にイメージがある。どの瞑想とも同じく集中を要求されるが、いくつかの点でよりアプローチしやすい。頭を占拠して割り込みつづける考えを寄せつけず、呼吸の出し入れより力強く多面的なことに注力するという具体的なプランがある。それだけでなく、もしそうだったらどうなのかと考えるという、トロープなら仮説的と呼ぶ距離をとることに集中することができる。

　次のような練習をしてみよう。目を閉じる（もちろん、指示を読み終わってから）。親しい友人や大切なひととの最近のけんかなど、怒りや敵意を感じた状況を考える。その瞬間を頭の中で描く。もう一度経験しているかのように、できるだけ詳しく思い出す。どう感じただろうか？　何が原因だったのかを可能なかぎり言ってほしい。誰が悪いのか？　その理由は？　決着がつけられることだと思うだろうか？

さて、もう一度目を閉じて、同じ状況を思い浮かべよう。今度は、あなたではない二人のあいだに起こったことだと想像してほしい。あなたは壁にとまっている小さなハエで、その場面を見下ろしながらメモをとっている。自由に飛びまわって、あらゆる角度から観察できるし、誰にも気づかれない。さて再び、終わったらどう感じるか言ってほしい。そして、前回と同じように、誰が悪いのか、なぜか、決着がつけられるかを答えてほしい。

あなたが今行ったのは、視覚化を通して精神的な距離をとる古典的な練習だ。何かを生きと、しかも距離をとって描くプロセスで、これによって、実際にあなたが記憶にしまいこんだものとは本質的に異なる視点から物事を見ることになる。シナリオ1からシナリオ2へと移動することで、具体的な〈マインドセット〉から抽象的な〈マインドセット〉へ移動するのだ。感情はよりおだやかになり、最初のときには見過ごしていたことを見られるようになっているだろう。それどころか、考えたシナリオとは関係なく、総合的により思慮深く、問題解決がうまくなっているかもしれない。（ある種の瞑想を練習していたのだ。わかっていただろうか？）

心理学者のイーサン・クロス（ミシガン大学社会心理学准教授）は、このような心理的距離のとり方は（先ほどの例は実際に彼の研究のひとつ）、情動調節だけに効果があるのではないことを明らかにした。弁証法（世界の変化と矛盾を認識すること）と知的謙虚さ（みずからの限界を知ること）の両方の観点において英知を高め、よりうまく問題を解決し、意思を決定できるようにもしてくれるのだ。自分と距離をとると、物事をより広範囲に処理できるようになり、近い地点では気づかなかった関連が見えるようになる。違う言い方をするなら、より賢明になるということは、より想像的になることだ。わかった《ユリーカ》という瞬間にはいたらないかもしれないが、洞察にはいたるだろう。あなたは肘掛け椅子に座っていながら、あたかも実際に自分の場所が変わったように考えるのだ。

電気技師のジェイコブ・ラビノウ（一九一〇〜一九九九）は、二〇世紀で最も才能があり、多作だった発明家のひとりだ。彼の二三〇の米国特許の中には、今でも郵便業務で使われている自動手紙仕分け機や、ハードディスクドライブの先駆けとなった磁気記憶装置、ストレートアーム蓄音機などが含まれている。彼の驚くほどの創造性と生産性を維持する助けとなった秘訣のひとつこそ、まさに視覚化だった。彼はかつて、心理学者のミハイ・チクセントミハイ（クレアモント大学大学院教授。ポジティブ心理学者で〈フロー〉の提唱者）に次のように言っている。課題が難しかったり時間がかかったり、あるいは明白な答えがなかったりすると、いつも「監獄に入っているつもりになる。監獄にいるなら、時間など取るに足りない問題だ。つまり、これを切るのに一週間かかるなら、一週間かかるだけのことだ。ほかにやることなんてないだろう？　ここに二〇年間いることになるんだから。だろ？　これは、ある種の心理的なトリックなんだ。そうでなきゃ、『しまった、うまくいかない』といって、失敗してしまう。私のやり方なら、時間なんてまったく問題じゃない」。視覚化がラビノウの手助けをして、そうでなかったら圧倒されていた物事に取り組める場所へと〈マインドセット〉を移動させ、問題解決のために必要な想像的空間を提供したのだ。

このテクニックは一般的に見られる。アスリートは前もってゲームや動きの要素を視覚化して、現実に行う前に頭の中でシミュレーションすることが多い。テニス選手はボールが手を離れる前にサーブを心に描き、ゴルファーはクラブを振る前にボールのゆくえを見る。認知行動療法のセラピストは、このテクニックを利用して恐怖症などで苦しむ人々をリラックスさせ、実際には体験することなく状況を経験できるようにしている。心理学者のマーティン・セリグマン（一九四二〜、ペンシルヴェニア大学）は、これはより想像的かつ直観的な〈マインドセット〉を育てるために最も重要なツールだと主張している。彼は、視覚的なシミュレーションを繰り返し行うことで「直観はバーチャルな形で幅広く鍛えることができるかもしれない」とまで言っている。この言葉は裏付けになるだろう。

要するに、まるで自分が現実に見て、体験しているように世界を描き出すことで、心理的距離をつくりだすことを学習するのだ。哲学者のルートヴィヒ・ヴィトゲンシュタインがかつて言ったように、「繰り返すことだ。考えるのではなく、見るのだ！」これが視覚化の本質だ。内面的に見て、頭の中にいくつものシナリオと代案をつくりだし、非現実をまるで現実であるかのように演じることを学ぶのだ。明白なこと以上のことを理解する手助けになり、また、目の前にあるひとつだけのシナリオや、そう考えたいシナリオだけを見ている、レストレイドやグレグスンのような間違いをしない助けになる。必要に迫られて、想像力を使うようになるのだ。

思っているほど難しいことではない。実際のところ、これはすべて、私たちが記憶を呼び出そうとしているときにしていることなのだ。さらに言えば、使っているのも同じ神経回路網で、前頭前野内側部（MPFC）と側頭葉外側部、頭頂葉の内側と外側、側頭葉内側部（海馬のある領域）だ。しかし、記憶を正確に呼び出すのではなく、体験の細部を混ぜて、実際には起こっていないこと、たとえばまだ来ていない未来や事実と異なる過去などをつくりだしている。それを現実に体験するかわりに、頭の中で吟味する。そうすることによって、分析しようとしている状況から自分自身を切り離すという、物理的距離の手法を使って行うのと同じことが達成できるのだ。

すべてが、なんらかの形の瞑想だ。『恐怖の谷』のホームズが求めたのは場所の物理的変化、つまり外部の世界からの実際の刺激《プロンプト》だった。しかし、どこへも行かずに同じ効果を得ることができる。ダリオならデスクの前、ホームズなら肘掛け椅子に座って。あなたも好きな場所にいていいのだ。すべきことは、頭の中の必要な空間を解放すること、真っ白なキャンバスのようにすることだ。そのあとは、想像の世界全部があなたのパレットになる。

想像力の維持――好奇心と遊びの重要性

シャーロック・ホームズは私たちに、役に立たないガラクタを捨て、無用の道具でとりちらからぬよう箱を慎重に整理して、脳という屋根裏部屋を整理整頓しておくように迫った。しかしこれは、それほど単純なことではない。たとえば、［ライオンのたてがみ］のホームズは、一体どうして海の暖かいところにいるあまり知られていない種のクラゲのことを知っていたのだろうか？　彼が以前に課していた厳しい基準で説明するのは不可能だ。ほとんどのことと同様に、ホームズは効果をあげるために誇張していると考えて間違いないだろう。彼の屋根裏部屋は確かに整頓されているが、基準は厳しくないのだ。仕事の成功のためだけに必要最小限のものしかない屋根裏部屋は、実はもの悲しくてみすぼらしい。使える資料はほとんどないだろうし、卓越した洞察や想像力など実際には得られないだろう。

例のクラゲは、どのようにしてホームズの清潔な宮殿に入り込んだのだろうか？　答えは簡単だ。ホームズはある時点で、聖歌曲《モテット》に好奇心を抱いたのと同じように、好奇心にかられたに違いない。また、宿敵モリアーティ教授が善人などではないとスコットランド・ヤードを納得させようとしたのも、芸術への好奇心がからんでいる。さらに言えば、『恐怖の谷』でホームズがマナーハウスの歴史の小冊子を読むように勧めたとき、憤然として断ったマクドナルド警部に対して、「マック君、視野の広いことが、私たちの職業にとっては、欠くことのできない要素なのだ。さまざまな観念の相互作用や知識の間接的利用は、きわめて興味深いことが多いものだ」と言ったように。そして、ホームズは何度も何度も好奇心にかられ、その好好奇心に導かれてさらに多くのことを知る。この「さらに多くのこと」はそのあと、その目立たない箱（しかし、ラベルはついている）に入れられてしまい込まれる。

ホームズが言っているのは、基本的にそういうことだ。屋根裏部屋にはさまざまなレベルの貯蔵場所があるのだ。

能動的な知識と受動的な知識には違いがあり、いつも定期的に利用する必要のある箱と、いつかは手に取るにせよ定期的に見る必要のない箱がある。ホームズは好奇心をもつのをやめろとか、クラゲについて知るのをやめろと言っているわけではない。彼が求めているのは、受動的な知識をきちんと整頓しておくことであり、受動的な知識を正しいラベルの箱に入れて、正しい引き出しの正しいフォルダーの中にきちんとしまっておくことなのだ。

これは、以前のホームズの忠告に突然さからって、貴重な脳という屋根裏部屋をガラクタで埋めるべきだということではない。まったく違う。ただ単に、一見するとガラクタのように見えるものもガラクタではなく、いつなんどき脳が使える貴重な武器にならないとも限らないというだけなのだ。だからこそ、将来使う場合に備えて、安全にしまっておかなければならない。全部の項目をしまっておく必要はなく、再び見つけられるような痕跡やしるしだけでいい。ホームズは例のクラゲについて多くを知っていたのではなく、彼に必要だったのは、調べるべき本があったことを思い出すことだけだった。

組織された屋根裏部屋は動きのない屋根裏部屋ではない。想像力は本来よりも、広い脳の空間をつくってくれる。そして実のところ、どの要素が最も活用できるのか、いつ思いもかけず役に立つことになるのかは決してわからない。

ではここで、最も意外なものは、最も意外な方法で役立ちうる結果になるという、ホームズからのきわめて重要な警告を挙げておこう。無関係に思えたとしても、新しいインプットを脳に広く受け入れるべきなのだ。

そしてそこであなたの全体的な〈マインドセット〉が登場する。注意をそらせる可能性のあるインプットは何でもはねつけるのではなく、どれほど奇妙あるいは不必要に思えたとしても、つねにインプットに対して開かれているだろうか？　あなたの習慣的なアプローチは開放的な姿勢で、あなたを考えさせ、世界に目を向けさせる訓練をするようなやり方だろうか？

練習をすれば、役に立つものと役に立たないもの、将来の参考のためにしまっておくものとをとりあえず捨てるものを、うまく感じ取れるようになるかもしれない。一見するとただの直観と思えるものは、本当はそれよりはるかに深い。開放的になる訓練、そして体験がとりそうなパターンと方向に慣れるまで頭の中で体験を統合する訓練に何時間も費やしてつくりあげられた知識なのだ。

三つの単語とつながると別の単語になる単語を見つける、遠隔連想実験のことを覚えているだろうか？　ある意味でこれは、この世界の縮図のようなものだ。この世界は、立ち止まって想像し、考えることのないかぎり理解できない、かすかなつながりの連続なのだ。もしあなたの〈マインドセット〉が創造性を恐れ、一般的な慣例にさからうことをこわがるようなものなら、それは足手まといになるだけだろう。もしあなたが無意識にせよ創造性を恐れているなら、創造的になるのはずっと難しくなるだろう。どんなに頑張ってもホームズのようには決してなれないだろう。ホームズが一種の反逆者だということを決して忘れてはいけない。それも、コンピュータとはまったく違う反逆者だということを。それこそが、彼のアプローチにきわめて強い力を与えていることを。

『恐怖の谷』でのホームズのワトスンへの忠告は、物事の核心を突いている。「人間の知力で説明のつかない出来事がいくつも重なるなんてことは、あるはずがないんだ。事実だと断定することをやめ、単なる知的訓練として、考えうる線を追求してみようじゃないか。たしかにそれは想像にすぎないが、想像が真実の母になることも、決して珍しくないのだ」

正典参考箇所

「ここにひとりの青年がいて、ある老人が死ねば」「ブラックヒースへ行ってみるまでは何もありません」——『シャーロック・ホームズの復活』〔ノーウッドの建築業者〕

「あなたは、この道で、きっと出世しますよ」——『シャーロック・ホームズ最後の挨拶』〔ウィスタリア荘〕

「シャーロック・ホームズのもっとも顕著な特徴のひとつは、」——『シャーロック・ホームズ最後の挨拶』〔ブルース＝パーティントンの設計書〕

「煙草だ。この問題を解くには、パイプ三服くらいは時間がかかるだろう」——『シャーロ

ック・ホームズの冒険』〔赤毛連盟〕
「とんでもない。デヴォンシャーへ行ってきたんだ」――『バスカヴィル家の犬』第三章「問題点」
「まもなく行ってみるつもりだ。……」「マック君、視野の広いことが、私たちの職業にとっては……」――『恐怖の谷』第六章「夜明けの光」第七章「解決」

第三部　推理の手法

第五章　脳という屋根裏部屋を操縦する――事実に基づく推理

あなたがホームズで、私マリアが依頼人だと想像してみよう。あなたは本書のこれまでの部分を読み、ホームズが居間に座ったまま私を観察していたのと同じような情報を得ている。私がどんな人物なのかを、じっくり考えてほしい。私がこれまで書いてきたことに基づいて、あなたが私個人について推測できることは何だろうか？

その答えとして可能性のありそうなことのリストはつくっていないが、ひとつ書いておきたいことがある。それは、私がシャーロック・ホームズという名前を初めて聞いたのはロシア語でだったということだ。父が暖炉のそばで読んでくれた物語は、英語のオリジナルではなくロシア語の翻訳だった。当時私たちはアメリカに来たばかりで、父が私たちに読んでくれた本は、今でも家族が家で使っている言葉で書かれていたのだ。アレクサンドル・デュマもH・ライダー・ハガードも、ジェローム・K・ジェロームもアーサー・コナン・ドイルも、私が初めて聞いた彼らの言葉はロシア語だった。

このことが何か関係あるだろうか？　簡単に言おう。ホームズなら、私が言わなくても知っていただろうということだ。彼は利用できる事実をもとにし、ひとつ前の章で述べた想像力を少し混ぜ合わせて、ひとつの単純な推論を導いただろう。そして彼は、私が最初に彼の手法に触れたのはロシア語以外ではありえないと認識しただろう。私の言うことが信じられないだろうか？　すべての要素が提示されていたことは請け合う。そしてこの章が終わるころには、あなたもホームズを見習ってすべてをつなぎあわせ、利用できるすべての事実と整合する、ひとつの説明にたどり着けるようになるはずだ。ホームズが何度も言うように、あらゆる道が行き止まりになったとき、残っているものがいかにありそうになくても、それが真実に違いないのだ。

それでは、最も派手な段階、つまり推理《ディダクション》にとりかかろう。最後の見せ場《グランド・フィナーレ》であり、たっぷり働いた一日の終わりの花火だ。あなたがついに思考プロセスを完結させ、結論にいたって決断を下し、それが何であってもやるべきことに着手する瞬間だ。すべてが集められ、分析された。残っていることは、意味は何なのか、そしてその意味は何を示唆しているのかを理解し、そこから論理的結論を導きだすことだ。

次に挙げるのは、ホームズが「背中の曲がった男」（『シャーロック・ホームズの回想』所収）で「初歩的《エレメンタリー》なことさ」という不朽の名文句をつぶやいた瞬間だ。

「ぼくは、きみの癖を知りぬいているんだよ、ワトスン。きみは回診に出かけるとき、距離が短い場合は歩くが、長い場合は馬車を使う。きみの長靴を見ると、今日はいた形跡はあるが、すこしも汚れていない。だから、馬車を使わなければならないほど忙しかったんだろうと思ったんだ」

「すばらしい推理だ」

「初歩的な推理にすぎないよ。推理家が、はたから見ると驚くような効果をあげるのは、推理の根拠となる小さな事柄を、はたのものが見落とすからだが、これもその一例だ」

推理には、実際には何が必要なのだろうか？　推理とは脳という屋根裏部屋における最後の航海であり、それまでにもたらされたすべての要素を整合性のあるひとつにまとまった全体像へと組み立てる瞬間であり、屋根裏部屋がそれまでに系統的に集めてきたものを整然とした形でまとめる瞬間だ。ホームズのいう推理《ディダクション》と、形式論理学でいう演繹《ディダクション》法は別物だ。純粋論理においては、演繹とは一般原則から個別事例へといたることを意味する。最も有名なのは次の例だろう。

すべての人間は死ぬべき運命にある。
ソクラテスは人間である。
ソクラテスは死ぬべき運命にある。

しかしホームズにとっては、これは結論へといたるひとつの方法でしかない。事実から出発し、ほかの選択肢を除外して必然的に正しいに違いない主張にいたることを推論《リーズニング》とするなら、彼の推理にはいくつかの推論方法が含まれている。注2

犯罪の解決でも意思決定でも、個人的決意にいたることでも、そのプロセスは本質的に同じだ。すべての観察結果――そのときの屋根裏部屋の構造に蓄えて統合すると決め、熟考され想像力で再構成された内容――を使い、漏れのないようにそれらを最初から整然と並べて、すべてが反映され、かつ最初の疑問に答えられるどんな結果が残っているかを見るのだ。これをホームズ的な言葉で言い換えるなら、論理の鎖を展開し、（ありそうにないことは排除して）可能性を吟味していくと、残ったものがなんであれそれが真実だということになる。「私の方法は、不可能なものをすべて消去すれば、あとに残ったものがいかに不合理に見えても、それ以外に真実はないという推定から出発するんです」とホームズは言う。「その場合、いくつかの説明が残るかもしれないが、それはすこしもかまいません。そのときには、ひとつひとつをテストして、なっとくできるだけの支持が得られるものを選び出せばいいわけです」（「蒼白の兵士」より）

要するに、これが推理もしくはホームズの言う「組織化された常識」だ。しかし常識は、期待するほど当たり前でもないし簡単でもない。ホームズの真似をしようとしたワトスンは、しょっちゅう失敗する。それも当然なのだ。この地点までは間違いなかったとしても、最後の最後に本筋をはずれないように、〈ワトスン・システム〉をもう一度後押ししてやらなければならないのだ。

なぜ推理は見かけよりずっと難しいのだろうか？　友人を見習おうとしたワトスンは、なぜしばしば行き詰まるのだろうか？　最終的な推論を邪魔しているのは何なのだろうか？　必要なすべてがあるときでさえ、しばしば理路整然と考えることが非常に難しいのは、なぜなのだろうか？　そして、何度も間違いを繰り返すワトスンにならないように、どうすればこれらの困難を回避し、〈ホームズ・システム〉の手助けで窮地を脱して正しい推理ができるのだろうか？

正しい推理の難しさ――支配している内なるストーリー・テラー

悪名高い三人組の強盗が、ケント州に住む大富豪のサー・ユーステス・ブラックンストールの屋敷、〝アベイ荘園〟に狙いを定めた。二週間前に近隣の屋敷を襲っていた三人組は、

注2　実は、論理学的な用語でいえば、ホームズのいくつかの〝推理《ディダクション》〟は、厳密には帰納法《インダクション》あるいは仮説推論《アブダクション》（または還元法）と呼ばれる。本書における推理または演繹的推理についての言及はすべて、形式論理学的意味ではなくホームズ的意味で述べている。

ある夜、全員が寝ていると思われるときに食堂の窓から侵入した。しかし、ブラックンストール夫人が部屋に入ってきたため、彼らの計画に邪魔が入った。彼らは夫人の頭を殴り、食堂の椅子にしばりつけた。これで問題は片づいたように思えたが、そこへサー・ブラックンストールが怪しい物音を調べようとやってくる。彼は妻より運が悪かった。頭を火かき棒で殴られて床に倒れ、死んでしまった。強盗は急いで食器棚から銀器をかき集めたが、殺人にあわてたのかそのまま逃げていった。しかしその前に、気を落ち着けるためか、ワインのボトルを開けていた。

唯一の生き残った目撃者であるブラックンストール夫人によれば、事件の顚末は以上のようなことだった。しかし、この〔アベィ荘園〕事件では、見かけどおりのことはほとんどなかった。

夫人の話は、一見理屈に合っているように聞こえる。その説明はメイドのテリーザによって裏付けられており、すべての形跡は彼女の証言とほぼ同じようなことが起こったことを示していた。しかしそれでも、ホームズには何かがおかしいと感じられた。「ぼくのあらゆる本能が、反対を叫びつづけているんだ」と彼はワトスンに言う。「これは間違っているんだ。どこかが間違っている。絶対に間違っている」彼は真実でない可能性を数えあげていく。そして、完全に妥当に見えていた細部をひとつひとつ見ていくと、話の正確さに疑いが浮かんでくる。そして、ワイングラスについて考えたとき、彼の疑いは確実なものとなった。彼はワトスンに（夫人の話の不審な点で）「最大のものは、例のグラスだ」と言う。

「あのグラスを思いうかべてみることができるか？」

「はっきりと思いだせる」

「あのグラスで三人はワインを飲んだということだが、そんなことがありうると思うかね？」

「どうして？　それぞれのグラスに酒が残っていたじゃないか」

「それはそうだ。しかし、澱《おり》がはいっていたのは、ひとつだけだ。そのことは、きみも気がついたはずだ。そのことから何か思いつくことはないかね？」

「最後につぐグラスには澱がはいりやすいものだ」

「そうとはかぎらないさ。びんには澱がいっぱいはいっていたんだ。だから、二つのグラスがきれいで、三番目のグラスにだけ、たくさんはいるなんてことは、とても考えられない。これには二つの場合が考えられる。二つだけで、ほかには説明のつけようがない。ひとつは、二番目のグラスに酒をついでから、びんをひどく揺さぶったので、三番目のグラスに澱がはいったという考えだ。しかし、これは可能性がうすい。そうだ、やはりぼくの考えが正しいようだ」

「きみは、どう考えるんだ？」

「実際に使ったのは二つのグラスだけで、三人いたように見せかけるため、三つ目のグラスに二つのグラスの澱を捨てたんだ」

ワトスンは、ワインの物理的性質について何を知っているだろうか？　たいして知らないと、私はあえて推測する。しかし彼は、ホームズから澱について聞かれたときには、最後につがれたグラスに違いないと即答している。理由としてはうなずけるが、根拠はない。たぶんワトスンは、ホームズから聞かれるまでよく考えていなかったのだ。しかし質問されたとき、彼はいさんで筋のとおる説明をでっちあげた。ワトスンは自分がそうしたことを自覚すらしていないし、もしホームズがここでとめていなかったら、彼はそれを夫人の話の構造に穴がある可能性としてではなく、事実として、そしてもともとの話の真実性のさらなる証拠、その先の事実として考えていたことだろう。

ホームズのようなやり方ではなく、ワトスン式のストーリーテリングのしかたは、自然で直感的なものだ。そして、〝物語《ナラティブ》〟をつくりたいという私たちの願望を抑えることは非常に難しいため、物語が完全には正しくなくても、あるいはまったく正しくなくても、このやり方は話を語ることに固執する。私たちは単純さや具体的な理由、原因を好む。理にかなっていると直観的に思えることを好むのだ（たとえその直観がたまたま間違っていたとしても）。

その一方で、私たちは単純さや因果関係を示す、具体性を邪魔する要素を嫌う。不確実性や偶然、不規則性、非直線性などの要素は、私たちの説明する能力、それもすばやく、（見たところ）論理的に説明する能力をおびやかす。そのため、私たちはことあるごとに全力でこれらを排除するのだ。くもり方の違う複数のグラスを見たとき、全部の澱が入っているグラスに最後にワインがつがれたと判断するように、バスケットボールで続けてシュートを決める人間を見たら、その人は〝ホットハンド〟をもっている（ほかの人よりシュートを決めやすい）と思うかもしれない（ホットハンドの誤謬《ごびゅう》）。どちらの例でも、私たちが結論を下すために利用している観察は、あまりにも少なすぎる。グラスの例ではボトルだけに頼り、さまざまな状況の類似のボトルの性質について考慮していない。バスケットボールの例では短期間の結果（少数の法則）だけに頼り、長期間の結果を含んだ各選手の戦績の変動性を考慮していないのだ。また別の例を挙げると、コインを投げて数回裏が出たとすると、短期間では必ずしも長期間で現れる半々の分布にならないことを無視して、次は表が出ると思ってしまう。

何かが起きた理由を説明するときであれ、ある出来事の推定原因を判断するときであれ、制御しやすく予測可能で、現実より因果関係がはっきりしていることを好むせいで直観が間違ってしまうのだ。

このような好みから、充分に再考をしない思考の誤りが生じる。ホームズが言うように、データに先んじて主張を展開してしまったり、データと裏腹の推論をしてしまうのだ。物事の「つじつまが合っている」とき、ほかの見方をするのはきわめて難しいことだ。

W・Jは第二次世界大戦に従軍した兵士だった。彼は社交的で魅力的、機知に富んでいた。また、日常生活ができないほどの重度のてんかんをわずらっていたため、一九六〇年に大胆な脳手術の対象者に選ばれた。右半球と左半球で情報を伝達する脳梁を切断する手術だ。過去に、この種の治療は発作に劇的な効果があることが示されていた。まともに生活できなかった患者が、突然、発作のない生活を送れるようになったのだ。だが、脳の自然な連結への劇的な変化で、犠牲になったことはないのだろうか？

W・Jが手術を受けたとき、その答えを本当に知っている人は誰もいなかった。しかし、両脳の連結についての研究でノーベル医学賞を受賞することになるカリフォルニア工科大学の神経科学者ロジャー・スペリーは、影響が出るのではないかと考えていた。少なくとも動物実験では、脳梁切断は両脳の情報伝達ができなくなることを意味していた。ひとつの脳半球で起こったことが、もうひとつの脳半球には完璧な謎となってしまうのだ。このような分離は、人間でも起こりうるだろうか？

大多数の人々の見解は、断固としてノーだった。人間の脳は動物の脳とは違う。はるかに複雑ではるかに優れており、実際にはるかに進化している。それに、手術を受けた患者の全員が高い機能を保っているのが、何よりの証拠ではないか。これはロボトミー手術とは違うのだ。患者たちのＩＱは損傷を受けておらず、推論能力も充分だった。記憶も影響を受けていないようだった。言語能力は正常だった。

直観的で自信満々のこの見解は、正しいように思えた。しかしもちろん、まったく間違っていた。科学的にテストする方法を誰も考え出せなかっただけだった。これはつじつまの合うワトスン式ストーリーであり、実証済みの事実の基盤もなくつくりあげられたものだ。しかしここに、科学におけるホームズのような人物、スペリーの研究室の若き神経科学者マイケル・ガザニガが登場する。ガザニガは脳梁を切断すると脳の両半球は連絡できなくなるというスペリーの理論を、瞬間的に視覚刺激を見せる装置、瞬間露出器《タキストスコープ》を使って検証する方法を考え出した。さらに重要なのは、彼が目の左側と右側で別々に試験をしたことだった（側面からの提示では、どんな情報も両半球のうちひとつだけに伝わる）。

ガザニガが手術後のW・Jをテストすると、顕著な結果が出た。数週間前にテストを楽々とこなした彼が、もはや左の視野に出された物を描写できなくなっていたのだ。ガザニガが右目の視野にスプーンの画像を一瞬見せると、W・Jは簡単にその名前を言ったが、同じ画像が左目の視野で示されると、何も認識しなかった。両目は完全に機能していたが、見たものを言語化することも、見たことを思い出すこともできなかった。

何が起こったのだろうか？　W・Jはガザニガの患者第一号だったが、彼のあとの患者たちも同じ反応を示した。彼らはあるひとつのことを指し示していた。それは、脳の二つの半球は同じようにつくられてはいないということだ。ひとつの半球が視覚入力の処理に責任を負い、もうひとつの半球が知っていることの言語化に責任を負っている。第二章で述べたシェル・シルヴァスタインのイラストを思い出すなら、前者は外部の世界に通じる小さな窓のある半球であり、後者は家のほかの場所へ通じる階段のある半球ということになる。この二つの半球が切り離されると、あいだをつないでいる橋はもはや存在しなくなる。片方の半球が利用できる情報も、もう片方にとっては何の関係もなくなるのだ。私たちは事実上、それぞれに独自の保管場所と内容、そしてある程度だが独自の構造のある二つの別々の屋根裏部屋をもつことになる。

こうなると、物事は実にめんどうなことになる。たとえば、鶏のかぎ爪の絵を目の左側で見せて（つまり、絵は窓のある視覚をつかさどる右半球だけで処理される）、右側では雪道の絵を見せ（ほかの部分に通じる階段のある左半球だけで処理される）、見せた相手に見たものと最も深い関係のある絵を指すように言うと、両手の指すものが違うのだ。（左からのインプットに縛られている）右手はシャベルを指し、（右からのインプットに縛られている）左手はニワトリを指す。対象者に二つを指した理由を聞くと、とまどうことなく、たとえば鶏小屋を掃除するにはシャベルが必要だなどという、きわめてもっともらしい説明をつくりあげる。現実にはただの絵しかないときに、対象者の脳が、両手の食い違いを納得できるように説明する一貫した〝物語《ナラティブ》〟を生み出したのだ。

ガザニガは脳の左半球を、自然でかつ直観的なやり方で原因と説明を――たとえそのようなものがないとしても、あるいは少なくとも脳がすぐに利用できなくても――探し求める、〝左脳の通訳〟と呼んでいる。しかしこの通訳が完璧に理にかなっていても、たいていの場合、まったく間違っている。ワイングラスのときのワトスンは、その極端な例だ。

分離脳の患者は、私たちが自己欺瞞《ぎまん》の〝ナラティブ〟、つまり理屈がとおっていても現実には真実からほど遠い説明をつくりあげることに習熟していることの、有力な科学的証拠だ。しかし私たちは、わざわざ脳梁を切断しなくても、こういう行動をしているのだ。私たちは、いつも当然のようにそうしている。前述の創造性に関する振り子の実験で対象者が問題を解けたのは、実験担当者がなにげなく紐の一本を動かしたあとだったことを、覚えているだろうか？　その後、洞察はどこから得られたかと質問された対象者の多くは、次のような原因を挙げた。「残っていたのはひとつだけだった」「紐におもりをつけると、紐が揺れるだろうと気づいた」「弧を描いて川を越える状況を考えてみた」「サルが木から木へぶら下がりながら移動しているイメージを描いた」

すべて納得できるが、どれも正しくない。誰ひとりとして、実験担当者がしたことに触れなかった。そして、あとでそのことを言われても、三分の二以上の対象者が、気づかなかったし、自分の解決策に何の影響もなかったと主張した――ヒントから四五秒以内で解決策にたどり着いていたのだが。さらに重要なのは、影響があった可能性を認めた三分の一もの対象者が、偽の説明に動かされやすいと証明されたことだ。おとりの手がかり（紐のおもりをぐるぐるまわす）が提示されると、それが解決策には何の影響も与えなかったのにこの手がかりに言及し、ほんとうの手がかりが助けになったとは言わなかった。

私たちの脳はつねに、異なるさまざまな要素から一貫性のある〝ナラティブ〟を組み立てる。もし何かの原因がなかったら落ち着かないため、脳は私たちの許可なく何らかの原因を決めてしまうのだ。迷っているときの脳は、推理《インファランス》から一般化《ジェネラライゼーション》までの推論プロセスのあらゆる段階でいちばん楽な方法を選ぶ。

Ｗ・Ｊはワトスンがワイングラスでしたのとまったく同じことをしているが、もっと極端だ。どちらの場合も自発的なストーリー形成が起こり、それから、ただ見かけ上の一貫性に基づいているだけであっても、その真実性への確信が生まれる。これが、推理の問題の第一だ。

使うための材料がすべてあったとしても、意図的かどうかはともかく、その一部を無視してしまう可能性が現実にある。記憶はきわめて不完全なものであり、変化と影響に非常に弱い。観察は最初は充分に正確なのだが、その観察でさえ再生するたびに思っている以上に影響され、結果として演繹的推論に影響するのだ。何かに気をとられたとき、それが突出していたり（顕著性）、起こったばかりだったり（新近性）、あるいはまったく関係ない何かについて考えていたり（プライミングあるいはフレーミング）ということがあったとしても、それに重きを置きすぎて、正しい推論のために不可欠なそのほかの細部を無視したりしないよう、注意しなければいけないのだ。また、初めに提起したのと同じ疑問、つまり最初の目標と動機によって形づくられた疑問に、答えるようにしなければならない。思考プロセスの最後に達したときに、より適切でより直観的、より簡単に思える答えが導かれるような、疑問ではいけない。レストレイドやほかの刑事たちは、すべての証拠が逆を指しているにもかかわらず、なぜいつも不当な逮捕に固執するのだろうか？　なぜ彼らは、まるで否定するとすべてが瓦解してしまうかのように、最初のストーリーにこだわりつづけるのだろうか？　理由は簡単だ。私たちは、最初の直観の間違いを認めることを嫌い、むしろそれと矛盾する証拠をしりぞけることを選ぶのだ。おそらくこれが、コナン・ドイルの世界の外でも不当逮捕が多い理由だろう。

間違いが正確にはどういうものであるのか、あるいは、それをどう呼ぶかは、あまり重要ではない。それより、推理するときにあまり〈マインドフル〉にならず、最後が近づけば近づくほど、うまくごまかして終わらせようという誘惑が強くなることのほうが問題だ。自然なストーリーは非常に説得力があるので、無視したりひっくり返したりするのはとても難しい。そうしたストーリーはホームズが指示するような体系化された良識を邪魔するし、また、唯一の答えにいたるまですべての選択肢をひとつひとつ検討し、偶然のことと重要なこと、ありそうもないことと不可能なことを区別していくことを、妨害するのだ。

次に挙げる質問は、私の言った意味を簡単に表現したものだ。あなたの頭に最初に浮かんだ答えを、書き留めてもらいたい。

一．バット一本とボール一個が合計で一ドル一〇セント。バットはボールより一ドル高い。では、ボールはいくらか？

二．製品五個をつくるために五台の機械で五分かかるとしたら、一〇〇台の機械で一〇〇個の製品をつくるにはどれだけの時間がかかるか？

三．湖にスイレンの区画がある。毎日、区画の大きさは倍になる。区画が湖全体を覆うのに四八日かかるとしたら、湖の半分を覆うまでにどれだけの日数がかかるか？

今受けたのは、シェーン・フレデリック（一九六八〜、イェール大学教授）の認知反射テスト（ＣＲＴ）だ。

あなたがほとんどの人と同じなら、質問一には一〇セント、質問二には一〇〇分、質問三には二四日という答えのうち、少なくともひとつは同じ答えを書いているだろう。このどの答えも間違いだ。しかし、間違えた仲間は大勢いる。これらの質問をハーヴァード大学の学生にすると、正答数の平均は一・四三だった（学生の五七パーセントが正答数一あるいはゼロ）。プリンストン大学でも似たようなもので、正答数平均は一・六三で、四五パーセントの学生が正答数一もしくはゼロだった。さらに、MITでも成績はかんばしくなかった。平均正答数が二・一八で、四分の一に近い二三パーセントが正答数一あるいはゼロだった。これらの「簡単な」問題は、一見して思うほど簡単ではない。

正しい答えはそれぞれ五セント、五分、四七日だ。ちょっと落ち着いて考えてみると、そうなる理由がわかるだろう。そして、「当然だ。いったいどうして見逃したんだろう?」と言うことだろう。おなじみの〈ワトスン・システム〉が再び勝利をおさめたのだ。最初の答えは直観に訴えるもので、もし熟慮しなかったら脳に自然にかつすばやく浮かぶものだ。ある要素の顕著性に気をそらされて（意図的に目立つように仕組まれている）、それぞれの要素を公正かつ正確に考慮していない。私たちが用いているのは〈マインドフル〉な戦略ではなく、言葉をそのまま受け取る〈マインドレス〉な戦略だ。前の答えにある要素を繰り返し、実際にそのときの問題解決に最適な戦略を考慮しない（要するに、二つの疑問がたまたま関係があると思えるという理由だけで、より難しくて時間がかかる別の疑問ではなく直観的疑問に取り組む）。正しい答えを得るには、結論を急ぐ〈ワトスン・システム〉の反応を抑えて、ホームズの目で見る必要がある。熟考して最初の直観を抑制するのだ。確かに、それまでの思考で疲れているときは面倒なことだ。始めから終わりまでモチベーションと〈マインドフルネス〉を保つのは骨が折れるし、ワトスンに支配させて認知資源《リソース》を節約するほうがずっと簡単ではある。

ＣＲＴは私たちが出会う現実の問題からかけ離れているように思えるかもしれないが、偶然にも、論理と推理が関わる数々の状況における能力を、きわめてうまく予測している。実際、このテストは認知能力や思考態度、実行機能などの尺度より有効なことがよくある。先ほどの三問で良好な成績をおさめた人は、多くの一般的な論理誤謬への耐性があると予測され、総合的に言って、合理的思考の基本構造に従うと考えられている。ＣＲＴは、この章で以前触れたような正式な演繹的問題（ソクラテスのもの）を、論理的に判断する能力の存在を予測することさえできる。先ほどの問題で成績が悪かった人は、動物には水が必要で、バラにも水が必要で、つまりはバラは動物である、と言ってしまう可能性があるのだ。

結論を急いでしまい、ちゃんと整理されたすべての証拠が目の前にあったとしても、論理的なストーリーではなくえり好みしたストーリーを語ることは、よくある（このあとで説明するが、避けることは可能だ）。平凡な細部にうんざりせず、思考過程の終わりにへとへとになったりせず、最後の瞬間まですべてについて推論できることは、実にまれなことだ。つまらぬ推論においても、楽しみを見いだすことを学ばねばならない。あらゆる努力をしたあとで、退屈な、あるいはあまりにも単純に思える推論にいたらないよう注意することは、難しい仕事なのだ。〔椈《ぶな》の木荘〕の冒頭で、ホームズは次のように語る。「芸術のために芸術を愛する者は、……つまらない作品からでも、強い刺激を汲みとることが、よくあるものだ」……「ぼくが自分の仕事に対して正当な待遇を要求するのは、それがぼく個人だけの問題ではないからだ――ぼく個人を超越した問題なのだ。犯罪は、いたるところにあるが、正しい推理は、めったにあるものではない」それはなぜなのか？　論理は退屈だからだ。私たちは、もうわかっていると思いたがる。その先入観を振り払って進むことは、挑戦なのだ。

重要なことと偶然のことを区別する

では、始めてもいないうちから大きくそれてしまうことなく、推理を確実に正しい方向に進むようにスタートするには、どうしたらいいのだろうか？

〔背中の曲がった男〕の中で、ホームズがジェームズ・バークレイ大佐の殺害という新しい事件について、ワトスンに説明している場面がある。一見したところ、事実は実に奇妙だ。バークレイと妻のナンシーは、居間で言い争っていた。夫妻はいつもは仲がよかったので、この言い争いだけでも事件だった。しかし、さらに奇妙なことが起こる。ドアに鍵がかかっていることに気づいたメイドがノックしても、中にいる二人の返事はなかったのだ。それだけでなく、メイドは「デイヴィッド」という知らない名前を数回耳にしている。そして驚くべきことに、御者が開いていたフランス窓の外側から部屋に入ったとき、部屋のどこにも鍵がなかった。夫人は長椅子に倒れて気を失っており、大佐は後頭部に裂傷を受け、恐怖に歪んだ顔で息絶えていた。二人のどちらも、ドアの鍵を持っていなかった。

どうすれば、これらの複数の要素の理屈がとおるだろうか？　ホームズがワトスンに言う。「ぼくはこれらの事実を総合して、立てつづけにパイプを吸いながら、本質的に重要なものと、単に付随的なものとを選別しようとところみた」この文章で彼が語っているのは、推理の成功に向けての第一歩だ。本当に主要な要素だけが判断に影響を与えるよう、重要な要素と偶然の要素を切り離すのだ。

次に挙げる、ビルとリンダについての説明を考えてみよう。個人の説明のあとに、職業と活動のリストがついている。あなたのする課題は、それぞれの職業や活動について、いかにもビルらしい、あるいはリンダらしいものと言えるかどうかを考え、ありえそうな順番でリストを並べ替えることだ。

ビルは三四歳。聡明だが想像力がなく、衝動を抑えられず、概して活気がない。学校では数学が得意だが、社会と文系科目は不得意だった。

ビルは趣味でポーカーをする医師だ。

ビルは建築家だ。

ビルは会計士だ。

ビルは趣味でジャズを演奏する。

ビルは記者だ。

ビルは趣味でジャズを演奏する会計士だ。

ビルは趣味で登山をする。


リンダは三一歳独身で、率直で非常に快活。哲学を専攻した。学生のときは差別と社会正義の問題を深く憂慮し、反核デモにも参加した。

リンダは小学校の教師だ。

リンダは書店で働き、ヨガのクラスに通っている。

リンダは熱心にフェミニスト活動をしている。

リンダは精神社会福祉士（精神病院や児童クリニックで精神障害患者などのケアをする）だ。

リンダは女性有権者連盟のメンバーだ。

リンダは銀行の窓口係だ。

リンダは保険のセールスをしている。

リンダは銀行の窓口係で、フェミニスト活動に熱心だ。


並べ替えたあと、次に示す、ペアになった二つの説明を読んでほしい。

「ビルは趣味でジャズを演奏する」と「ビルは趣味でジャズを演奏する会計士だ」

「リンダは銀行の窓口係だ」と「リンダは銀行の窓口係で、フェミニスト活動に熱心だ」あなたがよりふさわしいと考えたのは、それぞれのペアのうち、どちらだろうか？きっとあなたは、どちらも二つ目を選んだだろう。もしそうだったらあなたは多数派で、大きな間違いをおかしている。

この課題は一九八三年のエイモス・トベルスキー（一九三七〜九六、心理学者）とダニエル・カーネマンの論文からそのまま引用したもので、私たちが現在論じていることをうまく表現している。それは、重要なことを偶然のことから区別することにかけては、私たちはあまり成績がよくないということだ。これらのリストを見せられた対象者たちは、私が予測したのとまさに同じように判断する。「ビルは趣味でジャズを演奏する」より「趣味でジャズを演奏する会計士」と判断される可能性が高く、リンダは「ただの銀行の窓口係」より「フェミニストの銀行窓口係」と判断される可能性が高いのだ。

論理的には、どちらの考えも意味をなさない。二つのことが同時に起こる可能性は、そのうちのひとつが起こる可能性より高くなりえないからだ。もしあなたが、そもそもビルがジャズを演奏する、あるいはリンダが銀行の窓口係だと考えなかったら、ビルが会計士でリンダはフェミニストだろうと考えたという理由だけで、判断を変える必要などなかったはずだ。ありそうもない要素や出来事は、ありそうなことと組み合わされたとしても、魔法のように前よりありそうなことには変わらない。しかし、ビルのシナリオでは八七パーセント、リンダでは八五パーセントの対象者が、同じような判断をしている。彼らは判断の過程で、残念なことに合接の誤謬（複合事象の確率判断における誤り）をおかしたのだ。

彼らは、選択肢が限られているときでさえ誤謬をおかしている。二つの関連性をもつ選択肢（リンダは銀行窓口係、あるいはリンダはフェミニストの銀行窓口係）が含まれているだけで、やはり八五パーセントが複合事象をひとつの事象より可能性が高いと判断した。説明の裏にある論理について教えられても、六五パーセントが正確な外延的論理（フェミニストの銀行窓口係とは窓口係のうちの特定の小集団にすぎないから、リンダはフェミニストの窓口係よりもただの窓口係である可能性が高いに違いない）より、不正確な類似性の論理（リンダはフェミニストのように思えるから、フェミニストの窓口係である可能性が高いと思う）を信じたのだ。私たち全員に同じ事実と特徴を提示することはできるが、私たちがそこから引き出す結論は、必ずしも同じになるわけではない。

私たちの脳は、このような観点で物事を評価するようにはできていないし、その欠点には大いに意味がある。偶然と確率のようなことになると、私たちの推論は甘くなりがちだ（そして偶然と確率は推理の多くで大きな役割を果たしているため、私たちがよく道に迷うのも不思議ではない）。これは確率の矛盾と呼ばれており、すべては私たちがきわめて自然かつ手軽に関わってしまう、実用的なストーリーテリングから生じている。これはある意味で、W・Jと分離脳のような神経の深いところにある傾向だ。

簡単に説明するなら、確率的推論が左半球に局所的に集中していると思われるのに、推理はほぼ右半球で起きているらしいのだ。別の言い方をするなら、論理的意味あいを評価する神経の場所と、経験的な確率を検討する神経の場所が、逆の半球に存在しているようなのだ。つまり、認知機構が文章の論理と偶然と確率の評価の連携をうながしていない。その結果、私たちはいつでもさまざまな要求を統合できるわけではないし、きちんと統合できないこともよくあるのに、そのあいだじゅうずっと、立派にできたと心から信じ込んだままでいることになる。

リンダとフェミニスト（それにビルと会計士）という説明はとてもぴったりなので、この組み合わせを確固たる事実ではないと考えることは難しい。ここでとても重要なのは、現実の世界では何がどれぐらいの頻度で起こるのかということと、全体は単純に部分の合計にはなりえないという論理上の初歩の概念を理解しておくことだ。しかしそれでも、私たちの脳は付随的な事柄に影響されてしまうため、決定的な確率のことを見過ごしてしまう。

私たちがしなければならないのは、ずっと平凡なことで、別々の出来事が実際に起こる可能性を正確に見積もることだ。私は第三章で平均基準という概念、つまり集団内で何かが起こる確率を紹介し、推理について扱うときにもう一度触れると言った。この平均基準、あるいはそれを知らないことが、合接の誤謬のような推論の誤りをおかす根本原因なのだ。これは観察の邪魔をするが、それが起きるのは、すべての観察からそれが示唆する結論へといたる推理においてだ。なぜなら、そこでは選択性と選択的な無視があなたを混乱させるからだ。

ビルとリンダがある職業についている可能性を正確に見積もるためには、会計士や窓口係、アマチュアのジャズ演奏家、活動的なフェミニストの出現率と、集団全体における総数を理解する必要がある。文脈から主役の登場人物をはずすわけにはいかない。可能性のあるひとつの組み合わせに、私たちがもっているだろうほかの情報を捨てるのを許すわけにもいかない。

では、どうすればこの罠にかからず、無関係なことに流されずに正しく細部を分けることができるのだろうか?

たぶんホームズの卓越した推理能力が頂点に達したのは、ロンドンでの多くの事件とは少し違う、ある事件を手がけたときだ。物語のタイトルになっている名馬シルヴァー・ブレイズ号が、大金がかかっているウェセックス・カップ・レースの数日前に行方不明になった。同じ日の朝、厩舎から少し離れたところで死んでいる調教師が発見された。彼の頭蓋骨は大型の鈍器で殴られたように見えた。馬を見張っていた馬屋番は薬を飲まされており、その夜のことをほとんど覚えていない。

シルヴァー・ブレイズ号がイングランドきっての名馬だったため、この事件は世間を騒がせた。そのため、スコットランド・ヤードはグレゴリー警部を捜査に派遣する。しかし、警部は途方に暮れる。問題の夜に厩舎のまわりで目撃された有力容疑者を逮捕したものの、あるのは状況証拠だけで、いつ事件がひっくり返ってもおかしくなかった。そして三日後、いまだに馬が見つからない中、依頼を受けたホームズはワトスンとともにダートムアへ向かう。馬はレースに出場できるのか? 調教師を殺した犯人は裁きを受けるのか? さらに四日がたち、レースの朝になった。ホームズは心配する馬主のロス大佐に、シルヴァー・ブレイズ号は出馬するから心配するなと請け合う。はたして、馬は走った。ただ走っただけでなく、勝利したのだ。そしてその後、調教師殺害の犯人も特定された。

「シルヴァー・ブレイズ号事件」には、推理の科学への洞察を得るために何度か触れることになるが、まずはホームズがワトスンに事件のことをどのように話したかを見ていこう。

ホームズはワトスンにこう言う。「これは、新しい証拠を入手するよりも、すでに入手した個々の資料を厳密に調べるほうが、推理の方法としては好適な事件のひとつだ。きわめて異常で、完璧で、しかも多くの人に重要なかかわりをもつ事件だけに、やたらと推測や仮説が横行して、それが困るのだ」言い換えるなら、そもそも情報が多すぎるため、一貫性のある全体像を築き、重要なことと偶発的なことを分離するのが難しいということだ。非常に多くのことが一緒になっているとき、仕事はきわめて難しくなる。あなた自身の観察とデータが大量にある上に、あなたほど〈マインドフル〉に観察していない人たちからの、不正確かもしれないさらに大量の情報があるという状況なのだ。

ホームズはこの問題を次のように言う。「難しいのは、評論家や報道者たちの言葉の中から、事実を――否定すべくもない絶対の事実の骨格を抜きだすことだ。この堅固な基礎を踏み台として、そこからどんな推論が引きだせるか、事件全体の秘密は、どの点にひそんでいるかを突きとめるのが、われわれの仕事だ」つまり、ビルとリンダの泥沼から抜け出して、何が本当の事実なのか、何がただの飾りなのか、あるいは頭がつくりあげたストーリーなのかを、頭の中できちんと整理することなのだ。偶発的なことと重要なことを区別するときには、観察ですべての印象を正確に記録するために払ったのと同じような配慮をする必要がある。もし配慮が足りなければ、私たちが初めて観察したと思ったものにでさえ、〈マインドセット〉や予断、その後の変化が影響を与えてしまう。

エリザベス・ロフタス（一九四四～、カリフォルニア大学教授、認知心理学）による目撃者証言についての古典的研究のひとつでは、参加者は自動車事故のフィルムを見せられる。その後ロフタスは、それぞれの参加者に、事故が起きたときの車のスピードを推定するように告げる。これは入手できるデータからの典型的な推測だが、ひねりが加えてある。ロフタスは質問する対象者が変わるたびに、微妙に言葉遣いを変えたのだ。事故の説明の動詞は、激突した、衝突した、ぶつかった、接触した、当たったと変化した。ロフタスが発見したのは、彼女の言葉遣いが対象者の記憶に大きな影響を与えたことだった。「激突した」状況を見た人たちは、ほかの状況を見た人たちより速いスピードを推定しただけでなく、実際には割れたガラスなどないのに、フィルムで割れたガラスを見たと一週間後に思い出す可能性がはるかに高かった。

これは〈誤情報効果〉と呼ばれる。誤解をまねく情報にさらされると、それを真実として思い出し、推理のプロセスで考慮する可能性が高い（ロフタスの実験では、対象者がさらされたのは明白な誤りでさえなく、ただ誤解をまねく情報だった）。選択した特定の言葉は、推理の道筋、さらには記憶にさえ影響を与える枠組みとしてはたらく。だからこそ、難しいが絶対に必要なのは、ホームズの言うように、無関係なものと客観的で本当に確かなことを分けるすべを習得することだ——思慮深くかつ系統的に行えるように。もしそうしなければ、実際に目にした無傷のフロントガラスではなく、割れたガラスを思い出してしまうかもしれないのだ。

私たちが細心の注意を払わなければならないのは、情報が少ないときではなく、より多くの情報があるときだ。推理への自信は基礎となる細部の情報が多いほど高くなる傾向があり、中でもひとつの要素が理にかなっているときにそうなる。手元にある情報に基づいて、リストの個々の項目をありそうもないと判断していたとしても、より長いリストはなぜかもっと合理的に思える。つまり、複合事象のひとつの要素が適合するように見えるとき、まったく合理的ではないのに、その複合事象全体を受け入れてしまいやすいのだ。リンダはフェミニストの窓口係で、ビルはジャズを演奏する会計士というふうに。ある意味、自分の意志にさからってしまう。私たちがうまく観察をして、より多くのデータを集めれば集めるほど、支配的なあるひとつの要素によって惑わされる可能性が高くなるのだ。

また同様に、偶発的な細部の情報を見れば見るほど重要なことに立ち戻ることが少なくなり、偶発的なことを過度に重視してしまいがちになる。あるストーリーを聞かされたとき、より細かいことを告げられると、たとえそれらがストーリーの真実とは無関係だとしても、それにより説得力を感じる可能性が高まる。心理学者のルマ・フォーク（ヘブライ大学心理学教授）は、語り手が偶然のストーリーに具体的で無関係なこと（たとえば、小さな町にいる二人の人間が宝くじに当たるというようなこと）を付け加えたとき、聞き手はその偶然を意外だが納得できると思う可能性が高まることに注目した。

通常私たちが論理的に考えるとき、脳は主題と関係すると思われる情報は何でもつかむ傾向があり、そのプロセスで関係のある手がかりと、関係していると思われるが、実際には意味のないものの両方を取り込む。こうするのには、いくつかの理由がある。まずは親近性であり、以前に見たことがある、あるいははっきりと指摘できないとしても知っているという感覚だ。次は活性化の拡散で、記憶の結節点《ノード》のひとつの活性化がほかの結節点を刺激し、徐々にもとの結節点よりずっと遠くまで記憶が拡散されるという概念だ。最後は、別のことを考えているあいだにたまたま何かを考えてしまうという、単純な偶然あるいは同時発生だ。たとえば、もしホームズが魔法のように本から現れ、ワトスンではなく私たちにそのときの事件の詳細を列挙するよう言ったとしたら、私たちは記憶をさぐって（読んだばかりのことなのか？　それとも、別の事件なのか？）、しまっていた特定の事実を取り出すだろう（そうだ、馬が消えて、調教師が死んで、馬屋番が薬を飲まされて、被疑者が逮捕された。何か抜けていることはあるだろうか？）。そのプロセスでは、あまり意味がないかもしれないことが浮かんでくるだろう（ドラマに夢中になっていたから、昼食を食べるのを忘れたみたいだ。まるで、『バスカヴィル家の犬』を初めて読んだときみたいだ。あのときも食べるのを忘れて、頭が痛くて、ベッドに寝ていて……）。

もし、過度に活性化して拾い上げるこの傾向を抑えなかったら、活性化はそのときの目的に役立つ場所よりずっと広い範囲に拡散し、目的に集中するために必要となる適切な視点に干渉することさえありうる。シルヴァー・ブレイズ号の事件では、ロス大佐はホームズに、もっと見て、もっと考え、「あらゆる手段を」尽くしてくれとせっつく。エネルギーも行動も多いほうがいいというのが、彼の行動原理だ。ホームズがそのようには行動せず、すでに特定している重要な要素に集中したとき、ロス大佐は非常に不機嫌になる。しかしホームズは、偶然のことを排除するためには、さらに多くの理論や関係のある（あるいはない）事実を積みあげてはいけないと認識しているのだ。

基本的に、私たちは認知反射テスト（CRT）が教えてくれる内省と抑制、編集だけをするべきだ。〈ホームズ・システム〉を動かし、軽率に細かい情報を集める傾向を抑制し、すでにわかっている細部に思慮深く集中するのだ。観察した事柄はどうすればいいのか？　生産的推論を最大限にするためには、脳の中でそれらを分けることを習得しなければならない。いつそれらのことを考えないか、また同様に、いつそれらを取り入れるかを、学ぶ必要がある。身につけるべきなのは、集中すること、つまり内省し抑制し、編集することだ。そうしなければ、頭の中に浮かんでいる無数のアイデアのどこにも本当には行き着くことができない。〈マインドフルネス〉とモチベーションは、推理の成功に必須なのだ。

しかし、必須であることは決して単純だという意味ではないし、それで充分ということでもない。シルヴァー・ブレイズ号失踪事件のとき、集中してモチベーションもあったホームズでさえ、可能性のあるすべての考え方をふるいにかけるのが難しかった。彼はシルヴァー

・ブレイズ号が戻ったあと、ロス大佐にこう言っている。「実を言うと、はじめ私が新聞記事をもとに組み立てたいくつかの仮説は、全部間違っていました。新聞の記事にも、数々の暗示が示されていましたが、ほかのいろいろなつまらない事実に惑わされて、本当の意味を読みとれなかったのです」推論の根幹となる重要なことと偶発的なこととの分離は、訓練された脳にとっても難しいことがあるのだ。だからこそホームズは、最初の理論に基づく行動をやめた。そして、私たちに指示するのと、まさに同じことをした。事実をきちんと並べて、そこから始めたのだ。ホームズは間違いをおかしていても、彼らしい慎重さを貫き、〈ワトスン・システム〉を動かすことはしなかった。

ホームズはみずからのペースで進み、急げとせきたてる人たちを無視した。誰にも影響されず、すべきことをした。そしてさらに、もうひとつの単純な方法を使った。彼はワトスンにすべてを語るという手法だ。これはホームズ正典の中でほとんどいつも起きることであり、読者への解説のうまい方法でもあるが、ホームズが適切な観察事実を掘りさげて考える前にワトスンに言ったように、「事件をはっきりと認識するには他人に話してみるのがいちばん」なのだ。声に出して読みあげることで間違いを見つけるという、以前出てきた原則と同じであり、これには〈マインドフルネス〉が要求される。それぞれの根拠を論理的価値に基づいて検討しなければならず、ゆっくりと思考することができるため、フェミニストのリンダのときのような失敗をしなくてすむ。また、たいして注意を引かなかった、あるいはすでに頭の中でつくりあげた物語と合わないという理由だけで、本当に重要な何かを見過ごすことがなくなる。内なるホームズが耳を傾けられるようになり、ワトスンを休ませることができる。そして、正しそうに見えるというだけで理解したと思うのではなく、あなたが実際にすでに理解していることを確認することができるのだ。

ホームズがワトスンに事実を話して聞かせるのは、まさに彼がそうすることで事件が解決できると認識しているからだ。「ストレイカーの家に着いて、まだ馬車の中にいたとき、ふとマトンのカレー料理のもつ重要な意味に気がついたのです」とホームズは続けた。夕食のメニューの選択は取るに足りないことだと思い違いをしやすい。しかし、そのほかのすべてと一緒に口に出してみたとき、その料理は馬屋番に使われた毒物、粉末アヘンの味を完璧に隠すために仕組まれたのだと理解できる。マトンのカレー料理が出されることを知らなかった人間が、毒の味がばれるような危険をおかすはずがない。そうすると、犯人は夕食のことを知っていた人物のはずだ。そして、この認識がホームズに有名な結論へといたらせる。「この問題を解明する前に、私は、あの晩犬が吠えなかった事実の重大さに気がつきました。ひとつの正しい推理は、さらにいくつかの推理を引き出すものです」正しい道すじから始めれば、そのまま正しい道を進める可能性がずっと高くなるのだ。

その道すじをたどるあいだ、必ず観察したことのすべてと、脳の想像的空間で考えた可能性のあるすべてのことの順番を考慮し、全体像に合わないことは取り入れないようにしなければならない。簡単に頭に浮かぶ細部や、典型的だと思えること、あるいはきわめて顕著だったり直観的にとてもつじつまが合うことだけに集中してはいけない。もっと深く掘りさげなければいけない。リンダの説明から彼女がフェミニストだろうと考えるとしても、銀行窓口係だろうとは決して判断しないようにするのだ。フェミニストだという判断に、その後を影響させてはいけない。そうさせずに、以前に用いた論理で進み、それぞれの要素を一貫した全体像の一部として、別々に、また客観的に評価するのだ。リンダは銀行窓口係でありうるだろうか？　絶対に違う。フェミニストの窓口係だろうか？　もっとありえない、というふうに。

覚えておくべきなのは、ホームズがシルヴァー・ブレイズ号の失踪についてのすべての詳細と新聞によるすべての推測、そしてその結果として頭が軽率につくりあげた理論のすべてを取り除いたことだ。ホームズはリンダが窓口係だと確信がないかぎり、決して彼女をフェミニストの窓口係だとは言わないはずだ。

ありそうもない《インプロバブル》ことは不可能《インポッシブル》なことではない

『四つの署名』では、ある屋敷の最上階にある小さな部屋で強盗と殺人が起こるが、その部屋は内側から鍵がかかっていた。いったい犯人はどうやって侵入し、犯行に及んだのか？　ホームズはワトスンに向かって可能性を列挙する。「ドアは昨夜から閉まったままだ」……「窓は内側から掛け金がかけてあるし、窓枠もしっかりしている。こちら側には蝶番はない。

開けてみよう。近くに雨樋はない」

では、どうやって中に入ることができたのか？　ワトスンは思い切って推測してみる。

「ドアには錠がおりているし、窓から入るのは不可能だ。煙突からでももぐりこんだのだろうか？」

違う、とホームズは言う。「煙突から入りこむにしては炉が小さすぎる。その可能性については、ぼくも一応考えてみたんだがね」

「じゃ、どうやって？」ワトスンは食いさがる。

「きみは、ぼくが教えたことを、少しも応用しようとしないんだね」ホームズは首を振る。「不可能《インポッシブル》なものをひとつずつ取り除いていけば、あとに残るものが、どんなにありそうもない《インプロバブル》ことでも、それが真実だということを、これまで何度も言ったじゃないか。犯人が入ったのは、ドアからでも、窓からでも、煙突からでもないことは明らかだ。また、部屋の中に隠れていたのではないことも明白だ。隠れられるような場所はないからね。では、犯人はどこから入ったのか？」

ついにワトスンが答えを理解する。「そうだ、屋根の穴から入ったんだ！」ホームズの「もちろんそうに決まっている。まず間違いないだろう」という返事からすると、これが最も論理的にたどり着きそうな侵入口だと思える。

しかし、もちろん論理的ではない。これはきわめて〝ありそうにない〟ことであり、ホームズのアプローチにより助言を受けたワトスンでも手助けなしでは到達できないように、ほとんどの人々が決して考慮しない説なのだ。偶然の出来事と本当に重要なことを分けるのが難しいように、〝ありそうにない〟ことを考慮できないことがよくある。なぜなら、私たちの脳はきちんと評価する前に、それを〝ありえない《インポッシブル》〟として排除してしまうからだ。そして、私たちにショックを与えてこの安易なナラティブから抜け出させ、屋根の入り口のようなありそうにないものが事件解決にまさに必要だと考えさせるものこそ、〈ホームズ・システム〉なのだ。

古代ローマの哲学者で詩人のルクレティウスは、世界に存在するいちばん高い山は自分がそれまでに観察したいちばん高い山と同じだと信じている人間を、ばか《フール》と呼んだ。私たちも、そういう考え方をする人をばかと決めつけることだろう。とはいえ、私たちも毎日それと同じことをしている。数学者で作家のナシーム・タレブは、このローマの詩人からヒントを得て、〈ルクレティウス過小評価〉という言葉さえつくっている(ルクレティウスの時代、世界は自分が知っていることに限定されると考えるのは、それほど奇妙ではないのではないか？ ある意味、自由に知識を使える現代で私たちがおかす間違いより、ずっとましだ)。

簡単に言うと、私たちの個人的な過去の体験が、私たちが可能だと考えることを左右している、ということだ。それまでのすべての体験がある種の足場になり、推論の開始点や思考を進める出発点となるのだ。そして、自己中心的な視点を調整しようとしても、しつこい自己指向のアプローチに歪められたままなので、意味があるほどには調整できない傾向がある。これは、別のかたちで現れたストーリー・テリングの傾向だ。私たちは自分が体験しなかったことではなく、体験したことに基づいてストーリーを考えるわけである。

歴史上の前例を学んでも、あまり意味はない。なぜなら、私たちは経験から学ぶのと同じやり方では描写された物から学ぶことができないからだ。これは、〈描写と経験のギャップ〉として知られている。おそらくワトスンも珍しい屋根の入り口について耳にしたことはあっただろうが、自分自身が体験していなかったせいで、自分の体験と同じやり方では情報処理をしておらず、問題を解決しようとしたときに同じようには使えなかったのだろう。ルクレティウスがばかと呼んだ人はどうだったのだろうか？　高い山について読んだことがあったとしても、そんなものが存在するとは信じなかっただろう。「そんなものがあったら、この目で見てみたいもんだね。おれをばかだとでも思ってるのか？」と言うことだろう。自分が体験した前例がなかったら、ありそうにないことは不可能なことのように思えてしまい、ホームズの助言も結局は役に立たないのだ。

しかしそれでも、この二つを区別することは、備えるべき基本的能力だ。なぜなら、重要なことと偶発的なことを分けるのに成功したとしても、また、すべての事実（とその影響）を集めて、本当に関係のあることに集中したとしても、いかにありそうにないと思えても部屋に入れる可能性があるのは屋根だと脳に考えさせることができなければ、私たちは道に迷ってしまうからだ。ワトスンのようにすぐに除外してしまえば――あるいは考えることすらできなければ――除外しなかったときの推理から生じてくる別の可能性を、決して推論することができなくなってしまう。

私たちは将来を測る最上のものとして、過去を利用している。そうするのは自然だが、正確だということではない。過去には、〝ありそうにないこと〟を入れておく余裕はない。過去は私たちの推理に対して、既知《ノウン》のことやありそう《ライクリー》なこと、ありうること《プロバブル》として扱うことを強いる。だが、すべての証拠を統合して適切に考慮すれば、こうした問題を超えた別の答えへと導いてくれるかもしれないのだ。

〔シルヴァー・ブレイズ号事件〕に戻って考えよう。ホームズは意気揚々として現れる。彼の言ったことは真実だった――馬は発見され、調教師の殺害者も見つかった。しかし偉大な探偵には珍しく、解決は遅かった。調査にかかるのが遅れ（正確には三日遅れ）、貴重な現場での時間を失ってしまった。なぜなのか？　彼はワトスンがしたら非難するようなことをしてしまったのだ。〝ありそうにない〟ことは〝不可能な〟ことではなく、よりありそう《ライクリー》なほかの説とともに考慮すべきだという、自分自身の指針を、適用できなかったのだ。

ホームズとワトスンがダートムアへ向かっているとき、ホームズは火曜の晩に馬主とグレゴリー警部の両方から協力依頼の電報を受け取っていたと語る。ワトスンはめんくらって言う。「火曜日の晩だって？」……「いまは木曜日の朝じゃないか。どうして昨日出かけなかったんだ？」ホームズはこう答える。「ぼくがうかつだったのだよ、ワトスン――こんな失敗は、きみの記録を通じてしかぼくを知らない人が考える以上にたくさんあるようだ。実をいうと、ぼくは、イギリスきっての名馬を、とくにダートムア北部のような過疎地域で、長く隠しおおせるはずはないと思いこんでいた」

ホームズは、単にありそうもないことを不可能なこととして片づけてしまい、その結果、タイミングよく行動することができなかった。このため、いつものホームズとワトスンのやりとりとは逆に、珍しくワトスンの非難が正しく当を得ている。

最も優秀で鋭い頭脳でさえ、その持ち主特有の体験と世界に対する知覚に、いやおうなく支配されている。ホームズのような脳は、原則としてきわめてかすかな可能性でさえ考慮することができるが、あらかじめもっていた観念や、ある時点で利用できる全体験によって制限されることもあるのだ。つまり、ホームズでさえ彼の屋根裏部屋の構造によって制約を受けている。

ホームズは、目立つ外見をした馬が田舎で失踪したと考えた。彼の体験のすべてが、それほど長く行方不明ではいられないと告げていた。彼の論理は、もしイギリスで最も目立つような馬なら、隠し場所が限られているへんぴな場所で気づかれないはずはない、というものだった。生きていても死んでいても、絶対に誰かが気づいて通報するだろうと。これがたまたま真実であったとしたら、事実からの完璧な推理だっただろう。しかし時はすでに木曜日であり、馬は火曜日からずっと行方不明のままで、通報もなかった。では、ホームズが考慮できなかったことは何だったのだろうか？

もし、まだその馬だと認識されうるのなら、隠したままでいることはできない。では、馬の姿を変えるかもしれないという可能性が、偉大な探偵の頭には浮かばなかった。もし浮かんでいたら、馬が隠されたままでいる可能性を考慮しないことなど、絶対になかっただろう。

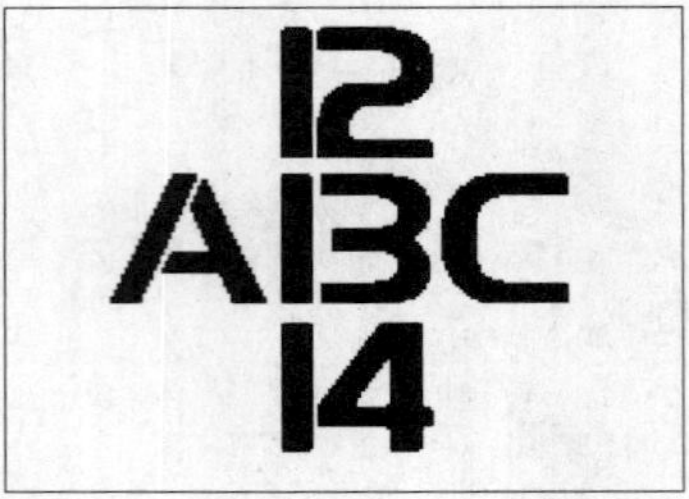

ホームズは、ただそこにあるものだけを見ているのではなく、自分が知っていることも、同時に見ている。私たちが何かを見たとして、それが過去のスキーマ（ものを見る枠組み）にまったく適合せず、それと対応する同等のものが記憶の中になかったなら、それをどう解釈すればいいのかがわからないだろう。あるいは、それを見ることがまったくできず、最初から予期していたことだけを見てしまうかもしれない。

これは、あるひとつのものを、提示された文脈《コンテクスト》に従って複数のやり方で見ることができるということであり、ゲシュタルト心理学における視覚形式知覚の複雑なバージョンだと考えてほしい。

実例として、上の図について考えてみよう。

真ん中に見えるのはBだろうか、それとも13だろうか？ 与えられる刺激は変わらないが、私たちが見るものは予期と文脈によって変わる。見かけを変えられた馬はどうだろうか？ ホームズの体験がいかに幅広くても、そんなものはなかったせいで、彼は可能性を考慮することすらしなかった。体験や文脈上の枠組み、そのときの足場といった、利用できるものが推論に影響するのだ。先ほどの図からAとCを取り去れば、まんなかをBとは考えないし、同じように12と14を取り去ると、13とは決して考えない。たとえ可能性が高くても、単に文脈からありそうもないというだけで、頭に浮かびさえしないのだ。しかし、文脈が少し変わったらどうだろう？　あるいは、ただ見えなくなっていただけの列が現れたらどうだろうか？　これで全体像は変わるだろうが、私たちが考慮する選択肢が変わるとはかぎらない。

このことは、可能だとみなすものだけでなく、予期することにも私たちの体験が影響するという、また別の興味深い点を提起している。ホームズはシルヴァー・ブレイズ号が見つかることを予期していたため、手持ちの証拠を異なる角度で見てしまい、特定の可能性を検討しないいままだったのだ。ここでも、〈要求特性〉（仮説を予測し、それに基づいて行動すること）が問題を起こしている。ただ今回は、最も一般的な間違いである〈確証バイアス〉というかたちで現れており、これは初心者にも訓練を積んだ頭脳にも起こる。

私たちは幼いころから〈確証バイアス〉をつくりやすいらしく、実際の決断よりずっと前に決めてしまい、ありそうもないことをすぐに不可能なこととして片づける傾向がある。この現象の初期の研究のひとつでは、小学三年生の子供たちにボールのどういう特徴が使うときに重要なのかを判断するよう求めた。彼らはいったん決めてしまうと（大きさは重要だが色はそうではないというように）、自分たちが決めた理論とは逆の証拠を（実際には色が重要で大きさはそうではないというような）まったく認めなかったり、最初の考えと合わないことはすべて、きわめて選択的で歪曲したやり方でごまかして認めなかったりした。そのうえ、うながされないかぎり別の理論をつくることができず、あとになって理論と証拠について想起したときには、現実よりも証拠が理論と一致するように間違えて記憶していた。つまり彼らは、自分たちの世界の見方によりふさわしいように、過去をつくりかえたのだ。

年齢が上がるにつれ、これはさらにひどくなる――控えめに言っても、少しもよくならない。成人のほうが、一面的な論拠を、両面があるものより上だと判断する可能性がより高く、この種の論拠はすぐれた思考を意味していると考えがちだ。また、確証を得るために仮説への肯定的証拠を求め、実際にはそのような仮説を支持していないときでさえ、信じ込んでしまいやすい。ある独創的な研究によると、参加者はある概念について、それが正しいと支持している実例だけを見るため、正しくないと証明していることは見つけられなかった。そして私たちは、仮説の証拠の比較検討において、大きな非対称性を示す。肯定的で裏付けになる証拠を過大に評価し、否定的な証拠を過小評価しがちなのだ。プロの読心術師は、この傾向を長いあいだ利用している。私たちは、自分が探しているものを見るのだ。

推理におけるこの最終段階になっても、〈ワトスン・システム〉はまだ私たちを自由にしてくれない。たとえ私たちがすべての証拠をもっていたとしても――プロセスのこの時点では確かにもっているはずだ――いまだに証拠より先に理論化するし、私たちの体験と、何が可能で何が可能でないかについての観念が、私たちの考え方と証拠の使い方に影響を与えている。ホームズが「シルヴァー・ブレイズ号事件」で正しい方向を指し示しているサインに注意を払わなかったのは、馬が気づかれないままでいることは不可能だと考えたせいだった。ワトスンが入り口の選択肢として屋根を無視したのは、そこから人が部屋に入るのは不可能だと考えたせいだった。私たちはすべての証拠をもっているかもしれないが、だからといって、推論をするときにすべての証拠が客観的で完全であり、目の前にあると考えられるわけではないのだ。

しかしホームズは、みなさんもご存じのように、自分の間違いを発見して正した。もしくは、馬が現れないという失敗で間違いを発見させられた。そして、ありそうもない可能性をありうると考えたとたん、事件と証拠への評価全体が変化して、あるべき場所におさまった。ホームズとワトスンは馬を発見し、問題を解決するために出かけていく。同じくワトスンも、うながされれば無理解を正すことができる。ホームズから、いかにありそうもなく思えることでも考慮すべきだと言われると、すぐに証拠に適合する別の選択肢を思いつく——ほんの少し前にまったく無視していた選択肢を。

ありそうもないことは、不可能なことではない。私たちは推理するとき、すぐに満足してしまう傾向があるため、これで充分だと思われる何かがあると、そこでやめてしまう。可能性を検討しつくしたという確信がもてるまでは、終わってはいけないのだ。私たちは、初期の直観を超えるために体験を広げることを、学ばなければならない。また、仮説を肯定するものと否定するもの両方の証拠を探すすべを学ばなければならない。そして最も重要なのは、あまりにも自然に受け入れられる自分自身の見方ではなく、それ以上のものを探すよう、努力することなのだ。

要するに、私たちはCRTとその手順に立ち戻るべきなのだ。私たちの脳は何をしたいのかを熟考し、意味の通らないことを抑制し（ここで本当に不可能なのか単にありそうにないことなのかを問う）、それに従ってやり方を編集するのだ。私たちには、そうするように言ってくれるホームズがいつもついているわけではないが、これまでに高めてきた〈マインドフルネス〉を通して自分で自分をうながすことは、できるはずだ。それでも、まず行動してあとで考え、考慮もせずに選択肢を無視してしまいたくなるかもしれないが、少なくとも一般的なコンセプトは認識しておくことができる。それは、まず考えてから行動し、あらゆる決断を新鮮な頭《マインド》で行うよう、最大限の努力をするということだ。

必要な要素は、すべてそこにある（少なくとも、あなたが観察と想像力による作業をちゃんとしたなら）。秘訣はそれをどう扱うかにあるのだ。たまたま思い出したり、思いついたり、遭遇したことだけでなく、使えるすべての証拠を使っているだろうか？　すべてに同じように重きを置いて、ほかのまったく無関係な要素に左右されずに、重要なことと偶然のことを本当に区別できているだろうか？　やってもいないのに、じっくり考えたと思い違いをしないように、ひとつひとつのステップが次を指し示し、各要素が結論へといたるような順番で、すべてのピースを論理的に並べているだろうか？　あなたには不可能だと思えることがあっても、すべての論理的道すじを考慮しているだろうか？　そして最後に、モチベーションをもって集中しているだろうか？　あなたが取り組んでいる問題は、そもそも何だったのか覚えているだろうか？　あるいは、方法も理由も本当にはわからないのに、なぜか道をそれたり、別の問題に取り組んでしまったりしていないだろうか？

私がはじめて読んだホームズ物語がロシア語だったのは、それが子供時代の言語であり、子供時代の本がすべてそうだったからだ。私があなたに伝えた手がかりを振り返ってほしい。家族はロシア人で、姉も私もソヴィエト連邦で生まれた。物語を読んでくれたのは父だった。問題の本は古かった――とても古かったので、祖父の所有する本で、父も祖父に読んでもらったのではないかと思った。こうやってすべてを並べて見てみると、ロシア語以外の言語はありえないことがわかるだろう。しかし、それぞれの情報を別々に見ていたとき、あなたはちょっと立ち止まって考えてみただろうか？　それとも、ロシア語だとは頭に浮かびもしなかっただろうか……なぜなら、ありそうもないから。そしてその理由は、ホームズの作品なら英語に決まってると考えたからではないだろうか？

コナン・ドイルが英語で書き、ホームズ自身が英語の意識の中に深く染み込んでいることは、関係ない。私が以前ロシア語でしていたように、今は英語で読み書きするということも関係ない。あなたがロシア人のシャーロック・ホームズに出会ったことがないだろうことも、そんな人がいる可能性を考えたことすらないことも、関係ない。重要なのは、前提が何なのかということ、そして、前提から論理的結論へたどっていくとどこへたどり着くのか、その場所はあなたの脳が向かっていたところなのかどうかなのだ。

正典参考箇所

「ぼくは、きみの癖を知りぬいているんだよ」「ぼくはこれらの事実を総合して、……」――『シャーロック・ホームズの回想』〔背中の曲がった男〕

「ぼくのあらゆる本能が、反対を叫びつづけているんだ」――『シャーロック・ホームズの復活』〔アベイ荘園〕

「これは、新しい証拠を入手するよりも、……」「実を言うと、はじめ私が新聞記事をもとに組み立てたいくつかの仮説は、……」――『シャーロック・ホームズの回想』〔シルヴァー・ブレイズ号事件〕

「ドアは昨夜から閉まったままだ」――『四つの署名』第六章「シャーロック・ホームズの証明」

第六章　脳という屋根裏部屋をメンテナンスする――勉強に終わりはない

その下宿人は態度が明らかに異常だった。家主のミセス・ウォレンは、もう一〇日間あまり彼の姿を見かけていない。入居した最初の晩に外出して、夜遅く帰宅したときを除き、ずっと部屋に引きこもっている。聞こえるのは部屋を歩き回る音だけだ。そのうえ、必要なものがあると、たった一語、SOAP《せっけん》、MATCH《マッチ》、DAILY GAZETTE《デイリー・ガゼット紙》などと活字体で書きつけた紙切れを部屋の外に置いておく。何かがおかしいと感じたミセス・ウォレンは、ホームズに相談しに来たのだった（赤輪団）。

当初、ホームズはこの件にたいして興味をもたなかった。多少わけありな下宿人など、調べてみる価値はなさそうだからだ。ところが少しずつ、細部が興味をそそるようになる。まず、活字体で書かれた単語のこと。なぜふつうの書き方をしないのか？　なぜそんな、全部が大文字という、ぶかっこうで不自然な伝達手段を選ぶのか？　そして、ミセス・ウォレンが気をきかせて持ってきた、下宿人の煙草の吸い殻。下宿人にはあごひげと口ひげがあると家主が断言したのに、ホームズは、その煙草を吸ったのはきれいにひげをそった者でしかありえないと主張する。それでも、それ以上どうにもならないので、ホームズはミセス・ウォレンに、「何か新しいことが起きたら」連絡するようにと言い渡す。

はたして、本当に〝新しいこと〟が起こる。翌朝、ミセス・ウォレンは叫びながら再びベイカー街を訪れるのだ。「こうなったら警察に頼むしかありません。とても、これ以上がまんできません！」家主の夫が男二人に襲われ、頭からコートをかぶせられて馬車に放り込まれたが、およそ一時間後に解放されたのだった。ミセス・ウォレンは下宿人のせいだと言って、その日のうちに出ていってもらおうと決意する。

落ち着いて、とホームズは言う。「早まったことをなさっちゃいけません。この問題は、はじめに考えたよりも、ずっと重大なものになってきたように思われます。あなたの下宿人は、あきらかに何か危険におびやかされています。それからまた、お宅の玄関前で下宿人を待ち伏せていた敵が、朝の霧が深かったため、あなたのご主人を下宿人と間違えたことも、あきらかです。その間違いに気がついたので、ご主人を放りだしたんです」

その日の午後、ホームズとワトスンは、物議をかもしている下宿人本人を一見すべく、グレイト・オーム街へおもむく。やがて、二人は彼女の姿を目にする——そう、そこにいたのは女性なのだ。ホームズの推測は正しかった——下宿人が入れ替わっていたのである。「ひと組の男女が、目の前に迫った恐ろしい危険を逃れて、ロンドンに身をかくそうとしているのだ。その危険が、いかに恐ろしいものかは、彼らの厳重な警戒ぶりを見ればわかる」と、ホームズはワトスンに説明する。

「男には、何かやらなければならない仕事があり、それをやり遂げるまでは、女を絶対に安全にしておきたいのだ。それは、なかなか容易なことではないが、男はこれを独自の方法で解決した。しかも、それは食事を世話する下宿のおかみさんさえ、女があの部屋にいることに気がつかないほど効果的な方法なのだ。これではっきりしたんだが、通信を活字体で書いたのは、書体で女であることを見破られないためなんだ。男は女に近づくことができない。近づけば敵に女がどこにいるかを感づかれるからだ。直接に手紙のやりとりはできないから、彼は新聞の広告欄を利用することにしたのだ。ここまでは実にはっきりしている」

それにしても、どんな目的があって？　ワトスンは知りたがる。なぜ秘密で危険なのか？　ホームズは、生死に関わる問題なのだと推定する。ミスター・ウォレンが襲われたこと、部屋にいる女性が誰かに見られているのではないかと思ったときの恐怖の表情、どれをとっても不吉な様相を呈している。

では、なぜホームズは引き続き捜査するのかと、ワトスンは問う。ミセス・ウォレンの持ち込んだ件は解決した。家主としては、下宿人を部屋から追い出したいだけだ。深入りすれば危険かもしれない。なりゆきにまかせておけばいいのではないか。「得るところは何もないと思うがね」と彼はホームズに言う。

ホームズが、打てば響くように答える。

「得るところは何もないというのか？　いうならば芸術のための芸術だよ、ワトスン。きみだって、患者を治療するときには、医療費のことなんか忘れて症状を研究するだろう？」

「それは勉強になるからだ」

「そうだ、勉強に終わりはない。勉強というものは、最後まで研究の連続で、最後に最大のものが待っているのだ。これは勉強になる事件だ。金にも名誉にもならないが、なんとか解決してみたい事件だ。日が暮れたら、捜査は一歩進んでいるだろう」

初期の目的がすでに達成し終わっていようと、ホームズはかまわない。事件をそれ以上追及すれば極度の危険を伴うとしても、かまわない。もともとの目的が果たされたとき、何かが当初思っていた以上に複雑だと判明したら、その何かをあっさり手放してしまうことはない。その事件はためになる。ほかに何もなくとも、さらに学ぶべきことがもっとある。勉強に終わりはないとホームズが言うとき、彼が私たちに伝えようとするのは、見かけほど表面的なことではない。もちろん、つねに学びつづけるのはいいことだ。頭を鋭く機敏な状態に保ち、ひとりよがりに陥るのを防いでくれる。だが、ホームズにとって勉強とは、それ以上の意味をもつ。ホームズ的感覚で言う勉強とは、たゆまずに自分自身を刺激し、〈ホームズ・システム〉から多くを学んでいながら〈ワトスン・システム〉に支配されてしまうことを、決して許さない方法のことだ。それは私たちの習慣となってしまった振る舞いに絶えずゆさぶりをかけ、自分が何かに熟達していようとも、携わるすべてに〈マインドフル〉でありつづけ、熱意を失わずにいるための方法であることを、忘れてはならない。

本書ではここまで、訓練の必要性を強調してきた。今のホームズがあるのは、現実世界へのアプローチ方法の核を成す〈マインドフル〉な思考習慣をつねに訓練しているからだ。しかし、訓練すればするほど、それがシンプルになり第二の天性となっていくことで、〈ワトスン・システム〉の域に入っていく。思考習慣はホームズ的なものであるが、やはり習慣は習慣、当たり前のことなので、気をつけていなければ、〈マインドレス〉になってしまう。思考を当然の行為として、脳という屋根裏部屋で進行していることに注意を払わなくなれば、その屋根裏部屋をいかにすっきり片づけてあろうと、混乱をきたすことになるのだ。そういう事態に陥らないよう、ホームズはみずから励ましつづけなくてはならない。〈マインドフル〉な習慣がなまってはいないとしても、それをつねにはたらかせつづけなければ、惑わされてしまいかねない。思考習慣を励ましつづけていなければ、入念に養ってきた〈マインドフルネス〉も、ホームズ的になる前の《プレ・ホームジアン》〈マインドレス〉な状態に逆戻りしてしまうのだ。

それは難しいことで、私たちの脳は、例によってあまり助けにならない。やりがいのあることをやり終えたと感じるとき、それがやっかいなクローゼットの片づけだろうと、謎を解決するといったようなもう少し複雑なことだろうと、私たちの〈ワトスン脳〉は、休むことや、りっぱにやり遂げた仕事の報酬《リワード》をみずからに与えることしか、したがらない。着手したことをやり終えたのに、なぜそれ以上のことをするというのか？　と。

人間が学習するのは、主として、報酬予測誤差《リワード・プレディクション・エラー》（RPE）というものに駆られてだ。期待していたよりもやりがいがあると、RPEによりドーパミンが脳内に放出されることになる。たとえば運転を学習する場合なら、「右折ができた！　円錐標識《コーン》にぶつからなかった！」などというとき。何か新しいことを学習するときによくあることだ。それぞれの段階で、満足できる結果というのはわかりやすい——自分が何をしているのかわかりはじめる、能率があがる、失敗が減っていく、というふうに。達成するたびに、必ず利得《ゲイン》が伴う。うまくできるようになり、そのせいで楽しくなるだけでなく、脳のほうも学習と向上のリワードをもらっているのだ。

しかし、そのうちぴったりとおしまいになる。私にとって、楽々運転できることは、もはや驚きでもなんでもない。間違わずにタイプしても、もう意外には思わない。ワトスンがアフガニスタン帰りだと言い当てられても、もう不思議ではない。何かを実際に行う前から、私にはできるとわかっているのだ。だからRPEはない。RPEがなければドーパミンもなし。喜びがない。それ以上学習する必要がない。私たちは適当な学習高原《プラトー》に達したところで、知る必要のあることはすべて学習したと——意識レベルばかりでなく神経レベルでも——判断するのだ。

こつは、即座にリワードが与えられるその時点を通り過ぎるよう、本来価値のあるその先の不確実性をさぐるよう、脳を訓練することだ。たやすいことではない。先にも述べたように、将来の不確実性というのは、はっきり言って私たちがあまり好きではないものなのだから。目先の利得《ベネフィット》にとびつき、ドーパミンの快楽と後作用にひたるほうが、ずっと気持ちいい。

　惰性《イナーシア》は強い力である。私たちは惰性で行動する生きものだ。そして、たとえば仕事のあと居間に入っていくと必ずテレビをつける、何があるか確かめるためだけに冷蔵庫を開ける、といった目につく習慣ばかりでなく、きっかけがあれば予想どおりの道すじをたどる、予測可能な思考のループという習慣によっても行動する。また、思考習慣は並みたいていのことでは断てない。

　選択の際に最も強い力をもつものに、初期設定《デフォルト》効果がある。すでに述べてきたように、充分に妥当な選択肢《オプション》であるかぎり、目の前にあるものに伴ういちばん抵抗の少ない道を選ぶという傾向のことだ。それが繰り出されるところを、私たちはしょっちゅう目にする。勤め先で被雇用者は、個人退職金積立計画への加入がデフォルトとなっていれば賦課金を負担し、どうするかを選ぶ必要があれば——雇用者がたっぷり補助金を出すとしても——賦課金を出さなくなるという傾向がある。死後の臓器提供がデフォルトである（臓器提供を望まないと積極的に指定しなければ、誰もが臓器提供者《ドナー》となる）という国では、臓器提供を選ばなくてはならない国よりもドナーのいる率が高い。実際、何かをするかしないかの選択肢を与えられたら、私たちはしないほうを選ぶ。そして、その選択もまた何かをすることにあたるとは思わないものだ。しかし、いわば消極的かつ無頓着に何かをしているわけで、ホームズがつねに力説する積極的関与の、対極にあたる。

おかしなことだ。学習し終わったことが増えるほど、もう休もうという衝動が強くなっていく。私たちはともかくも報われることを望み、それが自分にとって害になってしまうとは気づかない。

このパターンは、個人のレベルばかりでなく、あらゆる組織や企業でも際限なく繰り広げられる。画期的な新機軸を生み出したというのに、いつのまにか競争相手に出し抜かれて何年分もの後れをとっていたという会社が、いかに多いことか（たとえばコダックやアタリ、あるいはブラックベリー携帯電話を生んだＲＩＭしかり）。この傾向は実業界に限ったことではない。めざましい革新に続いて、それと同じくらいの勢いで不振に陥ってしまうというのは、学究的な世界でも、軍隊でも、考えつくかぎりほぼありとあらゆる産業や職業でよくあるパターンだ。それもみな、私たちの脳の報酬《リワード》システムのあり方に端を発する。

このパターンがそんなにもよくあるのは、なぜか？　話はまた、非常に広いレベルに行き渡る初期設定《デフォルト》効果、つまり惰性《イナーシア》に戻る。習慣の固定化だ。習慣が報われれば報われるほど、断つことが難しくなる。単語テストで金の星形シールをもらった子供の脳にドーパミンが放出されるとしたら、一〇〇万ドルの儲けや市場占有率急上昇、ベストセラー、受賞、終身的地位にふさわしい学問上の名声といったものに、どれほどの力があるか、想像してみてほしい。

　短期記憶と長期記憶、つまり、ほんの短いあいだ保持したあと手放すものと、脳という屋根裏部屋にもっと恒久的に蓄えるものの違いについては、すでに述べてきた。後者の長期記憶には、二種類ある（そのメカニズムについてはまだ研究途上だが）。〈デクララティヴ〉（宣言的な）記憶、つまり〈明示的記憶〉と、〈プロシージュラル〉（手続きの）記憶、つまり〈潜在的記憶〉だ。明示的記憶は、出来事に関する情報（エピソードの記憶）や、事実に関する情報（語義の記憶）その他、はっきりと思い出すことのできる情報の百科事典のようなものだ。新しい知識を仕入れるたびに、自分なりにつけたそれぞれの見出しの下に、それを書き込んでいく。そして、見出しのどれかに関することを聞かれたら、百科事典の該当ページを繰って——万事順調で、適切に書き込んであり、インクが消えてしまっていなければ——情報を引き出すのだ。でも、本質的に書き表すことのできないものはどうなる？　どうすべきか感じたり、なんとなく知っていたりするようなことは？　そういう場合はプロシージュラルの、つまり潜在的記憶の範疇へ移っている。経験というものだ。こうなると、百科事典の見出しのように簡単ではない。それについて尋ねられたとしても、相手には伝えることができないだろうし、質問そのものにめんくらってしまうかもしれない。この二つの記憶体系は、まるっきり別のものでもなく、ほんのわずかばかり相互作用《インタラクト》しているのだが、ここでの趣旨のためには、この二つを屋根裏部屋に蓄えてある別タイプの情報と考えてもらって、さしつかえない。どちらも屋根裏部屋にあるが、意識しやすさや引き出しやすさは、同じでない。はっきりと自覚しないまま、一方から他方へ移行することはできないのだ。

たとえば車の運転を習っているとしよう。最初は、しなくてはならないことを逐一はっきりと記憶している――キーを回す、ミラーを確認する、駐車場から車を出す、などなど。各ステップをいちいち意識的に遂行しなくてはならない。ところが、すぐにステップのことなど考えなくなる。第二の天性のようなものになっていく。何をしているのかと尋ねられたら、教えることさえできないかもしれない。明示的記憶から潜在的記憶へ、活動的《アクティヴ》な知識から習慣へ移ったのだ。潜在的記憶の範疇では、意識的に向上すること、〈マインドフル〉で〈プレゼント〉（アブセントの反対語で、意識的とか自覚的）であることのほうが、はるかに難しい。学習しはじめたころと同じレベルの油断のなさ《アラートネス》を維持するには、はるかにたいへんな努力を要する。だからこそ、学習はたいてい、K・アンダース・エリクソンが学習高原《プラトー》と名づけた、そこを越える進歩は無理なように思えるポイントに達する。後述するように、必ずしも無理なわけではなく、乗り越えるのが困難なのだ。

最初に学習するとき私たちは、デクララティヴ、つまり明示的記憶の範疇にいる。脳の海馬状隆起で符号化され、強化されて、（順調にいけば）将来活用するために蓄えられる記憶だ。歴史上の年号を暗記したり、仕事で新しい手順を段階的に身につけたりするとき、この記憶を活用する。またこれは、ホームズの言わんとしたことを完全に誤解した私が、どの家に行っても階段の段数を数えては覚えようとした（そしてちっとも覚えられなかった）際に活用した記憶であり、私たちがホームズの思考プロセスを一歩一歩会得して、彼の洞察力に近づいていこうと活用する記憶でもある。

しかし、それと同じことをするホームズが活用するのは、その記憶ではない。思考のその段階に、彼はもう熟達しているのだ。明示的記憶を操ることは、彼にとって第二の天性となっている。ホームズは、考えるということについてきちんと考えるまでもなく、自動的に考える。ちょうど、今はその癖を捨てようとしてはいるものの、身についたやり方であるがゆえに、私たちがデフォルトで自動的に〈内なるワトスン〉になってしまうように。

その癖を捨てるまで、ホームズにとってたやすいことが、ワトスンである私たちにはこのうえなく骨の折れることになるはずだ。ことあるごとに、〝ワトスンする〟のをやめて、その代わりにホームズの意見を聞かなくてはならない。だが練習を積んでいき、自分自身に対し、観察すること、想像力をはたらかせること、論理的に推理することを——そして、お昼に何を食べるか決めるといった、一見ばかばかしく思えるような場面でもそうすることを——課していけば、変化が起きる。思いがけず、いろいろなことが以前より少し円滑に運ぶようになる。以前より少しばかりてきぱき先へ進むようになる。少しばかり無理なく、少しばかり苦労が減ったような感じになるのだ。

本質的にそれは、私たちが記憶システムを切り換えようとしているということだ。私たちは明示的記憶から潜在的、習慣的記憶へ、手続きとしての記憶へ移ろうとする。私たちの思考は、車を運転したり自転車に乗ったり、数え切れないほどたびたびやったことのあるタスクをやり遂げるときの記憶に、類似するものになっていく。目的指向《ゴール・ディレクテッド》（考える場合、意識的にホームズと同じ段階を踏むように、ひとつひとつ確実にきちんと遂行する）から、自動化（段階を踏むことはもう考えるまでもなく、頭が当然のこととして段階を踏む）へ。そして、主として努力を要する記憶に基づく何かから、必ずしも自覚せず例のドーパミン・リワード・システムを引き起こす何かへだ。極端な例だが、麻薬常用者のふるまいを考えてみるといい。繰り返しになるが、繰り返すだけのことはあるのでご容赦を。報いがあればそれだけ、早く習慣になり、断つことが難しくもなるのだ。

習慣を〈マインドレスネス〉から生き返らせて〈マインドフルネス〉へ

〔這う男〕は、ホームズとワトスンが一緒に住むのをやめたあとに起きた事件だ。九月のある晩、ワトスンは以前の同居人からの電報を受け取る。「都合がよければ、すぐ来てもらいたい。都合がわるくても、やはり来てもらいたい」と。明らかに、ホームズはこの善良なるドクターに会いたがっている——それもできるだけすみやかに。だが、なぜだろう？ ホームズが、返電や使いの者に届けさせる返事も待てないほど差し迫って必要とするのは、ワトスンの何なのか？ 二人が一緒に住んでいたところを思い返してみると、忠実な支持者《サポーター》にして伝記作者《クロニクラー》という役回りをはるかに超えた役割をワトスンが果たしていたかどうかは、あまりはっきりしない。よもや、犯罪を解明したり解決の鍵となるような洞察力を発揮したりと、事件に有意義な影響を及ぼす人物だったことは、一度もない。まさか、今になってホームズからそんなにせっぱ詰まった呼び出しがあるとは――事件解決にワトスンの助けを乞うという意味の電報が届くとは、意外なことだろう。

しかし、電報はまさにそのとおりの意味だ。結局わかってくるとおり、ワトスンは――以前からずっとそうだったのだが――伝記作者で友人というどころではない、ホームズにとって忠実な相棒であり、精神的な支えなのである。実はこのワトスンこそ、ホームズがそれまでもずっと変わらずに鋭く、つねに〈マインドフル〉でいつづけられた理由の一部なのだ。ワトスンこそが事件の解決に必須の（それどころか、かけがえのない）存在だったのであり、これからもずっとそうありつづけるはずだ。そのわけは、まもなくはっきりとわかっていただけるだろう。

習慣というのは、便利なものだ。さらにもう一歩踏み込んで、習慣は不可欠なものだと言おう。習慣のおかげで私たちは、詳細について思い悩まずに、おおざっぱな戦略上の問題を経験的な事実認識に基づいて考えられるようになる。習慣抜きでは考えられない、もっと高いレベルの、まったく別次元のことを考えることができる。

その一方で、習慣はきわどいほど〈マインドレスネス〉に近接している。簡単に、かつ自動的にできるようになったとたん、考えるのをやめてしまうのは、非常にたやすい。ホームズ的な思考習慣を獲得するという骨の折れる道程は、目的指向のものだ。〈マインドフル〉な考え方、よりよい、より学識のある、より周到な選択のしかたを身につけることから生じる、未来の報酬《リワード》に到達すべく、頭に自分をコントロールさせるのではなく自分の頭をコントロールすべく、私たちは集中させられる。習慣はその反対だ。何かが習慣になると、〈マインドフル〉な、モチベーションを備えた〈ホームズ・システム〉脳から、〈マインドレス〉な、考えることをしない〈ワトスン・システム〉脳へ移行する。〈ワトスン・システム〉脳は、すでに述べてきたような先入観《バイアス》や発見的方法《ヒューリスティクス》、知らず知らず振る舞いに影響を及ぼしはじめる、あの隠れた力をたっぷりもっている。私たちはそのことを認識しなくなってしまい、そのため、それに注意することができなくなってしまう。

一方のホームズはどうだろう？　どうやって〈マインドフル〉なままでいるのか？　習慣が〈マインドフルネス〉と必ずしも矛盾しないということではないのだろうか？

ホームズからワトスンへの切迫したメッセージ、どんなに都合が悪かろうと来いという呼び出しに、立ち返ってみよう。ワトスンは、自分が呼ばれているわけをちゃんと承知している（自分の存在がどれほど重要かには気づいていないかもしれないが）。ワトスンはこう書いている。「ホームズはひとつのことに熱中する狭い習慣に固執する人間だから、いつしか私自身が、その習慣のひとつになっていた。ヴァイオリンや、刻み煙草や、愛用の黒パイプや、索引付きの備忘録や、そのほか、もっと値打ちのないものと同じ存在となったのだ」（〔這う男〕）ではいったい、慣例としてのワトスンの役割とはどんなものか？　「私は彼の心を磨く砥石だった。彼の刺激剤だった。彼は私を前において、口に出してしゃべりながら思索するのが好きだった。そんなときの彼は、私に向かってしゃべるのではなかった――寝台に向かって話しかけるようなものだった。にもかかわらず、それが彼の習慣となっているので、私が合の手を入れたり言葉をさしはさんだりするのが、いくらか彼の役に立つらしかった」それればかりではない。「私は頭のはたらきが組織的なくせに鈍くて、それが彼をいらいらさせたが、そのいらいらが彼の火のような直観と感受性を刺戟して、思考力が迅速にいきいきと燃えあがった。そこに二人の関係におけるささやかな私の役割があったのだ」

ホームズには、間違いなくほかの方法もある。それに、このあとすぐ見ていくことになるが、ワトスンの役割は大きなテーマの構成要素のひとつにすぎない。だが、多方面にわたって集積されたホームズの武器の中でも、ワトスンというのはかけがえのないツールであり、ツール（あるいは、そう呼んだほうがよければ、慣例）としての彼の機能が、ホームズの思考習慣が〈マインドレス〉なルーチンに絶対陥らないように、つねに〈マインドフル〉であるように、つねに〈プレゼント〉でつねに研ぎ澄まされた状態であるように、してくれるのだ。

先ほど、車の運転を習うとき、すっかり上達したころに自分の行動について考えなくなって、ともすると注意散漫になり、頭が〈マインドレスネス〉に陥るために直面する危険について語った。何もかもいつもどおりなら、だいじょうぶだろう。だが、何か予想外のことがあったら？　路上に注意を集中していた学習の初期段階のようには、とうてい素早く反応できないだろう。

ただし、自分の運転のことを今一度きちんと考えさせられていたとしたら？ 私たちは誰かに運転のしかたを教えてもらったわけだし、誰かほかの人に教えるよう頼まれることもあるかもしれない。もし頼まれれば、やりがいのあるその仕事を引き受けるのが、まさに得策というものだろう。相手にひととおりのことを話し、よくわかるようにかみくだいて説明すれば、自分のしていることに再度注意を払わざるをえなくなるばかりか、自分の運転技術が向上することにもなるかもしれない。自分がひとつひとつのステップを改めて考え、何かをしながら――単に手本を示すためだけでも――自分のしていることに対して、それまでより〈マインドフル〉になっていると気づく。運転初心者が知っておくべきこと、注意すべきこと、どう気をつけてどう反応すればいいかを系統だてて述べられるよう、新鮮な目で路上を見ている自分に気づくだろう。あれやこれやのステップを習得するのに手いっぱいだった初めのころ、考慮に入れていなかった――あるいは、見ようと思えば見えていた――パターンが現れてくるだろう。経験による力量のおかげで、そういったことが無理なく見えるようになるだけでなく、意のままになる利点を充分に意図して生かせるだろう。

ホームズもそれと同様なのだ。彼がワトスンの存在を必要とするのは、〔這う男〕の中だけではない。どの事件でも、彼は相棒にしじゅう教えているし、どうやってあれやこれやの結論に達したのか、自分の頭が何を考えてどういう道すじをたどったのか、ことあるごとに語っているではないか。そうするためには、その過程の初めから終わりまでじっくり考え直すはずだ。習慣となってしまったことに、もう一度意識を集中しなくてはならない。ワトスンがアフガニスタンから戻ってきた理由がわかったように、〈マインドレス〉なうちに達した結論にも、〈マインドフル〉にならざるをえない（とはいえ、すでに論じてきたように、ホームズ的〈マインドレスネス〉はワトスン的なそれとまったく別ものである）。ワトスンは、そういったごく自然に考えつく要素について、ホームズの頭が考えるのを忘れないようにしてくれる。

さらに言えば、ワトスンはどんな間違いが起こりうるか絶えず思い出させる《リマインダー》存在となっている。ホームズが言うように、「君の間違いを発見して、真実に導かれることが多かった」のだ（『バスカヴィル家の犬』）。それは決して些細なことではない。どんなに些細な、ホームズにはまるでわかりきっているだろう質問を口にすることでさえ、物事のわかりきった面そのものに二度目を向けるよう、ワトスンがホームズに強いるのだ。それに疑問をもつか、それが明快なわけを説明するようにと。言い換えれば、ワトスンは必要欠くべからざる存在なのである。

そして、ホームズはそれをよくわかっている。彼の表面的な習慣を列挙してみよう——ヴァイオリン、煙草とパイプ、索引付きの備忘録。どの習慣も〈マインドフル〉に選択されたものだ。どれも思考を促進する。ワトスンに出会う前の彼はどうしていたのだろう？　何にせよ、ワトスンに出会ってからの世界のほうがはるかに好ましいと、きっと彼はたちどころに悟ったはずだ。「きみ自身は光を発しないかもしれないが、光を伝導する能力はあるんだ」と、あるとき彼は、必ずしも冷たい調子ではなくワトスンに言う。「自分は天分にめぐまれないが、他人の才能を開発する特異な能力をもつ人がいるものだ。正直なところ、ぼくはずいぶんきみに助けられているんだ」（『バスカヴィル家の犬』）そのとおり、ワトスンのおかげであることは確かだ。

偉大な人間は、自己満足に陥らない。要するに、それがホームズの秘訣である。自分の頭を科学的手法に導くのに誰かを必要としなくとも（導いてくれるものを発明してもいいわけだし）、さらに学びつづけ、もっと巧みになるよう、向上していくよう、過去に出会ったことのないような事件や視点やアプローチに取り組もうと、なおみずから挑戦することをやめない。その一部は、彼をうながし、刺激し、彼のみごとな手腕に慣れてそれを軽んじることなど決してないワトスンの協力を、何かにつけ得ようとすることへ立ち返る。他の部分は、事件の選び方そのものに向かう。思い出してほしい。ホームズはどんな事件でも引き受けるわけではない。引き受けるのは、興味をかきたてる事件だけ。巧妙な道徳律だ。彼が事件を引き受けるのは、ただ犯罪を減らすためだけにではなく、自分の思考のある面をうながすためでもある。平凡な犯罪者は相手にするまでもない。

だが、ワトスンにつきあってくれと求めるにせよ、あまり手ごたえのない事件よりは、ずっと難しい、ひときわ珍しい事件を選ぶにせよ、教訓は同じになる。学ぶ必要、向上する必要を、つねに絶やさないことだ。〔赤輪団〕の終盤、ホームズはグレグスン警部に向かい合う。ホームズが当初の仕事をやり終えたあとも追跡することに決めたその事件を、警部が捜査していたと判明するのだ。グレグスンはひどく当惑する。「ところで、私にはどうしても納得がいかないんですが、ホームズさん、あなたはどうしてこの事件に介入することになったんですか？」

ホームズの返事はあっさりしたものだ。「勉強のためですよ、グレグスン警部。勉強のためです。いつもながらの大学で、私は、いまもって知識を求めているのです」この複雑で表には出なかった第二の犯罪は、彼を思いとどまらせるどころか、彼をひきつけ、もっと学ぶようさし招いたのだ。

ある意味、恐ろしく思えようと複雑に見えようと、さらなる知識に対して決してノーと言わないというのも、また習慣である。問題の事件は、ホームズがワトスンに言ったとおり、「悲劇的で奇怪な標本」なのだ。そんな事件だからこそ、追跡するに充分値する。

私たちもまた、難しい事件はやり過ごしてしまおうという、ひとつの犯罪をもう解決したんだ、難しい仕事をひとつもうやり遂げたのだから満足感に屈服してしまおうという、強い衝動に抵抗しなくてはならない。やらずにすませるほうがどんなにたやすかろうと、難題に取り組まなくてはならない。そうすることによってしか、ホームズ的思考という成果を生涯を通じて享受しつづけることはできないのだ。

自信過剰の危険性

確信をもちすぎる考え方、型どおりの基盤に立ってそれ自体を疑ってみることを忘れた考え方の犠牲に、間違ってもならないようにするには、どうしたらいいのだろう？　絶対確実な手法はない。それどころか、手法を絶対確実と考えることこそが、私たちをつまずかせかねない。自分の習慣は自分の目に見えないものになっているので、また、もう積極的に学んではいないし、以前ほど考えるのが難しいようにはとうてい思えないので、そのプロセスがかつてどんなに難しかったかを忘れてしまいがちだ。私たちは、大切にすべきことをこそ当然とみなす。すべてをコントロールしている、自分の習慣は相変わらず〈マインドフル〉だ、脳は依然として活動している、頭はまだ絶えず学習し刺激されている——なんといっても、あんなにがんばってそこへ到達したのだから——と考えているが、そうではない。はるかに優れたものではあるが、ひとそろいの習慣を別の習慣と取り替えたのだ。そうすることによって、私たちは成功をぶちこわしにする二大殺し屋のえじきとなる危険を冒す——自己満足と自信過剰だ。この二つはホームズのような人間にとってさえ、手ごわい敵である。

〔黄色い顔〕事件のことを思い出してほしい。ホームズの理論がまるっきり間違っていたと判明する、まれな事件だ。物語中、ノーベリから来たグラント・マンローという男が、妻の異様な振る舞いのわけをさぐるべく、ホームズに相談をもちかける。マンローの地所にあるコテージに最近新しい借り手がついたが、それは妙な人たちだった。マンローは入居者のひとりをちらっと見かけ、「何か不自然な、非人間的な印象をあたえる顔なのです」と言う。ひと目見て彼はぞっとする。

だが、謎の居住者よりももっと驚くべきは、彼らが到着したときの妻の反応だった。うそをついて深夜に自宅から出ていき、その翌日にはコテージを訪れ、彼女の内情を追及しないという約束をなんとか夫にとりつける。妻が三度目に出かけるときマンローはあとをつけるが、コテージの住人はいなくなっている。しかし、以前彼がぞっとするような顔を見かけたその部屋に、妻の写真があるではないか。

いったい何事なのだろう？　「この事件には、間違いなく恐喝がからんでいるとぼくは思うんだ」とホームズは言う。では、恐喝者は？　「それは、別荘でただひとつの快適な部屋に住んで、彼女の写真をマントルピースに飾った男ときめつけていいだろう。とにかくワトスン、窓ぎわにあらわれた土色の顔というのが疑わしい。これだけは間違いないだろう」

ワトスンはこの話に好奇心をそそられる。「何かそれを裏づけるものがあるのか？」「ある」とホームズは即座に答える。「まだ仮定の段階にすぎないがね。しかし、もしこの仮定が間違っていたら、ぼくはびっくりして腰を抜かすだろう。別荘にいるのは女の前の夫だ」

ところが、この暫定的な説は正しくないことがわかる。コテージの住人はミセス・マンローの前の夫などではなく、娘だった。マンローもホームズも、存在することを以前はまったく知らなかった娘なのだ。恐喝されているように見えたのは、その娘と乳母がアメリカからイングランドへ渡航する費用を工面しただけ。そして、異様な、人間らしくない顔と見えたのもそのはず、そのとおりのものだったからだ。その幼い女の子の黒い肌を隠すためのマスクだ。つまり、ホームズの疑念は結局、真相とかけ離れていた。名探偵がどうしてそんな間違いをおかすのだろうか?

自分自身と自分のスキルに自信があるからこそ、みずからの限界まで突き進めるし、自信がなければできないようなことまで成し遂げられ、自信の足りない者なら手を引いてしまうだろう、きわどい事件にも挑むことができる。ちょっとだけ自信過多なのは、さしつかえない。平均をやや上まわる感覚は、健全な精神や効果的な問題解決にも大いに役立つ。自信があれば、それだけ手ごわい問題に取り組み、楽な領域を超えてがんばることになる。

しかし、自分自身に確信をもちすぎるということもありうる。自信が正確さを負かしてしまえば、自信過剰だ。自分の能力、あるいはほかの人と比べた自分の能力に、そういう事情や現実なら当然もっていい以上の自信をもつようになる。確実だという錯覚はどんどんふくらみ、これまでと同じやり方でしたいという誘惑はどんどん強くなる。自分自身を過信すると、おもしろくない結果になりかねない。いつもなら信じられないほど当を得ているような場合なのに、信じられないほど的はずれになることもある。娘を夫と考えたり、母性愛あふれる母親を恐喝されている妻と思ったりするのだ。

こういうことは、どんなに優秀な人にも起こる。それどころか、すでにほのめかしてきたように、優秀な人の身に起こることのほうが多い。いくつかの研究が、経験者で自信過剰の場合、そういうことが減少するどころか、増加すると示しているのだ。知識が増えて腕が上がるにつれ、そのぶん自分自身の能力を過大評価しがちになる。そして、自分のコントロールが及ばない出来事の力を過小評価してしまう。ある研究によると、企業のＣＥＯというのは、合併や買収に成功した経験をもつと、それまで以上に自信過剰になるという。取引に対する評価が過度に楽観的になるのだ（以前の取引ではなかったことなのに）。また別の研究では、年金制度の分担金に見られる自信過剰は年齢や教養と相関関係にあり、最も自信過剰な分担金拠出者は高学歴で退職年齢間近の男性だという。ウィーン大学が実験市場で調査したところ、リスクの高い資産運用で人は、自信過剰にならない
のが一般的だという結果だった。だがそれも、当の市場でかなりの経験を積むまでの話だ。そこから先は、自信過剰のレベルがぐんぐん高くなっていく。それればかりか、先の四回の四半期にはかなり正確に収益を予測してきたアナリストたちが、その後の収益予測ではあまり正確でなくなり、プロのトレーダーのほうが学生より自信過剰の度合いが高くなる傾向にあることがわかった。そう、自信過剰を最もはっきり予言してくれるのは、時間や経験に伴いがちな力《パワー》なのである。

成功は何よりも自信過剰を生む。ほとんど必ず正しいのだから、この先も必ず正しいと言って、言いすぎではないだろう？　ホームズが自信をもつのは、しごくもっともだ。彼はほとんどつねに正しい。考えることにしろ、犯罪解決、ヴァイオリン演奏、レスリングにしろ、ほとんどすべてのことが、ほかの誰よりも、ほとんど必ずうまい。だからこそ、たびたび自信過剰の犠牲となって当然なのだ。だがたいてい彼の救いとなるのは、前節で明らかにしてきたまさにそのことだ。自分の偉大な頭脳にもそういう落とし穴があることを承知のうえで、

自分の厳格な思考ガイダンスに沿うことであり、つねに学ぶのを怠ってはならないと自覚することによって、彼は必死に陥穽を避けようとするのだ。

書物の外で生きている私たちにとって、自信過剰は相変わらず油断のならないものだ。この作品のホームズのように、ほんのちょっとでも警戒をゆるめると、自信過剰にとらえられる。

自信過剰が無分別《ブラインドネス》をもたらし、無分別が今度は、大失敗をもたらす。自分の手腕にうぬぼれて、疑うべきではないと経験が教えてくれているような情報を――この事件でワトスンが言っている「憶測にすぎないのではないか」という情報さえも――信用しなくなり、そのまま先へ進んでしまう。事実がそろわないうちに仮説をたてるべからず、勝手に先走らずに深く様子をうかがい、念には念を入れて観察すべしといった、わかっているはずのことに一瞬気づかなくなって、明快な直観に足をすくわれてしまうのだ。

自信過剰は、活動的《ダイナミック》で積極的《アクティヴ》な捜査を、自分は能力がある、あるいはなじみの状況に思えるという消極的《パッシヴ》な思い上がりと入れ替えてしまう。成功に導いてくれるものに対する評価を、条件付き評価から絶対的評価へとシフトさせてしまう。『私は熟練の域に達しているから、この情況もこれまでのようにたやすく打破できる。すべては私の能力しだい、環境がたまたま私の手腕をひきたててくれたわけでもない。よって、自分の行動を調整しなくてもかまわないだろう』と。

物語に未知の登場人物がいる、あるいはミセス・マンローの経歴に未知の要素がある可能性を、ホームズは考慮に入れそこなう。また、変装という可能性も考慮しなかった（変装はこの探偵にとって盲点だ。ご記憶だろうか、彼は同じような確信をもって、〔シルヴァー・ブレイズ号事件〕でも、〔唇のねじれた男〕でもそれを考慮に入れない）。私たちのためになっているのと同じように、ホームズにも自分の功績を読み返すことがあったとしたら、自分にこのタイプの間違いをおかす傾向があると学んだのではなかろうか。

　このプロセスが作動するところを、多くの研究が示してきている。ある古典的論証では、性格特性について臨床心理学者たちに内々の鑑定を依頼した。実際の臨床事例を基にした四つのパートからなる症例報告書を臨床心理学者に渡し、各パートのあとでその患者の性格について、行動パターンや関心事、さまざまなライフ・イベントに対する特有の反応など、一連の質問に答えてもらうものだ。また、自分の答えにどの程度自信があるかも尋ねた。セクションごとに、症例に関する経歴情報が増えていくのだ。

　心理学者が詳しく知るにつれ、彼らの自信も強くなった。だが、的確さは学習高原《プラトー》にとどまった。それどころか、二人を除く全臨床医が自信過剰になり（言い換えれば、的確さに対して強すぎる自信をもち）、最初のステージで三三パーセントだった自信の平均準位は、最終ステージでは五三パーセントに上昇した反面、的確さのほうは二八パーセント以下にとどまった（質問の構成からして、二〇パーセントが見込まれていたところだ）。

　自信過剰は、このたぐいの期待はずれに直結することが多い。そしてときどき、深刻な判断ミスにつながる。実験ではない環境で、どんなに誤っていようとも自分の判断に信を置きすぎる臨床医を考えてみるといい。そういう医者がセカンド・オピニオンを求めたり、自分の患者にセカンド・オピニオンを聞くよう勧めたりしそうだろうか？ 自信過剰な人は自分自身の能力を過信し、自分たちにはコントロール不能な影響を及ぼすものをあまりにあっさりと忘れてしまい、自身の能力以外のことを過小評価してしまう。そういった何もかもがあだになって、犯罪解決で大失態を演じたり診断を誤ったりと、いつにない不首尾につながるのだ。

こういった連鎖は、実験環境以外で現実のお金や経歴、個人の成果などに関わる場合でも、繰り返し観察されるはずだ。自信過剰なトレーダーは、自信に溺れない仲間たちよりも成果をあげられないできた。どんどん取引に打って出て、それに見合う収益をあげられないのだ。自信過剰なCEOは、自社を過大評価して、マイナスの効果を懸念して株式の上場を延ばし延ばしにする。また、たいていはそれよりも合併、それも好ましくない合併に走りがちだ。自信過剰な経営者は、自社の収益を阻害してきた。そして、自信過剰な探偵は、自己満悦が過ぎたばかりに、それさえなければ汚されなかった記録にきずをつけてしまう。

成功には、たゆみない、果てのない勉強という非常に重要なプロセスを台なしにしてしまいがちなところがある。しっかりと抵抗し、何度でも抵抗していかないかぎり。自分を疑い自分に異議をとなえるという、ホームズ的思考法に必要不可欠な行為を、勝利はいともたやすくやめさせてしまう。

自信過剰のきざしを見抜く学習

自信過剰にいちばんいい治療法は、どんなときにいちばん自信過剰に襲われやすいか知っておくことだ。一例を挙げれば、ホームズは、過去の成功や経験はとかく思考に大失敗を引き起こしやすいと知っていた。『バスカヴィル家の犬』事件の要所でみごと犯人に罠を仕掛けられたのも、そう心得ていたからこそだ。ホームズが事件現場に来ていると容疑者に知られ、逮捕がますます難しくなるだろうと気をもむワトスンは、「きみがここへ来ていることを知られたのはまずかったね」とホームズに言う。だがホームズは、それはあながち悪いことではないかもしれないと考える。「ぼくも最初そう思った」と言うが、犯人は「いっそう警戒を強めるかもしれないし、即座に思いきった手をうつかもしれない。利口な犯罪者は、たいていそうだが、あいつも自分の利口さを過信して、ぼくらを完全にだましたと思っているかもしれないよ」と答えるのである。

ホームズは、首尾よくやってのけた犯罪者がまさにその上首尾の犠牲になりがちであることを知っていた。知ったうえで、才気に走りすぎるゆえに相手を過小評価する一方みずからの力を過大評価するという、才気の危険信号を彼は見張っている。そして、さまざまな機会にその知識を活用して犯人を捕らえる——バスカヴィル館のときばかりでなく。

自信過剰、あるいは自信過剰につながる要素が、他人にあるのを見抜くのと、自分自身のうちにあるのを認めるのとは、まったく別ものである。後者ははるかに難しい。だからこそ、ホームズはノーベリで大失敗をする。しかし、私たちにとって幸いなことに、自信過剰がよく待ち伏せていそうな場所を突きとめるのに、心理学者たちはすばらしい成果をあげてきた。

主な情況は四つある。第一に、自信過剰が最もありふれているのは、困難に直面したとき——たとえば、事実をあますところなく知ることができない場合にどうしても判断を下さなくてはならないときなどだ。これを〈ハード・イージー効果〉という。私たちは簡単な問題に対して自信不足に、難しい問題に対して自信過剰になりがちだ。つまり、自分のうまくやる能力を、どう見てもうまくいくような場合には過小評価し、見込みがあまり思わしくなくなると過大評価する。たとえば、チョイス50（C50）タスクというのがある。二者択一の選択をしては、それぞれの選択にどれほど自信があるかを〇・五と一のあいだで申し立てるものだ。調査すると、判断が難しくなるほど、自信のほどと正確さのずれ（すなわち自信過剰）がめざましく大きくなるという結果が、たびたび出る。

〈ハード・イージー効果〉がはなはだしい領域といえば、未来予測もそうだ。難しくなければ意味のないタスクである（事実上不可能だ）。ところが、不可能だからといって試みがやむことも、自分自身の知覚と経験に基づく予測に自信をもちすぎる人がいなくなることもない。株式市場を考えてみるといい。ある特定株の動きを実際に予測することは不可能だ。そう、経験があり、専門的知識をもっていてさえも。なのに、それでも未来を予測しようとする。では、並外れた成功を収める人が、同じくらい大きな失敗もおかしてしまうのはそんなに意外だろうか？　成功すればそれだけ、何もかも自分の能力のたまものとしてしまいがちになる。たまたま当たったという、どんな未来予測でも重要な要因をなす、運のよさは忘れて。それはどんなギャンブルや賭けでも同じだが、株式市場でのほうが、自分には秘密の強み、経験に基づいた利があると考えやすい。

　第二に、自信過剰は慣れとともにふくらむ。何かを初めてするときなら、慎重になるだろう。だが、何度も繰り返していれば、たとえ風景が変わろうとも、しだいに自分の能力を信じて自己満足しがちになる（どこかに自信過剰のドライバーがいるのでは？）。そして、手慣れたことに取り組んでいるときは、なんとなく無難な気がして、新しいことやそれまで知らなかったことをやってみるときのような慎重さは必要ないと思ってしまう。古典的な例を挙げると、エレン・ランガー（序文参照）が、〝旧知のもの〟対〝未知のもの〟のくじ《ロッタリー》に賭ける場合に、〈コントロール幻想〉（実際の範囲を超えて環境をコントロールしていると思い込む、自信過剰の一面）に屈伏しがちだと指摘している。

　これは、ここまでも論じてきた習慣形成に似ている。私たちは何かを繰り返すたびに、そのことに通じていき、どんどん自動的に行動するようになるので、そのぶん、自分が何をしているかを充分に考えなくなる。ホームズも、初期の事件では〔黄色い顔〕のような失敗はしていない。そうした失敗をおかすのは彼の経歴の後半に起きた事件で、彼がそれまでたびたび経験してきたような、昔からよくある恐喝事件によく似ている場合だ。だが他人のこととなると、ホームズは慣れの怖さをよく知っている。〔覆面の下宿人〕（『シャーロック・ホームズの事件簿』所収）

において、あまりに長いあいだライオンに餌をやっていた夫婦のことを、こう描写するのだ。「検屍審問の際の証言によると、ライオンは、前々から危険な兆候を見せていたということだが、慣れからくる油断で、いつものことと誰もこのことを気にしなかった」ホームズはその論理を自分に適用すればいいだけだった。

第三に、自信過剰は情報量とともに増大する。あることについてよく知れば、たとえ追加情報が実際には自分の知識を格段に増やしてくれたわけでなくとも、なんとかそれに対処できそうな気になるものだ。これは、本章で前述した、臨床医が症例に判断を下す際の、まさにあの効果である。患者の経歴情報が増えるにつれ、臨床医は診断の的確さに自信をもつようになるが、その自信はますます根拠のないものになっていく。ホームズはといえば、ノーベリへ向かう彼は事情を詳しく知っている。だが、その詳細はマンローの視点から見たものばかりで、そのマンローも重要なことは知らない。それでも、何もかもしごくもっともらしく思える。ホームズの説は間違いなくあらゆる事実にあてはまる——既知の事実には、ということだが。しかしホームズは、その情報が重要であるにもかかわらず、選択的情報であることにかわりはない可能性を計算に入れていない。情報の多さゆえに、危険信号を見逃してしまう。いちばん重要な情報を提供してくれるはずの、ミセス・マンローという主人公からまだ何も知らされていないことを。例のとおり、量が多いからといって質がいいということにはならないのだ。

最後に、自信過剰は行動とともに増大する。積極的に携われば、自分のやっていることに自信がついていく。もうひとつランガーの別の古典的研究によると、自分でコイン投げをする人のほうが、誰か別人がコインを投げるのを見ている場合に比べて、表が出るか裏が出るかうまく当てられる自信をもつとわかった。客観的に見て、確率に変わりはないというのにである。さらに、くじの札《ロッタリーふだ》を自分で選んだ人のほうが、誰かに選んでもらった場合よりも、ラッキーな結果が出ることに自信をもっていた。現実の世界でも、この効果は目に見えてわかる。もう一度トレーダーを例に挙げてみよう。彼らは取引を重ねれば重ねるほど、それだけうまく取引する自分の能力に自信をつけていく傾向にある。結果として、しばしは能力以上の取引をすることになり、そのうちにそれまでのパフォーマンスを下回ってしまう。

しかし、備えあれば憂いなし。こういった要素を知っておけば、回避するのに役立つはずだ。本章冒頭の教訓に立ち返るだけでいい――私たちは学びつづけなくてはならない、ということだ。最善の策は、自分もまた、それとはほぼ正反対ながら密接に関係する停滞からであれ自信過剰からであれ（ほぼ正反対というのは、自信過剰が習慣的停滞とは逆に動いているという幻想を生むからだが、その動きは必ずしも成果を出してくれるものではない）、つまずくことが必ずあると承知しておくこと。そして学びつづけることだ。

〔黄色い顔〕のラストで、ホームズは相棒に最後の言葉を伝える。「ワトスン、今後ぼくが自分の能力を過信したり、事件のために当然と思われる労力を惜しむようなことがあったら、耳もとで『ノーベリ』とささやいてくれないか。そうしてくれると、たいへんありがたい」ホームズはひとつだけ正しかった――この事件を決してのがしてはならなかったのだ。最もすぐれた人物でさえ――最もすぐれた人物だからこそ――私たちは誤りを免れないと、自分をあざむいて自信満々の大失敗をしてしまうことがあると、思い出させてくれるもの《リマインダー》が必要なのである。

学びつづけるのに手遅れということはない

本章は〔赤輪団〕の、ホームズが終わりのない勉強を謳うところから始まった。尽きることのない好奇心と、より難解な事件や知識で頭を刺激しつづけたいというやむことのない欲望の、この注目すべき年はいつだっただろうか？　一九〇二年である。[注3]一方、〔黄色い顔〕事件の、ホームズが力説するその勉強を自信が打ち負かしてしまう事態が起きた年はといえば？　一八八八年だ。年代をもちだすのは、ある意味わかりきってはいるものの、人間の頭《マインド》の中心的な要素――私たちは学ぶことをやめないということ――を指摘するためだ。不審な下宿人の事件を引き受け、最後には秘密結社と国際的犯罪団の物語〔赤輪団とは、その名のもとに凶悪な行為の数々がとりざたされる、謎に包まれたイタリアの犯罪シンジケート〕に巻き込まれたホームズは、もはやあの、〔黄色い顔〕でいかにも不注意な過ちをおかしたホームズではない。

ホームズにはホームズなりの〝ノーベリ〟が、いくつかあるかもしれない。だが彼は、それらから学び、学ぶ過程でよりよい思考者となっていき、すでにほかの何よりも鋭いと思える頭《マインド》を、つねに改善していくことを選んだ。私たちも、意識していないかもしれないが、決して学ぶのをやめはしない。〔赤輪団〕のころのホームズは、四八歳だった。従来の標準からすると、人生のその時点で、少なくとも脳の基本レベルでは、大きく変化するのは無理だと思うかもしれない。ごく最近まで、神経系の本質的な変化が起きるのは、神経網が基本的に完成する二〇代で最後になると考えられていた。ところが、まったく別の現実性を示す新たな証拠が出てきた。学習しつづけることができるばかりか、私たちの脳の構造そのものも、はるかに長いあいだ、老年にさしかかってさえも、もっと複雑に変化し発達しうるのだ。

三カ月以上にわたって、成人に三個のボールでジャグリングを教えるという研究があった。対象者の脳と、ジャグリング訓練を受けなかった成人の脳をともに、三回に分けてスキャンした。訓練開始前と、ある程度ジャグリングに習熟した（たとえば、少なくとも一分間はジャグリングが続けられるようになったとかの）時点、そしてその習熟時点から三カ月後だ。その間はジャグリングをいっさいやめるようにした。最初、ジャグラーと非ジャグラーで脳の灰白質に差はない。ところが、ジャグラーが習熟するころには、いちじるしい変化が目に

注3　全事件およびホームズの生涯の年代学は、レスリー・クリンガー編・注釈の *The New Annotated Sherlock Holmes* (NY: W. W. Norton, 2004) による。

見えて現れた。ジャグラーの灰白質が、複雑な視覚運動情報の処理と記憶に関連する領域である側頭中央部および左後方頭頂骨間溝《こう》で、左右相称に（つまり、左右両半球ともに）増大したのだ。ジャグラーが学習していただけでなく、彼らの脳も学習していた。それも、以前の思考で可能だったよりも、もっと根本的なレベルで学習していたのだ。

さらに、そういう神経系の変化は、それまでにわかっていたよりもはるかに急速に起こる。研究者たちが成人グループに、緑と青の二種類の色を新たに定義、命名して識別するよう、二時間以上にわたって教えたところ（視覚的に区別できても言葉にして区別できない、それぞれ任意の名前を割り当てられた四色を使った）、色覚を媒介するV2／3という視覚皮質領域で、灰白質の量の増大が観察された。ということは、たった二時間で、脳は早くも、新しい情報《インプット》と深い生体構造レベルでのトレーニングを受容したと示したわけである。

従来は若者の特権のように考えられていたもの――新たな言語を習得する能力など――ですら人生後半の脳のその分野《ランドスケープ》を変化させつづける。成人グループが現代標準中国語の九カ月集中コースを受講すると、彼らの脳の白質が、左半球言語野と右半球のそれに相対する部位とで、漸進的に反応した（毎月測定）。視交叉と脳梁の離断した患者を論じた際に私たちがでくわした脳梁膝《しつ》（前側末端）の、二つの半球をつなぐ神経線維ネットワークも同様だった。

それに、視力や四肢の機能を失うなど、身体が大きく変化する極端な事例で起こる配線しなおし《リワイヤリング》のことを、考えてみてほしい。脳の全領域に新たな機能が再配置され、失われた機能が担っていたものを精妙かつ革新的に再開する。私たちの脳は、奇跡と言ってもいいほどの離れわざを学習することができるのだ。

まだある。一生懸命練習すれば高齢者でも、すでに起きてしまった認知力衰退の兆候を逆転させられることが、はっきりしたという。まさに興奮すべき報告だ。これまでずっと怠けて過ごしてきたとしても、ホームズの不朽の教訓を生かし、忘れないようにすれば、本質的に変わることができ、すでにこうむってしまったダメージを逆転することができるとは、なんとすばらしいことだろう。

もちろん、そういったすべてのことには、マイナス面もある。私たちの脳が、一生学習しつづけられるなら——そして学習とともに変化しつづけるなら——忘れようともしつづける、ということでもある。先述したジャグリングの研究で、三度目に脳をスキャンするころには、三カ月前に顕著だった灰白質膨張もドラスティックに減衰していた。あのトレーニングは、いったい何だったのか？　それはパフォーマンスや神経のあらゆるレベルで解明されはじめたばかりだ。どういうことなのだろう？　私たちの脳は意識していようといまいと、学習している。結合《コネクション》を強化していないと、学習したことも失われていくのだ。

勉強にも終わりはあるかもしれない——私たちがやめることを選べばだ。私たちの脳は、決してやめない。脳は私たちがどう使うか決めたとおりに、いつまでも反応する。学習するかしないかではなく、何をどのように学習するかの違いだ。消極的でいること、やめること、事実上学ばないことを学習することもできる。知りたがること、さがし求めること、知る必要があるとはわからないことについて、みずからを教育しつづけることを学習できるのと、まったく同じように。ホームズの忠告に従うなら、自分の脳に積極的であるよう教えることになる。そうせずに、今の状態で満足だと、ある程度のところまで到達してその程度で充分だと決めるなら、自分の脳にそれとは反対のことを教えていることになるのだ。

正典参考箇所

「こうなったら警察に頼むしかありません。……」「得るところは何もないというのか？いうならば芸術のための芸術だよ」――『シャーロック・ホームズ最後の挨拶』〔赤輪団〕

「都合がよければ、すぐ来てもらいたい。……」「ひとつのことに熱中する狭い習慣に固執する人間だから」――『シャーロック・ホームズの事件簿』〔這う男〕

「この事件には、間違いなく恐喝がからんでいるとぼくは思うんだ」『シャーロック・ホームズの回想』〔黄色い顔〕

「きみがここへ来ていることを知られたのはまずかったね」『バスカヴィル家の犬』第一二章「荒野の死」

第四部　自己認識の科学

第七章　活動的な屋根裏部屋――すべてのステップを結びつける

『バスカヴィル家の犬』の冒頭で、ベイカー街二二一Bの居間に入ったワトスンは、ジェイムズ・モーティマーなる人物が忘れていったステッキを見つけた。そのステッキの外見から持ち主のことを想像しかけたところで、ホームズの挑戦じみたひと言があり、ワトスンはホームズの方法を実践してみることになる。

「どうだね、ワトスン、これから何がわかるかね？」とホームズにいきなり言われて、ワトスンは驚いた。ホームズは朝食用のテーブルについていたが、こちらに背中を向けていたのだ。ワトスンがやっていることや考えていることが、どうしてわかったのだろう？　頭のうしろにも目がついているに違いない。

そうではないと、答えるホームズ。「すくなくとも、ぼくの目の前には、よく磨きあげた銀のコーヒーポットがあるからね」と続ける。「そんなことよりも、ワトスン、訪問客のステッキから何がわかるかね？」

ワトスンは果敢にもこの挑戦を受け、ホームズのいつものやり方をできるだけ真似ようとした。「モーティマー医師は繁盛している初老の医者で、知人たちから感謝のしるしにこのようなものを贈られたところを見ると、かなり尊敬されている人物だと思う」と彼は始める。「それから、モーティマー医師は、おそらく田舎の開業医で、往診のため、いつも徒歩で患者の家をまわっているようだ？」

前半部分はもっともに思われるだろう。だがワトスンは、どうして後半部分の推理をしたのか？「このステッキは、もとはかなり立派なものだったらしいが、こんなにひどく傷がついているところを見ると、都会の医者が持ち歩く品とは考えられないからだ。厚い鉄の石突きが磨滅しているから、このステッキをついて、かなり歩きまわっているはずだ」という。

ホームズは喜んだ。「完璧だよ！」と感嘆の声を上げている。では、ほかには？

「それから、この『C・C・Hの友人一同より』だが、」と、ワトスンはステッキに彫られた文字に気づく。「これは、なんとか《サムシング》狩猟《ハント》会の略だろうと思う。おそらく、地元の狩猟会の会員が外科の治療を受けて、お礼のしるしに、このようなものを贈ったのだろう」

「本当に、ワトスン、きみとしては上出来だよ」とホームズは言うと、続けてワトスンのことを「光を伝導する」存在であり、他人の才能を開発する特異な能力をもつ人物だと褒め、絶賛の言葉をこう締めた。「正直なところ、ぼくはずいぶんきみに助けられているんだ」

ワトスンは、とうとうコツを覚えたのだろうか。ホームズの推理の過程をマスターしたのだろうか。彼は少しのあいだだけでも賛辞に浴することはできたわけだが、ただそれも、ホームズがみずからステッキを手に取って、推理の基礎をもたらす「二、三の暗示的なもの」があると言い出すまでだった。

「ぼくの見落としたものがあるのかね？」自尊心を傷つけられたように、ワトスンが尋ねる。「重要な点は何も見落とさなかったと思うんだがね」

だが、そうではなかった。「ワトスン、残念ながら、きみの結論は大部分間違っているようだ」と、ホームズ。「さっき、ぼくはきみによって開発されたと言ったが、率直に言うと、きみの間違いを発見して、真実に導かれることが多かったと言いたかったのだ。しかし、今度の場合は、何から何まできみが間違っているわけじゃない。この男は、確かに田舎の開業医だ。それに、よく歩きまわっていることも事実だ」

ワトスンはこの指摘に対して、実際のところは自分が正しかったと受け取った。確かに、そういった細かい点は正しく判断していた。だが、全体像が見えていないのに、正しいと言えるだろうか。

ホームズによれば、そうとは言えない。たとえば彼は、C・C・Hは地元の狩猟会ではなく、チャリング・クロス病院《ホスピタル》のほうが可能性は大いにあるだろうし、そこから複数の推理が生まれると述べている。それはどんな推理だろう、とワトスンは思った。

「わからないかね？」とホームズ。「ぼくの方法は知ってるじゃないか。応用してみたまえ！」

こうしたやりとりのあと、ホームズはみずからのすばらしい推理を展開させるわけだが、そこにモーティマー医師本人が到着して、幕が下りる。医師と一緒に現れたのは、ホームズの推理がちょうどたどり着こうとしていたもの、つまり巻き毛のスパニエル犬だった。

このワトスンとホームズのやり取りは、本書で見てきた思考に対する科学的アプローチの全要素を合わせたものであり、思考過程をひとつにまとめる方法と、そのまとめが及ばないかもしれない点を論じる、理想に近い出発点の役割を果たしている。このステッキの一件は、まともな考え方と、そういかないものを説明している。理論と実践のあいだにあって、どう考えるべきかという知識と、それを実際に行うことのあいだにある、重大な一線を示しているのだ。

ワトスンは、仕事中のホームズを何度となく観察している。それでも、この過程をみずから実践してみると、うまくできないままなのだ。これはどうしてだろう。どうすれば、彼にうまくやらせることができるのだろうか。

1. 自分を知る——そして自分の周囲の状況も知る

いつものように、基本から始めよう。私たち自身が、ある状況についてのみ込むべきことは何なのか。観察のプロセスを始める前に、どうやって現場を判断すればいいのか。

ワトスンにとって、目の前にある疑問の対象はステッキである。「それはピナン・ローヤーという名で知られる、先端にこぶのついた太い立派な」ものであり、「昔の開業医がよく持ち歩いたようなステッキで、風格があって、頑丈で、なんとなく心強さを感じさせる代物だった」と書いている。ステッキの外観を述べた前半部分は、問題ないだろう。だが、後半部分に注目してほしい。これは真の観察だろうか。それとも、推理と言ったほうがいいものだろうか。

ワトスンがステッキについて述べはじめたとたん、本人が気づかないうちに、みずからの思考を形づくる知覚、経験、歴史、意見に対して、個人的な先入観《バイアス》が押し寄せている。ステッキは、もはやただのステッキではなくなり、そのつながりから得られるあらゆる特徴を備えた「昔の開業医」のステッキとなったのだ。瞬間的に思い浮かんだ、かかりつけ医というイメージが、ワトスンがこれ以降で下すあらゆる判断を歪めており、しかも本人はそれにまったく気づかないのである。それどころか、C・C・Hは有名病院のことなのではと、医者であるワトスンなら気づいて当然の点についても、考えが及ばないのだ。

これが〝フレーム〟、あるいは潜在意識下の〝プライム〟である。そのほかの先入観や固定観念が、ワトスンの脳という屋根裏部屋の隅からかき集められてくることは、本人にもわかっていない。ただ、私たちにはひとつわかっていることがある。最終判断に影響を及ぼす発見的方法《ヒューリスティクス》——あるいは経験則——がどんなものであれ、この初期の軽率な予想に原因があるのだ。

一方でホームズは、自分の可能性をすべて出しきって頭をはたらかせはじめる前に、あるステップがつねに必要なことを理解している。ワトスンとは違い、ホームズは自覚しないまま観察を始めるということをせず、最初からこのプロセスを掌握しており、ステッキそのものよりずっと前の段階から始める。全体の状況、医師やステッキなどのすべてを把握してから、興味のある対象そのものに関する細かい観察に取りかかるのだ。そしてそのために、ホームズはワトスンが想像もしないような、単純なことをする。推理などでなく、磨き上げられた銀のコーヒーポットの反射で、ワトスンの姿を見るのだ。推理力を無駄づかいすることはないというわけだ。

そこで私たちも、考えもせず飛び込む前に、すぐに使えそうな鏡がないか、つねに見回すべきだろう。そして、頭が軽率にも先走りして、充分な知識も制御力もない状態で屋根裏部屋からよくわからないものを手に取ったりする前に、全体の状況を確認すべきなのだ。

置かれた環境について判断することの意味は、自分たちが行う選択により、さまざまに変わってくる。ホームズにとっては、部屋の観察、ワトスンの行動の観察、そして目の前にあるコーヒーポットを見ることだ。それがどこへであれ、飛び込む前には、立ち止まる必要がある。自分のまわりを見ることなしに、行動に――ひいてはホームズ的思考過程に――出てはだめなのだ。結局のところ、立ち止まって考えることが、この過程の第一歩であり、そこが観察の出発点となる。詳細の事実を集める前には、もしあるのなら、どんな詳細を集めることになるのかを、知る必要がある。

忘れてはならないのは、特定の〈マインドフル〉なモチベーションが重要だという点だ。目標は前もって定めなければならない。進み方や、貴重な認知リソースの割り当て方を、その目標に教えてもらう。それができるだけはっきりするように、じっくりと考え、書き留めるのである。それができる必要がなかったが、私たちの大半は、本当に重要な選択の場面だけでも、ホームズはメモを取る必要がある。それによって、思考の旅に出る前に、重要な点が明らかになるからだ。『自分は何を成し遂げたいのか？』『それは自分の将来の思考過程にとって、どんな意味をもつのか？』見ていないのは、必然的に見つけていないという意味になる。そして見つけるには、どこを見るべきか、最初に知る必要があるのである。

2．観察する――注意深く、また思慮深く

ワトスンはステッキを見たとき、その大きさと重さに気づいている。また、使い古された先端――快適とは言えない地面をよく歩いている証拠――についても述べている。最後にはC・C・Hと彫られた文字に目をやり、何も見逃していないという自信とともに、観察を終える。

一方ホームズは、そこまで確信していない。まず彼は、対象物としてステッキを見ることに、みずからの観察を限定しないのだ。何しろ、本来のゴール、つまりこのプロセスの第一

ステップで設定されるフレームは、そのステッキの持ち主について知ることだからである。「よほどおっとりした人でなければ、一時間も待ったあげく、名刺も置かずにステッキを置き忘れるようなことはしないはずだ」と、彼はワトスンに言っている。だが言うまでもなく、置いていかれたのはステッキだ。当然ワトスンは、そのことをわかっていた――それでも、それが本当にわかってはいなかったのである。

さらには、彫られた文字によって、ステッキそのものがみずからの状況と持ち主の歴史をつくり出している。ワトスンがC・C・Hを、「田舎の開業医」という無意識の先入観という観点のみで読んでいるのに対して、ホームズは先入観なしに、独自の観点から観察する必要があり、その点において、ステッキがみずから語り出すと理解している。医者がなぜ贈り物にステッキをもらうのか。ホームズの言葉を借りれば、「このような贈りものをするのは、ふつうどんな場合だろうか？ 友人たちが集まって記念品を贈るのは、どういうときだろうか？」これこそが、彫られた文字を先入観なしに、真に観察したことで示される出発点であり、その点が慎重な推理によってたどり着ける背景を示す。背景は二者択一の付属品ではなく、その状況のなくてはならない一部なのである。

ステッキそのものに関しても、ワトスンは観察する際に、注意深くならなかった。彼がちらりと見ただけなのに対して、ホームズは「しばらく肉眼で調べた。それから、興味深そうな表情を浮かべて、煙草を下に置き、ステッキを窓際へもっていって、レンズで、もう一度よく調べた」という。さまざまな角度とアプローチから、厳重に調べているのだ。ワトスンのやり方ほど素早くないのは確かだが、かなり徹底している。このように注意を払っても、新たな詳細が見つかることはないかもしれないが、それは事前にはわからない。だから、本当に観察するのなら、手を抜いてはいけないのだ。もちろん、私たちの場合は窓も虫眼鏡も実際にはなく比喩的なものだが、時間をかけて問題を注意深く綿密に扱うということは含意されている。

確かにワトスンは、ステッキの大きさと、使い古した先端に気づいている。だが、真ん中の部分にはっきりと見える歯型には気づいていない。ステッキについた歯型とは？　この観察により、主人のうしろからステッキをくわえてついてくる犬の存在を示唆しても、あながち飛躍とは言えない。この点も観察の一部であり、モーティマー医師に関する詳しい話の一部である。さらには、ホームズがワトスンに指摘しているように、犬の顎の大きさは歯型の間隔から明らかであり、どのような種類の犬かを想像するのが可能なのだ。これは言うまでもなく、推理に飛びつくことになる――それでも、必要な詳細を認識し、最終的な目的にとって何かを意味している可能性を心の中に書き留めなくては、まったくできないことなのだ。

3．想像する――必要だと思わなくてもスペースの確保を忘れずに

観察のあとに必要なのは、屋根裏部屋のすべてを熟考・探求するための、想像《イマジネーション》という

名の創造的《クリエイティブ》な空間であり時間だ。これは、一度先へ進む前に、目下の状況から一歩下がるように強いる心の変化、つまり「パイプ三服」であり、ヴァイオリンの間奏曲、オペラ、協奏曲、美術館を訪れること、散歩、シャワーなどでもある。

この段階で、ワトスンのことを正しく評価しておく必要があるだろう。彼はいきなりホームズから挑戦され、その推理法を応用するように言われたため、C・C・Hがどこかの狩猟会ではなくチャリング・クロス病院を意味するというようなことに、思いいたる余裕がなかった。煙草やブランデーを口にして休息するヒマはなかったのである。

それでもワトスンは、犯罪を解くためには重要と言えないような問題に対してではあるが、適切な推理をすることができた。結局のところ、すべてが「パイプ三服」を必要とするわけでもない。比喩的な意味において、一歩下がればいいのである。精神的に距離を置き、短いあいだ立ち止まって考え、再構成と再統一を行うのだ。

だがワトスンは、そういったことをしていない。そうするようホームズにうながされたあとでも、考える時間をみずからに与えていないのだ。自分には「わかりきった結論」しか思いつかないと彼は言うが、それより先は何も見ていない。

ワトスンとホームズによるアプローチを対比してみよう。ワトスンはすぐさま推理に取りかかっている。ステッキの重さと形の観察から古風な医者というイメージへ、C・C・Hからどこかの狩猟会へ、すり減った鉄の石突きから田舎の開業医へ、チャリング・クロスから町を出て田舎への引っ越し。それ以上のものはない。一方ホームズは、観察と結論のあいだにかなりの時間をかけている。最初はワトスンの話を聞き、次はステッキを調べ、そのあとにもう一度ワトスンと話し、最後にみずからの結論をリストアップしているが、彼がこれらを一遍にやっていないということを思い返してほしい。それどころか、ただひとつの可能性に絞る前に、たくさんの答えが考えられる質問を発している。モーティマー医師が定評のある医師としてロンドンで開業していた可能性、「住み込みの外科医か内科医」、あるいは「医学生に毛の生えた程度の医師」だった可能性など、さまざまな側面を考えてから、そのほかの観察すべてと照らし合わせて、どれがありそうかと検討するのだ。ここではまだ、推理をしていない。正確には、選択権をもったまま熟考し、考えを巡らす。問いかけをし、熟慮する。そうしたあとで初めて、みずからの結論を出すのだ。

4. 推理する――観察したものからのみ推理し、それ以外のものからはしない

あなたがワトスンだったら、ステッキから推理するのは「繁盛し、かなり尊敬されている初老の医者」であり、「いつも徒歩で患者の家をまわる田舎の開業医」であり、地元の（問題のステッキをくれた）狩猟会の会員に「外科の治療」をした人物ということになる。あなたがホームズだった場合には、その同じステッキから推理するのは、元チャリング・クロス病院の「住み込みの外科医か内科医」で、チャリング・クロス病院から田舎へ移ったときに

ステッキを受け取った、「まだ三〇前の、実直な、野心のない、愛犬を飼っているおっとりした青年」（実際には巻き毛のスパニエル犬を飼っている青年）となる。出発点は同じなのに、まったく異なる推理が展開されているのだ（相当の距離を歩く田舎の開業医というのが、唯一の共通点）。同じ問題に向き合った二人の人間から、ここまで異なる結果が出てくるものだろうか。

ワトスンは正しい推理を二つしている。ステッキが田舎の開業医のものである点と、その医者が徒歩による回診をしている点だ。では、「初老」と「かなり尊敬されている医者」は、どうしてだろう。真面目で熱心な一般開業医というイメージは、どこから来たのか。これは、実際の観察からではない。ワトスンの心がつくり上げたものであり、ステッキはただの「昔の開業医がよく持ち歩いたようなステッキで、風格があって、頑丈で、なんとなく心強さを感じさせる代物」だという、すぐに感じたことに由来しているのだ。

ステッキそのものは、頑丈だという以外には、特にどうというものでもなく、ある種の形跡を示す物体にすぎない。だがワトスンにとっては、ステッキはすぐさまストーリーを語り出すものなのだ。ワトスン自身がほとんど気づいていない連想記憶のプロセスで活性化された、現在の出来事とはほとんど無関係な、屋根裏部屋の家具のバラバラの記憶が呼び覚まされたのである。地元の狩猟会についても同様だ。風格があって頑丈なステッキにふさわしい田舎の開業医、という点にあまりに重きを置いたため、ワトスンにとって唯一論理的な結論は、ステッキがモーティマー医師が会員であり、当然のことながら外科的な手助けをしている狩猟会からの贈り物だということでしかなかったのである。ワトスンは、こういった推理にいたった確固たる論理的なステップを示すものを、何ひとつもっていない。それらは、〈選択的注視〉により、ワトスンの想像上の医師像から生じたものだからだ。年輩の家庭的な男性という医師像から、モーティマー医師は地元の狩猟会の会員であり、いつでも世話を申し出る人物だということに、自然となってしまう。では外科医というのは？　そのような資質と信頼性の持ち主なら、当然外科医だと思ってしまったわけである。

ワトスンは、モーティマー医師の名前についている〝M・R・C・S〟（英国外科医師会員）については、まったく気にしていない。これについては、のちほど当人が、自分のことを「ドクター」と呼ぶホームズに対し、「ドクターはやめてください、ミスターです。私は一介のM・R・C・Sにすぎないんです」と指摘している。ワトスンの活性化されすぎた頭の中で想定された、モーティマーがもっている資質には、そぐわない部分だ。さらにワトスンは、すでに論じたように、訪問した部屋に名刺でなくステッキが残されていたという厳然たる事実を、まったく気にかけていない。この時点での彼の記憶は、注意力と同様、〈マインドレス〉な〈選択的注視〉になっている——ワトスンは最初にステッキを見たとき、現実にM・R・C・Sを目にしているのだから。この点は、ステッキそのものの外見に基づいて彼の頭が勝手に与えた詳細によって、完全に影が薄くなってしまった。しかも彼は、ステッキの持ち主が前夜に置き忘れたことを最初に気づいているにもかかわらず、観察や注目すべき事実として、その点もうっかり忘れていたのだ。

対照的にホームズの場合は、まったく異なる思考過程に由来している。それぞれの事実がもつ情報を注視し、選択的にならずにあらゆる証拠を組み込む。また、ある部分には集中してほかには集中しないということがないように、その証拠を全体として使おうとしている。ホームズはまず、C・C・Hの意味で最もありそうなのは、どこかの狩猟会《ハント》でなくチャリング・クロス病院《ホスピタル》だと納得させる。話題の主は医者なのだから、狩猟会ではなく病院から贈り物を受け取ったというほうが、より論理的だろう。主観的な情報でなく客観的な情報を考えた場合、二つの「H」はどちらのほうが可能性が高いかという問題だ。そして、ワトスンにこう言っている。「おそらく彼は病院の幹部級ではなかったのだろう。ロンドンで名声を博した医者でなければ、そのような地位にはつけないし、そんな人物が都落ちするはずはないからね」確かにそのとおりだろう。私たちは当然ながら当人が都落ちしたのを知っている。これは、ワトスンが張り切って注目・把握した、ステッキの証拠に基づいたものだ。病院の幹部になれるほど定評のある人物なら、急にそこを去るとは思えない。予期せぬ事態が起こったのなら話は別だが、ステッキという証拠から得られるものには、そのような事態はないので、入手可能な証拠から考えられる説明とはならない。ワトスンは客観的な観察に基づいたものではなく、心が語った話によって、みずからの誤った医師像をつくっているわけだ。

では、この人物は何者なのか？　ホームズは推論する。「病院にはいたが幹部級でなかったとすると、住み込みの外科医か内科医——医学生に毛の生えた程度の医師と見ていいだろう。そして五年前に病院をやめた——ステッキに日付がきざみこまれている」と。よって、ワトスンが見立てた「初老の医者」に対して、「まだ三〇前の」医師ということになる。ホームズは年齢について確信しているが、ワトスンのように当人が外科医であるとは確信していない点にも、注目されたい。病院での地位について考えられるかぎりを検討したあげく、論理的に妥当な年齢だけが残ったのだから、彼は内科医である可能性も残っている（「その場合、いくつかの説明が残るかもしれないが、それはすこしもかまいません。そのときには、ひとつひとつをテストして、なっとくできるだけの支持が得られるものを選び出せばいいわけです」というホームズの言葉を思い出してもらいたい（〔蒼白の兵士〕より。本書第五章参照））。外科医か内科医かの、どちらかを指し示す証拠はゼロだ。ホームズは、証拠が導く以上のものは推理していない。それをした場合には、まったく推理していないのと同じことになってしまうからである。

　では、彼の性格はどうだろうか。「ぼくはさっき、実直な、野心のない、おっとりした人物だと形容したが」とホームズ（彼は正しく覚えている）。いったいどうやって、ホームズはこれらの性格を推理できたのか。ワトスンが独自に推理した、〈マインドレス〉な方法とは異なっている。「ぼくの経験によると、この世の中では、実直な人物でなければ、記念品など贈られるはずはないし、野心のない人でなければ、ロンドンでの職を捨てて田舎へ引っこむはずがない。また、よほどおっとりした人物でなければ、一時間も待ったあげく、名刺も置かずにステッキを置き忘れるようなことはしないはずだ」と。それぞれの特徴は、ホームズが先に行った観察（わずか数分間であっても、想像という時間と空間を通したもの）から直接出てきたものだったのだ。

複数の可能性を考慮し、最もありそうなものに絞っていった結果による、客観的事実である。無関係な詳細はなく、あまりに都合のいい想像で穴を埋めることもない。これぞ科学的推理の最高峰と言えよう。

最後に、モーティマー医師の犬について、ホームズはどうやって特定したのだろう？　ワトスンが見落とした歯の跡については、すでに述べた。ただ、その跡――もっと正確に言うと歯と歯のあいだの距離――は、きわめて固有のものだったのである。「この犬の顎は、ぼくの考えでは、テリアにしては大きすぎるし、マスティフにしては小さすぎるようだ」このときホームズは、論理の流れに従って、「巻き毛のスパニエル犬」にたどり着いていたのかもしれない。だが彼には、その推理を口にするチャンスはなかった。その瞬間に、問題の犬が飼い主とともに現れたからである。一連の推理はここで終わりを迎えたわけだが、これについては明白だったのではなかろうか。「初歩的なことさ。ぼく自身がそれに気づかなかったわけはないだろう？」と言いたくなるところであり、最高の推理とは、そういうことなのだ。

5．学習する――成功から学ぶように、失敗からも学ぶ

この例におけるワトスンの誤った思考を観察することで、思考プロセスの落とし穴や迷いやすい瞬間、そして誤った道の向かう方向について、ホームズはさらに学んでいる。必要なのは、固定観念の活性化や、初めに設定した不適切な枠組みがその後の推理に与える影響を、取り除くこと。そして、すべての観察結果を考慮することなしに、目立つものや手に入れやすい情報に集中した際にもたらされる失敗を、取り除くこと。こうしたことをホームズは知らないわけではないが、これらは彼に失敗を思い出させ、強化し、みずからの知識が古くならないように気をつけるためのものとして、役立っているのである。

ワトスンももっと注意を払っていれば、失敗したときのことを肝に銘じて次はうまくやろうとするというホームズから学び、同じ結果を手にできたはずである。だがワトスンは別の道を選び、ホームズから「何から何まできみが間違っているわけじゃない。この男は、確かに田舎の開業医だ。それに、よく歩きまわっていることも事実だ」と言われたことを重要視してしまう。この二つの点を自分が正しく把握し、残りが間違っていた理由を理解しようとせず、「それじゃ、ぼくが正しかったわけだ」と言って、学ぶチャンスを捨て去り、選択的に利用できる観察のみに再び集中してしまうのである。

学習自体はいいものだが、理論から実践のレベルへと、つねにアップしていかなければならない。何度となく繰り返される必要がある。長年扉を閉ざした屋根裏部屋をときどき開けて、臭いを出し、ほこりがたまらないようにしなくてはならないのだ。

安易な道をとりたいという衝動に駆られるたびに、『恐怖の谷』におけるホームズの、錆びた剃刀のイメージを思い起こしたほうがいい。「何週間もの長いあいだ退屈な日々が続いたが、ようやくここに非凡な才能にふさわしい対象が出現したのだ。このような才能は、あらゆる特殊な能力と同じで、使わないでいると、その持ち主は耐えがたいほどいらいらしてくるものらしい。剃刀のように鋭い頭脳は、活動しないでいると、鈍くなって錆びついてしまうのだ」錆びてなまくらになった剃刀、剝がれ落ちる不快なオレンジ色の染み、わざわざこすり落とすのもめんどうになるような汚れ。すべてが順調に見え、大きな選択も思考も必要でないように思えるときも、その剃刀を使いつづける必要があることを思い出すのだ。重要ではないことに対しても心をはたらかせることで、重要なことに対して心を研ぎ澄ましつづけることができるのである。

日記をつける時間

ここでちょっと、モーティマー医師の件から離れよう。私の友人――仮にエイミーと呼ぶ――は、長いこと偏頭痛に悩まされていた。すべてがうまくいっているようなときに、いきなり痛みに見舞われるのだ。このまま死ぬのではないかと思ったこともあれば、はやりのノロウイルスのせいではないかと思うときもあったという。最初の兆候に気づいて暗い部屋に駆け込み、イミトレックス（偏頭痛の治療薬スマトリプタンの商品名）を飲むようになったのは、自分は死ぬとか、ウィルス性胃腸炎なのではというパニックに襲われてから数年後のことだった。結果的になんとか対処できたが、週に何度か偏頭痛に見舞われると、絶え間ない苦痛の中、仕事も執筆も何もかも遅れをとってしまったという。頼りになる暗い部屋も薬もないという都合の悪いときに、痛みに見舞われることもあった。それでも彼女は、頑張りつづけたのである。

一年ほど前に、エイミーはかかりつけの医者を替えた。自己紹介をする際に、彼女はいつものように、偏頭痛のことをこぼした。するとこの医者は、これまでの医者がしてきたような、共感してうなずいたり薬の処方をしてくれたりするのではなく、エイミーにこう聞いてきた。「偏頭痛日記をつけたことはありますか？」

エイミーは戸惑った。偏頭痛の立場になって書けとかいうの？　痛みを見抜き、後世のために症状を描写しろとか？　だが実際の話は、もっと単純だった。医者から渡されたのは前もって印刷された紙で、そこには偏頭痛が始まった時間と終わった時間、前兆、睡眠時間、その日食べたものなどという欄が並んでいた。偏頭痛に見舞われるたびに、できるだけ記憶をさかのぼって欄を埋めていくというわけである。これを一〇回分ほど続けるように、とエイミーは言われた。

エイミーは私に連絡してきて、ちょっとばかげている、と言った。偏頭痛の原因ならわかっている、ストレスと天気の移り変わりのせいだ、と自信たっぷりだ。ただ、それでも冗談半分ではあるが、彼女はやってみると言った。私も彼女と一緒になって笑った。

このときの結果が私たち二人に衝撃を与えていなかったら、この話はここでしていないだろう。カフェインのせいで偏頭痛になったことはあるかと、最初の会話で医者がエイミーに尋ねた。アルコールはどうですか？　自分はよくわかっているというように、エイミーは首を横に振った。そんなの、関係ないと。ところが偏頭痛日記によれば、話は違った。濃い紅茶は、とりわけ一日の遅くに飲んだものは、偏頭痛に見舞われる前に口にしたもののリストに、ほぼ必ず挙がっていたのだ。一杯以上飲んだグラスワインも、よくリストに挙がった。睡眠時間は？　そんなものは重要でないと思っていたら、実際には重要だった。動けなくなる日の睡眠時間は、通常の時間をはるかに下回りがちだったのである。チーズも（本当に？チーズが？）リストに名前を連ねていた。そして、彼女自身も間違っていなかった。ストレスと天気の移り変わりは、間違いなく引き金だったのである。

ただ、エイミーもすべてが正しいわけではなかった。彼女はワトスンと同様、自分は正しいと言い張っていたものの、正しかったのは途中までだったのだ。目立つ二つの要因以外に、彼女はまったく気づいていなかった。さらには、振り返ってみればあまりに明白だった関係を、結べていなかったのである。

知ることが闘いの一部でしかないのは、言うまでもない。エイミーは依然として、嫌というほど頻繁に、偏頭痛に見舞われている。それでも、きっかけとなる要因のいくつかは、以前よりもかなりコントロールできるようになった。しかも、雨の日にワインとチーズを口にするといった、すべきではないことをしたときには特に、早めに症状に気づけるようにもなっていた。その場合には、頭痛がする前に薬を手にすることができ、ある程度のあいだは、痛みを抑えられるのである。

誰もが偏頭痛になるわけではないが、選択や決断を下し、問題点やジレンマを考え抜くことは、みんなが毎日やっている。そこで私が勧めたいのは、学ぶことを加速させて、ホームズがわざわざ示してくれたステップをすべて結びつけることである。つまり、〝決断日記〟をつけるべきなのだ。これは比喩的に言っているのではない。エイミーが偏頭痛およびそのきっかけに対処しなければならなかったように、私たちも実際に書き出してみるのである。

私たちが選択したり、問題を解決したり、決定したりするときは、そのプロセスをひとつの場所に記録している。時期が来たときに確認できるよう、観察したリストをそこに入れることができるのだ。自分たちに興味を抱かせた考えや推理、可能性のある系列の研究も、ここに含めることができる。ただ、これをさらに押し進めることもできる。最終的にやることになったものを記録するのだ。疑問点があったり、ほかの選択肢を検討したりしてもである（どんな場合においても、具体的にしておいたほうがいい）。そうすれば、各項目を再び訪れて、その推移を書き留めることができるからだ。『自分は幸せだったのか？』『もっと違うふうにやればよかったと思っているか？』『振り返ってみると、前とは違って、今ははっきりしていることがあるか？』

観察したことを書き留めたりリストにしたりしなかった選択結果についても、そのとき心の中で感じていたことをできるだけ書き留めようとすることはできる。『自分は何を考慮していたのか？』『決断の根拠をどこに置いていたのか？』『あの瞬間に、何を感じていたのか？』『文脈《コンテクスト》はどのようなものだったのか（イライラしていたのか、感情的になっていたのか、怠けていたのか、ふつうの日だったのか、そうではなかったのか、何か目立っていたものはあったのか）？』『ほかに誰か関係していたのか？』『危険度はどうだったのか？』『目標や、当初の動機はなんだったのか？』『やろうとしたことは成し遂げたのか？』『何かで気が紛れたのか？』つまりは、思考過程とその結果を、できるだけつかむべきなのである。

そして、一〇個程度の項目が集まったら、それを読み返す。一度ですべてに目を通し、最初から最後まで、関係のないすべての問題についての考えを、全部調べるのである。エイミーが偏頭痛日記を読み返したときに見つけたものと、まったく同じものが見つかるかもしれない。つまり、私たちは習慣的に同じ過ちをして、習慣的に同じ考え方をして、状況における特定のある文脈に何度となくひっかかっているという点だ。そういった習慣的なパターンがどんなものなのか、私たちは気づかないできている。変装がもつ効力について、ホームズは自分がいかに他人のことをわかっていないか認識していなかったが、それと同じことなのである。

確かに、知っていると思っていることを書き留めたり、記録をつける必要がないと思っていることの記録をつけたりすることは、プロ中のプロにとっても、きわめて有用な習慣となりうる。二〇〇六年に、ある医師の集団が画期的な研究を発表した。カテーテル関連血流感染症というのは命に関わりかねないもので、年間に約八万件発症し（死者数は最大二万八〇〇〇人）、患者ひとりにつき四万五〇〇〇ドルの費用がかかるとされるが、彼らはミシガン州のICU（集中治療室）において、患者一〇〇〇人あたり二・七人という中央値を、たった三カ月でゼロにしたというのである。一年四カ月から一年半後には、患者一〇〇〇人あたりの平均感染値が七・七という基準値から一・四に下がったという。こんなことが、どうして可能になったのだろう。医師たちは奇跡的な治療法でも見つけたのだろうか。

実際に医師たちが行ったのは、ふつうの医師なら自分たちの権威を軽視されかねないとして反発するほど、あまりにシンプルなものだった。彼らが始めたのは、必須項目のチェックリストだったのである。このリストには五項目しかなく、手洗いの励行や、カテーテル挿入前には患者の肌を消毒することといった、シンプルな内容だった。そのような基本的な注意点を必要とする者など、間違いなくいなかった。ところが、この注意点が導入されるや、感染率は劇的に低下し、ほぼゼロになったのである。つまり、チェックリストの導入前には、こういった明らかな点のいくつかは、守られていなかったり、定期的には行われていなかったりという状態だったのだ。

何かについてどれだけ熟練しても、仕事を〈マインドレス〉に行ってしまったら、成功しようとしてどんなにやる気になっているかにかかわらず、最も単純な要素を忘れてしまうものである。〈マインドフル〉な考えを瞬間的にもたらすものは、チェックリストであれまったく別のものであれ、どんなものでも、まず初めに自分たちをそこにたどり着かせた専門知識および、成功と同じ高いレベルを維持するみずからの能力に対して、深い影響力をもちうるのだ。

人間は驚くほど順応性がある。私が何度も強調しているように、私たちの脳は実に長いこと、配線したり配線し直したりできるのだ。ともに電気的シグナルを放つ神経細胞は、ともに配線される。異なる組み合わせで繰り返しシグナルを発するようになれば、その配線は変わっていくだろう。

私が訓練の必要性にこだわりつづけている理由は、あなたを信じさせるどんな思考実験よりもはるかに感情的な状況や実生活において、訓練こそがホームズの方法論を応用できる唯一のものだからである。私たちは、そういった感情的な瞬間や、今までにないほど壁が高くなったときのために、みずからを精神的に鍛える必要があるのだ。考える時間がほとんど与えられなかったり、ほかにプレッシャーがかかっていたりすると、見覚えのある進路を選びがちだということを私たちはすぐ忘れてしまうのである。ただ、進路を選ぶのは私たち自身である。

重要な瞬間においてホームズの論理を応用するのは、非常に難しい。だからこそ、最もきついストレス要因でさえ、それまでに苦労して習得した思考パターンを呼び起こしてくれるような、そんな習慣ができるまで、私たちは訓練しなくてはならないのである。

正典参考箇所

「どうだね、ワトスン、これから何がわかるかね？」――『バスカヴィル家の犬』第一章「シャーロック・ホームズ」

「何週間もの長いあいだ退屈な日々が続いたが、……」――『恐怖の谷』第二章「シャーロック・ホームズの解釈」

第八章　理論から実践へ

一九二〇年五月のある朝、エドワード・ガードナーは友人から一通の手紙を受け取った。その手紙には、小さな写真が二枚入っていた。一枚には、少女の見つめる前で、妖精のようなものの集団が川岸で踊る姿。もう一枚には、別の少女が手招きするそばで、羽のある生き物（ノームだろうかと、同氏は思った）が座っている姿だった。

ガードナーは神智論者《セオソフィスト》で、精神的な恍惚や直接体験、特別な個人的関係によって、神に対する理解は得られると信じていた（輪廻に関する東洋思想と精神旅行という概念を融合させた人気の高い思想）。妖精やノームというものは、同氏が書物以外で経験してきた現実とは大いにかけ離れているものだが、ほかの人だったら手紙も写真も笑って捨ててしまうところを、彼はもう少し詳しく調べてみることにした。そこで、友人にこう返信をしたためた。

『写真の原板は手に入るだろうか？』と。

原板が届くと、ガードナーはそれをすぐさま、写真専門家のハロルド・スネリングに送っ

た。どんな偽造も、スネリングの目はごまかせないと言われている人物だ。夏が近づく中、ガードナーは専門家の報告を待った。あの写真が巧妙な演出以上のものである可能性は、あるのだろうか?

七月の終わりに、ガードナーは答えを手にした。「この二枚の原板は」と、スネリングは書いている。「偽造されていないまったくの本物であり、露光は一度、撮影は戸外、妖精のような人物には動きがあり、厚紙や紙の模型、暗い背景、彩色された人形などを用いたスタジオでの作業といった痕跡はまったく見られない。私の考えでは、どちらも手を加えられていない本物の写真である」

ガードナーは天にも昇る気持ちになった。だが、誰もが同じように納得したわけではなかった。まるで本物には見えなかったからだ。ところが、話を充分に聞いて、この件をさらに詳しく追求する人物が現れた。それがアーサー・コナン・ドイルである。

ドイルは、細部に気を配る人物である。少なくともこのとき彼は、自身の創作したキャラクターの方法論を使おうと肝に銘じていた。そこで彼は、さらなる実証を求めた。写真撮影において文句なく権威であるコダック社——偶然にも、問題の写真を撮るのに使われたカメラを製造した会社——に求めたのである。

コダックは、正式に認めることを断った。専門家が指摘しているように、この写真は確かに露光は一度で、偽造したという外的兆候は見られないが、本物だと言ってしまっては言い過ぎだというのだ。外的兆候がなくても、写真は偽造された可能性があるかもしれないし、どのみち、妖精は実在しない。よって、この写真が本物であるはずはないと。

ドイルは最後の部分を、誤った論理であり、循環論法だとしてはねつけた。それでも、ほかの主張については正しく思われた。偽造の痕跡はなく、露光は一度だし、とりわけスネリングが認める言葉があれば、説得力はありそうだ、コダックが言ってきた中で唯一のマイナス部分は、単なる憶測にすぎない——それに、ホームズの作者以上に、そういうものを除外する知識がある人物などいるだろうか。

ところが、証明すべき証拠が最後にひとつ残っていた。写真に写った少女たちである。彼女たちが述べる証拠は、裏付けになるのか、それとも不利になるのか。ただこのとき、ドイルには外せないオーストラリア旅行があったため、彼はガードナーに頼んで、写真が撮られたコティングリーという西ヨークシャーの小さな町まで代わりに行き、当の家族と話してきてほしいと頼んだのだった。

一九二〇年八月、エドワード・ガードナーはエルシー・ライトと、彼女の六歳下のいとこであるフランシス・グリフィスと初めて顔を合わせた。二人によれば、写真を撮ったのは三年前で、エルシーが一六歳、フランシスが一〇歳だったという。二人のそれぞれの親が、小川のそばに妖精がいたという話を信じなかったため、証拠を見せようと思った。そして、あの写真がその結果というわけである。

ガードナーの目には、二人の少女は控えめで、正直に映った。きちんと育てられた田舎の娘であり、個人的利益を求めておらず、写真に対する報酬という話もすべて断っていたのである。さらには、写真が公にされる場合には、自分たちの名前は出さないように頼んでいた。ライト氏（エルシーの父親）は怪しんだままで、写真は子供のいたずらにすぎないとしていたものの、ガードナーは写真が本物であり、妖精は本物だと確信した。少女たちはうそをついていないと。彼はロンドンに戻るや、確信したという内容の報告書をドイルに送った。ここまでは、破綻している箇所はどこにもないようだった。

それでも、さらなる証拠があったほうがいいと、ドイルは判断した。やはり、結果が正当なものであるならば、科学実験を追試する必要があるからだ。そこで、ガードナーが再び田舎へ赴いた。今回はカメラ二台と、取り替えたら必ずわかるような特別な印がついた乾板二ダースを用意していった。彼は、明るさが最適になるような、なるべく晴れた日に、妖精をもう一度写してほしいという指示とともに、これらを少女たちに託した。

ガードナーが失望することはなかった。彼は初秋に、さらに三枚の写真を受け取ったが、そこには妖精が写っていたのである。乾板は、彼が渡した元々のものであり、手を加えた証拠は見つからなかった。

ドイルも納得し、専門家たちも同意した（もっとも、「認める」という正式な言葉はなかったが）。反復実験は順調に終わり、少女たちは純粋で、信頼できるように思えたのである。

その年の一二月、シャーロック・ホームズの生みの親は《ストランド・マガジン》（ホームズ作品のホームグラウンドである雑誌）に、最初の写真とともに検証過程の報告書を載せた。タイトルは「写された妖精――画期的な出来事」である。二年後には、『妖精の出現――コティングリー妖精事件』という本も出して、初期の調査について詳しく記したほか、透視能力者のジェフリー・ホドソン氏による、妖精が存在する確証を加えた。ドイルは断定しており、その気持ちを変えるつもりはなかったのである。

コナン・ドイルは、なぜホームズ的思考に失敗したのだろう。どう考えても聡明な人物が、コティングリーの写真は偽造ではないと専門家に認められただけで、妖精は実在するという結論を下すにいたったのだろう？

ドイルは、写真の信憑性の証明にかなりの努力を費やすあまり、明白な疑問を問うことをしなかったのである。その疑問とは、写真が本物なのかどうかと取り沙汰される中で、妖精そのものがごく簡単に作られたものなのではと、なぜ誰も尋ねなかったのかという点だ。一六歳と一〇歳の少女が、専門家をまごつかせるような写真を偽造するなどありえないという論理には、誰もが容易に同意するだろうが、では妖精自体のでっち上げはどうだろうか。先

に載せた写真を見ていただきたい。今からしてみると、それらが本物であるはずがないのは明らかに思われる。みなさんには、妖精たちが生きているように見えるだろうか。それとも、紙を切り抜いたものをうまく並べたように見えるだろうか。コントラストがこんなに異なる理由は？　羽が動いていない理由は？　妖精を直接目にする際に、少女たちと一緒にいる人がいなかった理由は？

ドイルは、問題の少女二人に対して、もっと詳しく調べることができたし、そうすべきだった。もしそうしていたなら、たとえばエルシーが才能のある芸術家で、ちょうど写真スタジオに雇われたところだとわかったはずだ。さらには、一九一五年に出版された本の中に、原板に現れた妖精と異様に似た写真があることにも気づいただろう。

ホームズであれば、こうもあっさりとコティングリーの妖精写真にだまされることはなかったはずである。妖精たちには人間の手が加えられ、人間によって生み出されたのではないか。ホームズだったら、最初にそう問いかけることだろう。ありそうもないことでも、まだ不可能だとは言えない——だが、それに応じて大きな立証責任が必要となる。そして、それこそがドイルの提供しえなかったものであった。その理由は？　以下のように、何かを本当に信じたいときには、怪しんだり詮索したりしなくなる。信じたくない現象を認めるときよりも、調べることがおろそかになり、証拠を通してしまう。つまりは、大きな、もしくは入念な立証責任を必要としないのだ。そしてドイルにとっては、妖精の存在こそが、まさにそのような例だった。

私たちは決断を下す際に、あとからではなく、今この瞬間に手に入る知識の文脈《コンテクスト》においてて決めている。そしてその文脈の中では、必須となるオープンな心と、時代の文脈において合理性とみなされるものとのバランスを保つのは、実に難しい。私たちも、妖精――もしくは自分たちなりの同様な存在――が本物だと思い込まされることは、ありうるのだ。必要なのは、正しい環境と正しい動機である。ドイルの愚かさをすぐに非難してしまう前に（この章が終わらないうちは、そうしたくないとみなさんに思ってほしい）、そのことを考えてみてほしい。

知識と動機にとらわれて

目を閉じて、猛獣のトラを思い描いてほしい。緑の草の上に横たわり、日に当たりながら、脚をなめている。のんびりとあくびをしたかと思うと、ごろんと転がった。そのとき、横のほうで、カサッと音がした。ただの風かもしれないが、トラは緊張する。すぐさま四つん這いになってかがみ、背中を弓なりにして、顎を引いた。

そんなトラの姿を、思い描けただろうか。見た目は？　毛の色は？　縞はある？　その色は？　目は？　顔は（ひげはある）？　毛の感じは？　口を開いたら、歯は見えた？

ふつうの人だったら、そのトラはオレンジっぽい色で、顔にも体にも黒い縞があると想像するだろう。さらには、顔や下腹部、脚の先や首もとに特徴的な白い点を加えてあるかもしれない。もしくは、そのトラはふつうのトラに比べ色合いがモノクロかもしれない。目は黒かもしれないし、青かもしれないし、どちらの可能性もある。門歯をあらわにしているかもしれないし、そうではないかもしれない。

それでも、ある一点は、ほぼ全員に共通しているだろう。あなたのトラは、炎と糖蜜の中間のような、濃い橙赤色の主色以外の色ではないという点だ。あなたのトラは、白い毛がダブルの劣性遺伝子によって生じた、アルビノ似の珍しいホワイトタイガーではないだろう。野生では約一万頭につき一頭しか生まれないと専門家も推定するほど、まれにしか発生しない種類だ（実際のところは、アルビノとはまったく関係ない。この異常は「白変種」と呼ばれ、メラニンのみならず、あらゆる皮膚色素が減少したものである）。また、あなたのトラが、メラニスティック・タイガーとしても知られるブラックタイガーであることもないだろう。この独特の色合い――縞もグラデーションもなく、まっ黒な毛のみ――は、ノン・アグーチの突然変異のもたらす多形によるものだ（アグーチ遺伝子は基本的に、毛を縞にするか、それぞれの毛の通常の色合いにするか、それともソリッドなノン・アグーチにするかどうかを決めるものである）。どちらの種類も、トラという単語から思いつくような一般的なものではない。それでもこの三種とも、学名をパンテラ・ティグリスという、同じ種の仲間である。

では目を閉じて、今度はミミック・オクトパスを思い浮かべてほしい。このタコは暗礁近くの海底におり、海の水は青くかすんでいて、近くには魚が群れで泳いでいる。

イメージするのにお困りだろうか。それでは、ヒントを差し上げよう。このタコは全長がおよそ六〇センチで（一五センチという説もある）、茶色と白の縞や斑点があり——ただし、ないときもある。というのも、このタコは一五種以上の異なる海洋動物に擬態することができるのだ。当惑したホームズの目の前で多くの犠牲者が出た〔ライオンのたてがみ〕の、クラゲのようにもなれるわけである。ほかにも、縞模様のウミヘビ、葉の形をしたカレイ、人間の脚をもち毛皮で覆われている七面鳥のような姿にもなれる。ほんの一瞬で、色も大きさも形状も変えられる。つまり、どれかひとつのものとして想像するのはほぼ不可能なのだ。瞬時に無数の動物となるため、どの瞬間においても、これと特定することができない。

ではここで、もうひとつ。ここまでに挙げた動物の中で、ひとつだけ実在しないものがある。いつの日にか発見されるかもしれないが、現時点では想像の産物でしかないもの。さて、どれだろうか。オレンジ色のトラ？　ホワイトタイガー？　ブラックタイガー？　ミミック・オクトパス？

正解は、ブラックタイガーである。遺伝学的には、ありそうに思える——それに、判明しているトラの遺伝パターンとゲノムから、論理的な可能性はあると認められている——ものの、本当に黒化したトラは目撃されていない。申し立てはあったし、偽の黒化の例はあった（縞がかなり太く、間隔が詰まっていたため、黒化したものという印象を与えるほどだった）。黒い縞模様をもつ茶色いトラはいた。ブラックタイガーと言われながら、実際には黒ヒョウだった例もあった(最もよくある勘違いの原因である)。だが、ブラックタイガーなるものは、存在したことはない。その存在が確認されたことも、証明されたことも、一度もないのだ。

それでも、それが実在すると、いとも簡単に信じられる可能性はある。実在してほしいと、人々が何世紀にもわたって望んできたからだ。ベトナムの伝説に、黒い動物の姿をしたものというのがあり、幾度となく賞金の対象となってきた。ジャワの王様からナポレオンに贈られたものまであったという(これは実際にはヒョウだったが)。それに、そういったものには、理解できる部分がある。私たちが実在してほしいと願う一般的な動物のパターンと合っているからだ。何よりも、いたっていいだろう? というわけである。

一方でミミック・オクトパスは、長らく想像の産物だった。漁師がインドネシア沖で発見したのが、一九九八年のことである。その報告があまりに変わっていて、信じがたいものだったので、懐疑的な科学者に本物だと納得させるのに、何時間もの映像を要したほどだった。何しろ、動物界において擬態はよくあるものの、ひとつの種が何種類もの変装ができるというのは、これまでなかったし、しかもタコがほかの動物の外見を装うという例もなかったのである。

肝心なのは、表面上は科学的に思われる文脈《コンテクスト》によって、実在しないのに実在すると、容易にだまされる点である。数が多く与えられるほど、細かい点を目にするようになり、ただの黒ではなく黒化とか、縞ではなくアグーチやノン・アグーチだとか、ソリッド、突然変異、

多形、対立遺伝子、遺伝的特徴といった科学的に思われる難解な単語を次々に見せられると、記されたものは本物だと信じるようになる。逆に言うと、何かが信じがたいとか、この世のものとは思えないとか、相容れないとか、これまで一度も目撃されていないとか、怪しいと思われたこともないとかという理由で存在しないはずだと考えるのは、安易すぎるのである。

では、コティングリーの写真が、少女たちと未知の昆虫を写したものであると、ちょっと想像してみてほしい。たとえば、上の写真の生物が少女たちと映っていたとしたら、どうだろうか。

左はミニチュアドラゴン。実際には、スマトラトビトカゲ（*draco sumatranus*）という滑空するトカゲで、インドネシアに固有のものだ。ただ、ドイルの時代のイギリスに、そんなことまで知っている人はいなかっただろう。これは右のものは、ホラー小説から出てきたような、深い闇の想像上の生き物に思える。これは本物だろうか？　これはホシバナモグラ（*condylura cristata*）であり、カナダ東部で見つかっている。ヴィクトリア時代は当然のこと、インターネットが登場する時代まで、ほとんど知られていなかったものだ。

もしくは、ほんの数十年前でも、見慣れなかったり得体が知れなかったりという生き物は数多くいた。現在においても、得体の知れない生き物はいる。そういうものも、同じ立証責任を負ったのだろうか、それとも、写真の中に明らかな偽造がなかったことで、充分だったのだろうか？

私たちが世界に対して信じていること、および何かを事実として受け入れるのに必要な立証責任は、つねに変化している。そういった信念は、脳という屋根裏部屋にある情報でも、純粋な観察でもなく、問題解決のプロセスにおけるあらゆるステップを歪めるものなのだ。可能だとか、もっともらしいと私たちが信じているものが、疑問の考案・調査法における基本仮定を形づくっている。次節にあるように、コナン・ドイルは妖精が実在するという可能性を信じる傾向にあった。妖精は本物だと信じたかったのである。この傾向が、今度はコティングリーの写真に対する彼の直観を形づくった結果、それが状況を一変させて、真実を確立しようと厳しさをもって行動しながらも、見破ることができなかったのだ。

直観はデータを解釈する方法を歪めてしまう。あるものが、別のものよりもっともらしく

「見える」一方で、裏付けとなる証拠がどれだけ出ようが、あるものはまったく「意味を成さない」のだ。またもや〈確証バイアス〉である（しかも正当性と理解の錯覚や、少数の法則、固着および代表性など多くのバイアスがひとつになっている）。

心理学者のジョナサン・ハイト（ヴァージニア大学心理学部教授）は著書 *The Righteous Mind* の中で、ジレンマについてこうまとめている。「われわれは、自分たちが信じているものの正当性を疑うような証拠を求めることは下手だが、他人の信念における誤りを見つけるのは上手なので、他人が自分の誤りを見つけてくれるのだ」大半の人にとって、妖精写真における欠陥を見つけるのは容易だが、これは潜在的な現実において、感情的な利害関係をもっていないからである。だが、自身の評判が危機にさらされるかもしれないような、個人的に関係するものの場合でも、同様だろうか？

自分の頭脳に本当のことを伝えるのは簡単だし、そうではないことを伝えるのも同じように簡単である。これは動機に深く依存している。それでも、ミミック・オクトパスのような生き物を理解するのがどんなに難しかろうと、妖精という存在はそれよりもはるかに超えた存在だと思えることだろう。タコという生き物が実在することは、すでに知っているからだ。私たちは、新種の生物が毎日のように発見されていると知っているし、中には奇妙なものがいるのも知っている。一方で妖精は、世界の仕組みに対して私たちがつかんでいる、あらゆる論理的な理解にさからうものだ。そしてそこに、文脈《コンテクスト》がからんでくるのである。

頭脳の無謀性？

コナン・ドイルは、コティングリーの写真を本物だと証明するにあたって、まったく無謀だというわけではなかった。確かに彼は、自分がつくり出した探偵に対して間違いなく求めていたのと同様な厳しい証拠は、集めなかった。ドイルがこうしたことを得意としている点は、記憶にあろう。濡れ衣を着せられたジョージ・エダルジとオスカー・スレーターという容疑者二人の汚名をそそぐのに、彼は尽力した。だが、彼の知る中で一番の写真専門家に意見を聞いているし、さらには、現象の復元性も求めている。そして、ネガを偽造する方法として示された専門的技術を使うのは、一六歳と一〇歳の少女たちには無理だと思ったのだった。

コナン・ドイルの動機を理解するには、これらの写真について、ドイルと同時代の人たちが見たような条件で見なくてはならない。忘れてはいけないのは、現代ならデジタルカメラやフォトショップや高度な編集技術があり、コティングリーの写真よりもはるかに説得力のあるものがつくり出せるが、この当時はそうしたものがまったくなかったという点だ。当時、写真というのは比較的新しい芸術だった。労力を要し、時間がかかり、技術的にも厄介なものだった。誰もができるものではなく、ましてや、説得力があるように手を加えることなどできなかった。私たちが今これらの写真を見るとき、一九二〇年代の人間とは異なる目で見ている。基準が異なるのだ。私たちは、彼らよりはるかにさまざまなものを見て育ってきた。写真を撮って手を加えることが非常に難しかったため、写真が決定的な証拠と見なされた時代があったのだ。振り返ることで、かつての世界がどれだけ変わり、どれだけ違っていたのかを理解するのは、ほぼ不可能なのである。

それでも、コティングリーの妖精には、ひとつの大きな――ドイルの名声によっても越えられない――限界があった。それは、妖精は実在しないし、実在するはずがないというものである。コダック社の社員も、ドイルに対して、『証拠がなんであれ、それはどうでもいいのです』と言った。妖精は想像の産物であり、実在する生き物ではない。話はそれでおしまいなのだった。

現実においてありうることとありえないことに関する私たちの考えは、証拠のとらえ方に影響を与える。だがその考えは時とともに変わるので、ある時点では無意味に思えるような証拠でも、大いに意味をもつようになる場合もあるのだ。初めて聞いたときに、どれだけ多くの考えが突飛に思えたか、真実とは思えないほど不可能に思えたかを考えてみるといい。地球が丸いこと、地球が太陽のまわりを回っていること、私たちには見えない暗黒物質や暗黒エネルギーで宇宙ができていることなどだ。ドイルが大人になるまでに、それまでは魔法と思われたようなことが続いて起こった点も、忘れてはいけない。X線（かつてはレントゲン線と呼ばれた）の発明に、細菌や微生物や放射線の発見――いずれも、目に見えないので実在しないとされたものが、はっきりと目に見えるものになったのだった。目に見えないせいで誰も存在すると思わなかったものが、実際には存在していたのである。

この流れにおいて、ドイルが心霊主義者《スピリチュアリスト》になったのは、それほどおかしなことではないかもしれない。彼が一九一八年に正式に心霊主義を受け入れたとき、これを信奉した（理解したと、ドイルなら言うだろう）のは、彼だけではなかった。心霊主義自体は、決して主流ではなかったものの、欧米各国に著名な支持者がいたのである。たとえばウィリアム・ジェイムズは、心理学の新たな鍛錬には、心霊研究の可能性を試すことが不可欠だと感じて、こう記している。「今はまだ、〝心霊現象《サイキック》〟という事実は科学的な目的のために掘り起こされていない。来たる世代の最大の科学的獲得は、こうした事実に従ったことによって得られるものと、私は確信している」心霊現象こそが世紀の知識の未来だと、彼は考えていたのだ。これは心理学にとってのみならず、あらゆる科学分野にとっても、前進だったのである。

前述したのは、近代心理学の父と考えられた人物の言葉である。ほかにも、心霊主義コミュニティには錚々たる人たちがいた。比較神経学に関して影響力の大きな業績を残した、生理学者で比較解剖学者のウィリアム・B・カーペンター、著名な天文学者で数学者のサイモン・ニューカム、チャールズ・ダーウィンと同時に進化論を提唱した博物学者のアルフレッド・ラッセル・ウォレス、新たな元素やその研究法を発見した化学者で物理学者のウィリアム・クルックス、無線電信の開発に密接に関わった物理学者のオリヴァー・ロッジ、精神物理学という、心理学的研究の中で最も科学的な分野の創始者である、心理学者のグスタフ・テオドール・フェヒナー、アナフィラキシーの研究でノーベル賞を受賞した生理学者のシャルル・リシェといったように、リストはどこまでも続く。

では、現在の私たちは、かなり先まで進んだのだろうか？　二〇〇四年に行われた調査では、アメリカ人の七八パーセントが天使の存在を信じていた。そのような霊的領域に関しては、以下のことを考えてみてほしい。二〇一一年、近代心理学の創始者のひとりであるダリル・ベムが、その分野において最も尊敬を集める、影響力の強い出版物 *Journal of Personality and Social Psychology*（ＪＰＳＰ）に論文を発表した。彼は身体的兆候を目にするだけで、他人に対してと同じように自身の精神状態も心の状態も理解できると主張する理論で、名を馳せた人物だ。テーマは、超感覚的知覚（ＥＳＰ）が実在する証拠。人類は未来を見ることができると、彼は主張したのだ。

たとえばある研究において、コーネル大学の学生が、画面上に二つのカーテンを見せられる。学生は、どちらのカーテンの陰に絵が隠れているかを答えるのだ。学生が選んだのち、カーテンが開けられて、研究者が絵の場所を教えることになる。

選んだあとに場所を示して、なんの意味があるのかと思うことだろう（もっともな話だが）。ベムが言うには、未来をほんのわずかでも垣間見ることができるのなら、その情報をさかのぼって使い、現在において平均以上の推測をすることができるというのだ。

興味深い話はこれにとどまらない。二種類の写真が用意されるが、一方は当たりさわりのないもので、もう一方はエロチックなシーンのものだ。見るに値するものなら、未来を見ることがうまくなる可能性があるというのが、ベムの推測である。もし彼が正しければ、イメージを想像できる可能性は五割を超える。そして驚くことに、官能的な場面を選んだ人はおよそ五三パーセントいた。ＥＳＰは実在するのか。もしそうなら誰もが喜ぶことだろう。もしくは、心理学者のジョナサン・スクーラー（ベムの論文の評者のひとり）は、かなり控えめにこう述べている。「尊敬を集める注意深い研究者によるこの種の発見は、世間に公表されるべきだと、私は心から思う」妖精の国と心霊主義を忘れるのは、思った以上に難しい。私たちが信じたいと思うものが相手の場合には、より一層難しいのだ。

ベムの論文は、一〇〇年以上も前にウィリアム・ジェイムズが心霊主義を公に採用した際にもち上がった〝規律の危機〟の叫びと、まったく同じものを呼び起こした。実際、この論文が掲載されたのと同じ号でそのように呼びかけられており、論文と反論が同時に掲載された珍しい例である。ＪＰＳＰは未来を垣間見て、掲載論文についての論議が起こる前に一歩先をいこうとしたのだろうか？

結局、その後の変化はあまりない。現在では心霊研究と心霊主義の代わりに、〝サイ〟または〝プシー（psi）〟と呼ばれる超心理学《パラサイコロジー》とＥＳＰがあるだけだ。逆に、スタンレー・ミルグラム（一九三三〜八四、アメリカの心理学者）による〈服従実験〉の結果（人は命じられると、その行為の結果を完全に知っていても、ほとんどが、相手に危険なレベルの電気ショックを与えるという結果）を信じようとしない人は多いだろう。私たちの本能は、どちらへ進むにせよ、タフなものだ。〈マインドフル〉な意志の力が必要なのである。

私たちの直観は状況によって形づくられ、その状況は私たちの住む世界によって深く知らされる。したがって、ドイルと妖精のときのように、ある種の目隠し――もしくは死角――のような役目を果たせるのだ。だが、〈マインドフル〉な状態にあれば、直観の事実チェックと先入観ゼロを保つことのあいだに、バランスを見出そうと努力できる。そして、もっている情報と、その情報は時間によって形と色を変えるかもしれないという理解とともに、最高の判断を下すことができるのだ。

では、作り話に傾倒したドイルのことを、本当に責められるだろうか？　ほぼすべての児童書には妖精が描かれ（特にドイルの親友であるJ・M・バリーによる『ピーター・パン』）、物理学者や心理学者、化学者、天文学者でさえ何かあるかもしれないと認めていたような、ヴィクトリア朝のイギリスという背景に対して、ドイルはそんなにずれていたのだろうか？　結局のところ、彼も私たちと同じように、ただの人間だったのである。

私たちはすべてを知ることができない。せめてできることといえば、ホームズの教えを思い出して、それを忠実に応用することである。さらには、先入観なしの状態を忘れないことが、そのひとつだ。だからこそ、〔ブルース＝パーティントンの設計書〕における次のようなせりふは、格言となっている（もしくは、ホームズが言うところの〝原理〟である）。「ほかのあらゆる偶然性が役に立たない場合には、どんなにありそうに思えないことでも、残ったものが真実だ」

だが、これをどうやって実践したらいいのだろう。読書を楽しむときのような、じっくり考える時間がない状況において、どうやってこのバランスをとることの必要性を論理的に理解するだけでなく、実際の行動に活かすことができるのだろう？

すべては、最初に描いたことに戻っていく。それは、習慣的な〈マインドセット〉を養っていくことであり、頭脳という屋根裏部屋をメンテナンスしていくことなのである。

ハンターの〈マインドセット〉

物語の中で繰り返し出現するホームズのイメージのひとつに、猟犬《ハンター》としてのホームズというものがある。目立たないところで静かにしているようなときにも、次なる獲物を捕らえようとする準備を怠らぬ捕食者であり、昼下がりの休憩時に膝の上にライフルを載せていても、わずかな動きも聞き逃さない、警戒を怠らない狙撃手というイメージだ。

〔悪魔の足〕における、ワトスンの描写を見てみよう。

この運命の部屋に一歩足を踏み入れるやいなやホームズの態度にあらわれた急激な変化を見れば、表面は冷静に見えても、その裏に赤く燃えたぎる灼熱の活力が躍動していることに、誰しも気がつくだろう。ただちに彼は、体じゅうを緊張させ、目を輝かせ、顔をひきしめ、きりりと五体を震わせた。……（中略）……まるで獲物を狩り出そうとつき進む猟犬だった。

まったくもって、完璧なイメージである。不必要にエネルギーを無駄づかいせず、一瞬で動き出せるという、注意を怠らない習慣的な状態。それはライオンを見つけたハンターであり、ガゼルを見つけたライオンであり、近くにいるキツネの臭いを嗅ぎつけて体が追跡を自覚したフォックスハウンドである。ハンターという象徴においてホームズが典型的に示す思考の質は、すべてが合わさってひとつの華麗な形になっていく。そして、その〈マインドセット〉をあらゆる教訓について磨いていくうえで、私たちは理論だけで理解していることを実践できる状態へと、一歩近づいていくのだ。ハンターとしての頭は、ほかの場合だったら手にできないかもしれないホームズ的思考の要素を含んでいるので、その〈マインドセット〉を定期的に使えるようになれば、ほかの場合だったら見失いがちな原則を思い出させてくれるのである。

・準備万端な注意力

ハンターであっても、つねに狩りをしているわけではない。状況が許せば、つねに警戒しているという意味であり、そうでない場合にエネルギーを無意味に浪費するという意味ではない。注意すべき兆候に合わせるが、どれを無視していいのかもわかっているのだ。優秀なハンターなら知っているように、重要な瞬間に備えて、資源《リソース》を集める必要があるのである。ホームズの無気力感――その他の人の場合は憂鬱やふさぎ込み、もしくは単なる怠惰を示すかもしれない、「冷静に見える表面」――は、計算されたものだ。そこに脱力感はいっさいない。何もしていないという、人を欺いているような瞬間にも、彼のエネルギーは脳という屋根裏部屋にたまり、動き回ったり隅をのぞき込んだり、お呼びがかかったときに素早く集中できるように、力を蓄えているのである。時として彼は、食事も控える。これは、食べることによって思考を邪魔したくないからだ。〔マザリンの宝石《ダイヤモンド》〕（『シャーロック・ホームズの事件簿』所収）でホームズは、なぜ食べないのかと質問するワトスンに、こう言っている。「空腹のほうが頭が冴えるからだ。きみは医者だから、よく知っていると思うが、消化のために血液を消費すれば、それだけ頭脳のほうの血のめぐりが悪くなるだけだ。ワトスン、ぼくは頭脳だけの人間なんだ。ほかの部分は付属物にすぎない。だから、頭脳だけは大切にしなければいけないんだ」

私たちは注意力と、さらには広範な認知能力が、きちんと管理して定期的に補給しなければ干上がってしまうような限りあるプールの一部であるということを、忘れてはならない。そのため、注意力のリソースは〈マインドフル〉に――さらには選択的に――使う必要がある。トラが現れたら急に飛びかかれるようにし、キツネの臭いが風に乗ってきたら緊張するようにしておくのだ。あなたよりも注意力のない鼻であれば、同じ風は泉とみずみずしい花を意味するだけだろう。いつ関わり合い、いつ引き下がるか――そして、まったく的外れなのはいつかを、知るのだ。

・**環境的適切性**

ハンターは自分が何を狩っているかわかっているし、獲物に応じてアプローチを変える。何といっても、トラを相手にするようにはキツネは狩れないし、シカに忍び寄るようにキジを撃つというアプローチは取れないからだ。同じ種類の獲物を繰り返し狩ることに満足しているのでないかぎりは、特定の状況に応じて、その状況に適するような武器やアプローチ、態度に変えられるようになる必要がある。

ハンターの大詰めがいつも同じこと——獲物を殺すこと——であるように、ホームズの目標もつねに、容疑者につながる情報を得ることである。それでも、目の前にいる特定の〝獲物〟である相手に応じて、ホームズがアプローチを変えるようすを考えてみてほしい。彼は相手を読んで、それに応じて進めていくのだ。

〔青いガーネット〕の中で、ほんの少し前までは手にできていなかった情報を手に入れるホームズの能力に、ワトスンは驚く。そうすることができた理由を、ホームズが説明している。

「頰ひげをあんなふうに刈り込んで、ポケットから競馬新聞をのぞかせる男を見たら、賭けに乗ってくると見て間違いない。たとえ目の前に一〇〇ポンド積んだところで、あんなに何もかもしゃべらないだろうが、ぼくを負かしたいばかりに、全部しゃべってしまったんだ」

この戦術を、『四つの署名』において、ホームズが汽艇のオーロラ号の詳細を知ろうとして用いたものと比べてみよう。「あのような人たちに接するとき大切なのは」艀《はしけ》の座席に腰をおろすと、ホームズは言った。「向こうのしゃべることが、こっちにとっては少しも重要なことではないと思わせることだ。さもないと、たちまち牡蠣のように口をつぐんでしまうだろう。仕方がないから聞いているんだというような態度を示せば、知りたいことは、だいたい聞き出せるものだ」

自分は買収などされないと思っている人のことは、買収しないのだ。だが、相手が賭け好きの兆候を示したら、賭け金を手にして近づく。誰にも情報を与えようとしない人の、すべての言葉には耳を貸さない。だが、おしゃべりをさせて、うわさ話をする傾向に気づいたら、喜ばせるふりをする。人はみな違うから、それぞれの状況にはそれぞれのアプローチが必要なのだ。トラを狩りに行くのにキジ撃ち用の銃を持っていくのは、無謀なハンターである。万能のパターンなど、存在しない。道具を手に入れ、その使い方をマスターしたら、それをしっかりと使いこなす。そっと叩けばいいところではハンマーは使わない。直接的な方法がいいときもあれば、型破りな方法がいいときもある。ハンターなら、どちらがいいかわかっていて、使うタイミングも心得ているのだ。

・適応性

状況が思わぬ方向に変わっても、ハンターなら適応する。カモ狩りに来たときに、近くの茂みにシカがいるのを目にしたらどうするか。「別にどうもしない」と言う人もいるだろうが、この機会を利用して、より価値の高い獲物を手に入れるという適応性を備える人は多いだろう。

〔アベイ荘園〕において、ホームズが土壇場になって、容疑者をスコットランド・ヤードに差し出さないと決断した場面を考えてみてほしい。「いや、それはできないよ、ワトスン」と、ホームズは言っている。

「いったん逮捕状が出てしまえば、どうにも救いようはないんだ。これまでにも一、二度、ぼくが犯人を発見したために、その人間が犯罪によって与える以上の実質的な害悪を社会に与えたことがあったようだ。それからぼくは物事にもっと慎重にならなくてはならないと考えるようになり、自分の良心よりはイギリスの法律をごまかすほうがましだと思うようになった。行動を起こすのは、もっとよく知ってからだ」

先に決めていた行動には、〈マインドレス〉に従わない。状況が変わったら、それによってアプローチも変わる。状況に応じて、行動に出る前に考えたり、相手を判断したりする必要があるのだ。過ちは誰もがするが、時間と場所という状況を考えると、過ちとは言えないものもある（結局は、そのときに正しいと判断しなかったら、選択していないのだから）。

さらには、変化にもかかわらず、同じ道を外れないと決断したら非最適ルートを少なくとも〈マインドフル〉に、自分がそうする理由を充分にわかっている状態で、選ぶことだろう。そして行動する前に、つねに「もっとよく知って」いるようになるのだ。ウィリアム・ジェイムズも言っている。「科学者も素人も、われわれはみな、信じやすさという斜面に暮らしている。この斜面は、ある人物では一方に傾き、別の人物ではもう一方に傾く。そして、どちらにも傾かない斜面をもつ人物こそが、真っ先に最初に非難を始めることになるのだ！」

・限界の認識

ハンターは自分の弱点をわかっている。見えない部分があれば、誰かにカバーを頼む。もし頼める人がいないときは、そのことがばれないようにする。やり過ぎる傾向にあったら、自分でもそれに気づく。どんな困難であれ、狩りで成功するには、それを考慮しなければならない。

「フランシス・カーファックス姫の失踪」では、ホームズが問題の女性がいなくなった場所に気づいたのは、彼女を救うギリギリになってからだった。「ワトスン、きみの犯罪記録に、この事件を加えるつもりなら」と、タッチの差で間に合ったホームズは、帰宅したのちに言っている。「どんなに優秀な頭脳でも、ときには曇ることがあるという例を記録することにしかならないだろう。こういう失敗は、どんな人間にも避けられないことで、これに気がついて過ちを正す人が、最も偉大なのだ。こういうふうに評価を変えれば、ぼくもどうやら人並みの口がきけるというものだ」

ハンターは、自分の弱点がどこにあるかと気づく前に、間違うはずである。ハンターがやり手か否かの違いは、失敗した数の多い少ないではない。失敗を認識し、そこから学び、今後における再発を防げるかどうかにある。限界を乗り越えるために限界を認識すること、自分たちは失敗するものだと知り、自分たちの思考や行動において他人の場合には簡単に気づく誤りやすさを認識する必要があるのだ。そうしないと、いつまでたっても妖精の存在を信じることになってしまう——もしくは、もっと偏見なく考慮する必要性を示す兆候があっても、まったく信じなくなってしまうだろう。

・平静を培う

ハンターは、自分の心を静めるときを心得ている。どんなものでもつねに受け入れてしまうと、感覚が呑み込まれてしまい、鋭さが失われる。重要な兆候を重視したり、それほどでないものは取り除いたりする能力も、なくなるだろう。必要な警戒態勢を取るには、孤独な瞬間が欠かせないのだ。

ワトスンは『バスカヴィル家の犬』において、ホームズからかまわないでほしいと言われた際に、この点を簡潔に主張している。彼は文句は言っていない。「私にはわかっていたが、わが友が精神を集中するためには、ほかの世界からの隔絶と遮断が何よりも必要なのだ。そのあいだに彼は、あらゆる証拠を吟味し、可能性のある仮説をいくつも組み立て、それらを比較検討し、どの点が本質的で、どの点が末梢的かを決定するのだ」と、ワトスンは書いているのだ。

この世界には、気が散ることが多い。あなたのために世界が静まることは決してないし、自発的にそっとしておいてくれることもない。ハンターはみずからの「隔絶と遮断」、みずからの心の静けさ、そして戦術やアプローチや過去の行動を検討し将来の計画を練るための、みずからの空間を見つけ出さねばならないのだ。静かな時間をたびたびもてなければ、狩りが成功する見込みは薄いだろう。

・不断の警戒

そして何よりも、ハンターは隙を見せない。昼日中の暑い盛りにトラはまずいないだろうと思っていてもである。その日がブラックタイガーが史上初めて見つかる日になるかもしれないか、あなたが慣れている狩りの習性とは異なるトラが出るかもしれない（カモフラージュが異なっているのでは、むこうがまったく異なる方法で近づいてくるのでは、と考えるのだ）。ホームズが何度となく注意しているように、最も目立たない犯罪ほど、時として最も難しいケースになるのである。決まった手順や見かけだけの正常性ほど、満足感をもたらすものはない。ありふれたものほど、警戒心をなくさせるものはないのだ。成功をおさめたハンターは、まさにその成功からもたらされた満足感や、そもそもその成功を可能にした原因とは逆のケースによって、失敗を喫することになるのだ。

すべてをうまくやれたと思うあまり、〈マインドレス〉な日課や行動に屈してしまい、獲物を仕留め損なうハンターになってはいけない。規則の適用には、つねに〈マインドフル〉でいなくてはならない。考えることをやめてはいけないのだ。これはあたかも、『恐怖の谷』の一こまのようである。「ぼくはこう考えるんだがね」と言うワトスンに、ホームズがいらだたしそうに口を挟むのだ。「考えることくらいなら、誰にだってできるよ」

思考に対するホームズ的アプローチの頂点である、この自覚に対して、より適切なイメージはあるだろうか。何よりも頭脳があり、その中にハンターの自覚がある。ワトスンのようにちょっと考えてみただけでなく、つねに思考するハンターだ。この〈マインドフル〉な状態は、毎回の狩りの始まりや、新たな試みや思考プロセスの始まりとともに、始まったり終わったりはしない。夜になって落ち着いて、暖炉の前で足を伸ばしているときでも、絶えず続いている状態であり、充分に準備された〝頭脳の影響力《プレゼンス・オブ・マインド》〟（第一章参照）なのだ。

ハンターのように考えられるようになると、妖精の国という明らかな矛盾を突きつけられても、絶対に目をつぶらないようにすることができる。単に除外するのでなく、気をつけるのだ。そして、たとえその存在の本物の証拠を最初に発見する人物になりたくても、その証拠は今後出てくるかもしれないし、まったく出てこないかもしれないということを、知るべきである。いずれにしろ、証拠は厳正に取り扱わなければならない。そして、その同じ姿勢を、他人やその人の信念にも適用すべきなのだ。

自分自身をどう見るかは、重要である。自分の人生において、みずからをハンターと見ると、ある意味では、狩りをもっとうまくできるようになるかもしれない。妖精が存在する可能性を考えようと考えなかろうと、ハンターであるあなたは、わかったうえでやることだろう。準備のできていない状態ではないのだ。

一九八三年、コティングリーの妖精話に、ほぼ決着がつく。写真が最初に登場してから六〇年以上が経過したのち、七六歳になったフランシス・グリフィスが、写真は捏造したものだと白状したのだ。少なくとも、四枚はそうだという。妖精は年上のいとこが描いたもので、それを帽子の留めピンでその場の景色に固定したというのだ。ドイルが原板で見たと思った小鬼《ゴブリン》のへそだという印は、留めピンだった。ただし、最後の一枚は本物だと、フランシスは述べている。

二週間後には、エルシー・ヒル（旧姓ライト）自身も申し出た。最初の出来事以来、沈黙を守り続けてきたが、フランシスの言うとおりだと明かしたのだ。彼女は両親が留守のあいだに、上質なウィンザー・アンド・ブリストル紙の上にセピア色で妖精を描き、水彩絵の具で色づけをしたという。そしてそれを、留めピンで地面に固定したというのだ。妖精の姿自体は、一九一五年出版の *Princess Mary Gift Book* からトレースしたようだった。では、フランシスが本物だと言っていた、最後の一枚については？　フランシスはその場にもいなかったのにと、エルシーは《タイムズ》紙に語っている。「あれは自慢に思っています――自分でこしらえた仕掛けでやったし、うまくいくように、ちょうどいい天気になるまで待たなければなりませんでした。あれの秘密は、本の最後のページまで明かしませんよ」

だが、その本が書かれることはなかった。フランシス・グリフィスは一九八六年に、エルシーはその二年後に、それぞれ亡くなった。今でも、五枚目の写真は本物だと主張する人たちはいる。コティングリーの妖精が死に絶えることはないのだ。

だが、ひょっとすると――本当にひょっとすると、ハンターであるコナン・ドイルは同じ運命を逃れていたかもしれなかった。彼が自分自身（と少女たち）のことをもう少し批判的にとらえて、もう少し熱心に詮索していたら、自分の創作したキャラクターがみずからの悪癖についてそうしたように、自分の失敗から学べたことだろう。ドイルは心霊主義者《スピリチュアリスト》であったかもしれないが、彼の精神性《スピリチュアリティ》は、ホームズを見習うことができなかった。彼の〈マインドフル〉な部分を受け入れる処理ができなかったのだ。

W・H・オーデン（一九〇七～七三、英国生まれの米国の詩人、劇作家）は、ホームズについてこう記している。

「人間に対する彼の態度、および観察と推理の手法は、化学者か物理学者のそれである。彼が素材として無生物ではなく人間を選ぶのは、うそをつけない無生物を調べることが簡単すぎてヒーローにふさわしくないからだ。一方、人間はうそをつけるし、うそをつくから、人間を相手にする際には、観察は二倍鋭く、論理は二倍正確でなければならないのである」――「罪の牧師館：中毒者による探偵小説についてのノート」（《ハーパーズ》誌一九四八年五月号）

ドイルがヒロイズムほど高く評価したものは、ごくわずかしかない。それにもかかわらず、彼は自分が狩っている動物は、自身が作り出したものと同じくらい人間的だとは理解できなかったのである。彼は二倍鋭くなく、二倍論理的でなく、二倍正確ではなかった。だが彼は、自身の探偵のためにみずから作り出した〈マインドセット〉にちょっと助けてもらっていたら、人間はうそをつくことができ、うそをつくものであり、自分自身も含めて、誰もが間違い、誰もが誤りがちであることを決して忘れることはなかったかもしれないのである。

ドイルは、科学が進む道を知りようがなかった。彼は自分にできることをしたし、みずからに課した条件内でそうした。それは今でも変わらないと言えるだろう。というのも、ウィリアム・ジェイムズによる自信に満ちた予想とは違って、私たちの生活を導く見知らぬ力に対して私たちが知っていることは、自然現象を説明する際には、ドイルが想像する以上に何年も先に行っていたのに、心霊現象を説明する際には、一九〇〇年頃に止まったままなのである。

だが、ホームズやドイルよりも――さらに言えばダリル・ベムやウィリアム・ジェイムズ以上に——問題は大きい。私たちは誰もが自身の知識や文脈《コンテクスト》に制限されている。そして、そのことは覚えていたほうがいい。何かを理解できないからといって、それがないものであるとはかぎらないのだから。さらには、何かを知らないせいで失敗したからといって、取り返しがつかないほどのことをしたとはかぎらない——学びつづけることができなくなるわけでもない。心の問題に関しては、私たちは誰もがハンターになりうるのだ。

正典参考箇所

「私にはわかっていたが、わが友が精神を集中するためには、……」——『バスカヴィル家の犬』第三章「問題点」

「この運命の部屋に一歩足を踏み入れるやいなや……」——『シャーロック・ホームズ最後の挨拶』〔悪魔の足〕

「頬ひげをあんなふうに刈り込んで、……」——『シャーロック・ホームズの冒険』〔青いガーネット〕

「いや、それはできないよ、ワトスン」——『シャーロック・ホームズの復活』〔アベイ荘園〕

「ワトスン、きみの犯罪記録に、この事件を加えるつもりなら……」——『シャーロック・

ホームズ最後の挨拶』〔フランシス・カーファックス姫の失踪〕

「ぼくはこう考えるんだがね」――『恐怖の谷』第一章「警告」

終わりに

ウォルター・ミシェル（一九三〇〜、コロンビア大学教授、心理学者）は九歳で幼稚園に入園した。両親が学校教育に怠慢だったわけではない。ただ、彼が英語をしゃべれなかっただけだ。一九四〇年のことで、ミシェル一家はブルックリンに到着したばかりだった。一九三八年春のナチス支配の爪痕が残るウィーンから幸運にも逃れることができた、数少ないユダヤ人家族だ。逃れられたのは先見の明があったからでもあるが、多分に運のおかげだった。亡くなって久しい母方の祖父の、米国市民権証書を見つけたのだ。どうやら、祖父は一九〇〇年ごろニューヨークで働いていたあいだに市民権を取得し、その後またヨーロッパに戻ったらしい。

そんなミシェル博士に、幼いころの記憶を呼び覚ましてみてほしいと頼むと、真っ先に話してくれるのは、ウィーンの歩道で履いていたまだ新しい靴をヒトラーユーゲントに踏まれた思い出ではない。父親やほかのユダヤ人男性たちが住まいから引きずり出され、寝間着姿のまま両手に木の枝をささげ持って、ナチスがユダヤ人の迎春のならわしを真似た、間に合わせの〝パレード〟の舞台を無理やり行進させられたことでもない（彼の父親は小児麻痺の後遺症で、杖なしには歩けなかった。そのため、息子のミシェルは、父が行列から右に左にはみ出しながらひょこひょこ歩くのを見ていなければならなかった）。また、ウィーンを離れる旅や、ロンドンでおじの家の空き部屋で過ごした時期のことや、戦争勃発とともに米国へ渡航したことでもない。

そういった思い出をさしおいて彼が話してくれるのは、入園したての幼稚園での日々のことだ。英語をほとんどひとこともしゃべれないウォルターは、IQテストを受けさせられた。彼がうまくやれなかったとしても、さほど意外ではない。異文化の中で、異国の言語でテストを受けているのだ。それなのに、教師にとっては意外だった。つまり、その女性教師は、彼にそう言ったのだ。あまつさえ、がっかりしたとまで言った。外国人というのは頭がいいとでも思われていたのだろうか？　女性教師は、彼がもっとできるものと期待していたらしい。

キャロル・ドゥエック（一九四六〜、スタンフォード大学教授、心理学者）の場合は、それと逆の話になる。小学校六年生のとき――偶然にも、これまたブルックリンで――彼女もクラスのみんなと一緒に知能テストを受けさせられた。その後教師がしたことは、今なら眉を吊りあげる人が多いだろうが、当時はさほど珍しくもなかった――生徒の席を点数順に並べたのである。〝頭のいい〟生徒は先生からいちばん近い席。点数に恵まれない生徒ほど、順に遠くの席へ。席順が変えられることはなく、満足な点数をとれなかった生徒たちは、黒板を拭いたり学校行事で旗を持ったりという役すらもらえなかった。自分のＩＱがはっきり言って標準に達していないことを、絶えず思い知らされるのだ。

ドゥエック自身は恵まれた生徒だった。彼女の席は一番。クラスの最高点をとったのだ。それでも、ひどく違和感があった。もう一回テストすれば頭が悪いことになるかもしれないだけだとわかっていた。それに、そんなに単純なことなのだろうか。点数をつけて、それで知能が高いとみなしていいのだろうか？

後年、ウォルター・ミシェルとキャロル・ドゥエックは二人とも、コロンビア大学で教えていた（本書の執筆時点で、ミシェルは現在も同大に在籍し、ドゥエックはスタンフォード大学に移っている）。二人はともに社会および人間心理学研究において大活躍するようになり（ミシェルのほうが一六歳年上だが）、二人とも子供のころ受けた知能テストがその後の仕事の道すじを決めたという。性格的特性や知能などの、固定していると思われているもの、一度の単純なテストで測定されてしまい、その測定が人の将来を決めてしまいかねないものを、研究したいと思ったのだ。

ドゥエックが学問的業績の頂点に立ったのは、わかりやすい。なんといっても、クラス一頭がよかったのだ。では、ミシェルは？　ドゥエックのクラスだったら教室のうしろの席に直行すべきＩＱの持ち主が、どうやって二〇世紀心理学の第一人者に――〈マシュマロ・テスト〉（子供の自制心と将来の社会的成果の関連性を調査した実験）で名高い、性格と性格測定の見方にまったく新しいアプローチをした人物にまで――なったのだろう？　何かがまるで正当でなかったということになる。ミシェルの知能にも、驚異的なスピードで築き上げてきた学者としてのキャリアにも、まったく落ち度がなかったということなのだ。

シャーロック・ホームズはハンターである。卓越した自分に、難しすぎることは何もないと知っている――それどころか、難しければ難しいほどよしとする。そういう姿勢は、彼の成功と、彼のあとについて来られないワトスンの失敗によるところが大きい。「プライオリ・スクール」で、ワトスンが姿を消した生徒と教師の身に何が起きたのか考えつかず、ただあきらめてしまう場面をご記憶だろうか？

「そう言われると、ぼくにもお手上げだな」と、彼はホームズに言う。

だが、ホームズはそれを認めない。「ちぇっ」とホームズ。「ぼくらは、もっと難しい問題だって解決してきたんだぜ」

あるいは、手紙が「人間の力では解読できない」暗号で書かれていると断言するワトスンに、ホームズはどう答えたか。

「ことによると、きみの抜け目のない頭脳でも見落とした点があるのかもしれないよ」とホームズは言ったが、ワトスンの態度はまるで助けにならない。ホームズは「純粋に推理だけの力でこの問題を検討してみよう」とワトスンに言いながら、当然のように手紙の解読を続けるのだ。

ある意味、ワトスンはどちらの場合でも、始めてもいないうちから降参してしまっている。

自分はお手上げ《ウィッツ・エンド》だと言明したり、人間の力《ビヨンド・ヒューマン・パワー》では解読できないと決めつけたりすることによって、成功する可能性に対して心を閉ざしてしまうのだ。そういう〈マインドセット〉こそが、結局のところいちばん重大な問題になる。そしてそれは、テストの点数などよりはるかに触知しがたい、測り知ることのできないものなのである。

　キャロル・ドゥエックは長年にわたって、まさにそのホームズの「ちぇっ」をワトスンの「お手上げ」から隔てるもの、ウォルター・ミシェルの成功を彼のＩＱと思われている数値から隔てるものを研究している。彼女の研究の手引きとなってきたのは、二つの主な仮定だ。ＩＱだけが知能を測る手だてではありえない、そして、知能という概念そのものには目に見える以上のものがある、ということである。

　ドゥエックによると、知能については主に二つの説がある。〈インクリメンタル〉（変化する）という説と、〈エンティティ〉（本質である）という説だ。〈インクリメンタル〉説支持者なら、知能は流動的だと考える。一生懸命勉強し、より多くのことを学び、もっと努力すれば、頭がよくなるだろう、と。言い換えれば、人間の理解力の及ばないこともあるだろうとは考えない。ウォルター・ミシェルの最初のＩＱ評点は、そのせいでがっかりするようなものではないし、彼の実際の能力やその後の功績との関係も、あまりないのだ。

　一方、〈エンティティ〉説支持者なら、知能は不動だと考える。努力したところで、頭のよさ（あるいは悪さ）はそれまでどおりだ、と。知能は生まれもった運にすぎない。これは、ドゥエックの六年生のときの担任教師がとった立場だ。それはまた、ミシェルの幼稚園の先生のとった立場でもある。つまり、ひとたびうしろの席になったら、その席にはまり込んだままということだ。自分ではどうすることもできない。気の毒だけど、きみ、くじ運が悪かったね、というわけだ。

ドゥエックは、研究の過程で、あるおもしろいことに繰り返し気づいた。失敗に対する反応において人がどう振る舞うかは、二つの説のどちらを支持するかに大きく左右されるのだ。失敗を、〈インクリメンタル〉説支持者は学ぶ機会ととらえる。〈エンティティ〉説支持者は、いらだたしくも矯正不能な自分の欠点ととらえる。結果として、前者は失敗した経験から将来の事態に応用すべき何かを得るかもしれず、後者はどちらかというと、すっかりなかったことにしてしまいがちだ。要するに、世界と自分自身をどう考えるかによって、どう学ぶか、何を知るかを本当に変えられるわけだ。

最近の研究で、この差異のある反応が単に行動上のものなのか、それとももっと深く、脳の振る舞いレベルまで達するのか、心理学者グループが見極めることにした。研究者たちは、単純な〈フランカー課題〉を与えた大学生たちの脳内に発生する、反応を基準とした《レスポンス・ロックト》〈事《E》象関《R》連電《P》位〉(内的・外的刺激に対する脳の類型的な電気生理学的反応)を測定した。学生たちにひとつながりの五文字を見せ、真ん中の文字をすぐに見分けてもらうのだが、五文字とも同じこともあれば——たとえばMMMMM——違っていることもある——たとえばMMNMM。

回答の精度は概して高く、約九一パーセントだったものの、個々のタスク・パラメータは、誰もが何回かは間違える程度に難しくしてあった。ただし、個人個人で違うのは、彼らが——正確に言うなら彼らの脳が——ともに、間違いに対してどう反応するかというところだった。〈インクリメンタル〉な〈マインドセット〉の持ち主（つまり、知能は流動的と考える人）は、〈エンティティ〉な〈マインドセット〉の持ち主（つまり、知能は不動だと考える人）よりも、間違えた後でもうまくやった。さらに、〈インクリメンタル〉な〈マインドセット〉が強くなると、誤答への積極性《ポジティヴィティ》ERPも正答に対するとき同様に増大した。そして、誤答へのエラー積極性《ポジティヴィティ》が大きければ大きいほど、誤答後の動作が正確になる。

　とすると、いったいどういうことだろう？　そのデータによると、成長をうながす〈マインドセット〉、つまり知能は向上すると思うことで、間違いに対しよい反応を示せる——行動上ばかりか神経系でもだ。向上すると信じればそれだけ、エラーに対して〈注意力《アテンション》〉を意識的に割り当てることを示す脳内信号が増幅されるのだ。そして、その神経信号が大きくなればそれだけ、その後のパフォーマンスがよくなる。それを介してうかがえるのは、知能について〈インクリメンタル〉説の人たちのほうが、実際にも、まさに基本的な神経レベルで自己調整や自制のすぐれたシステムをもっていることだ——そういう人たちの脳のほうが、自分自身のふとしたことから発生するエラーを監視し、それに応じて自分の振る舞いを調整するのがうまい。進歩したオンラインにおけるエラー認識と同じことだ——間違いが起きたらそれに気づき、すぐにそれを訂正する。

　脳の振る舞い方は、その持ち主である私たちの考え方にきわめて感化されやすい。それは学習に限ったことではない。自由意志を信じるかどうかといった理論的なものでさえ、私たちの脳がどう反応するかに影響する（私たちが信じなければ、私たちの脳は実際に準備反応が鈍くなる）。はっきりした理論から特定のメカニズムまで、私たちは頭《マインド》のはたらき方に、ひいては自分の振る舞い、行動、相互作用《インタラクト》に対し、大きな影響力をもつ。自分は学ぶことができると思えば、学ぶことになる。そして、どうせ失敗するに決まっていると思えば、まさにそのとおりに、行動上ばかりか神経単位《ニューロン》というきわめて根本的なレベルでも、自分の運命を決めてしまう。

だが、知能が生まれつき据え付けられた強固なものではないのと同じく、〈マインドセット〉もあらかじめ決定されてはいない。私たちは学ぶことができる。向上することができる。世界への習慣的アプローチのしかたを変えることができる。その例として、固定観念の脅威を考えてみよう。他人の目が——他人の目にどう映っているかという私たちの思い込みが——私たちがどう行動するかにも影響し、それもあらゆる根本的なものと同様に潜在意識レベルで影響するという、実例がある。あるグループの象徴的メンバー（たとえば、男性たちの中でただひとりの女性）は、自意識がふくらんで振る舞いに逆効果を及ぼしがちだ。自分の民族的背景《エスニシティ》やジェンダーを記入してからテストを受けると、女性には数学の点数に、マイノリティの人たちには合計点に、よくない影響がある（たとえばＧＲＥ（米で大学院に出願する前に受験を要求される試験）で、人種を目立たせると、黒人学生の成績が下がる）。アジア人女性は数学のテストで、アジア人というアイデンティティを目立たせるといい結果を出し、女性というアイデンティティを目立たせるとあまり結果を出せない。運動競技の場合、競技の出来は生まれつきの身体能力に基づくと考えると白人男性はいい結果を出せないし、運動に関する知能に基づくと教えられると黒人男性がいい結果を出せない。

それでも、単純な介入が役立つこともある。科学や技術の分野で活躍する女性たちの例を教えられた女性は、数学のテストで悪影響をこうむらない。知能に関するドゥエックの説——とりわけ〈インクリメンタル〉説——に接している大学生たちは、学期の終わるころには成績が上がり、主体性を高めている。ある研究によると、マイノリティの学生たちが自分を決定づける価値の重要性（親族関係や音楽の趣味など）について、在学中に三回ないし五回ほど文章にしたところ、二年の課程のＧＰＡ（成績平均値）が、特に特徴のない主題で書いた学生たちより〇・二四点高かった。また、成績のかんばしくなかったアフリカ系アメリカ人たちは、平均して〇・四一点成績を上げた。さらに、補習を受ける者の割合が、一八パーセントから五パーセントに下がった。

自分自身のこととなると、あなたは概してどんな〈マインドセット〉の持ち主だろうか？自分の〈マインドセット〉を自覚していないとしたら、パフォーマンスを妨げる負の固定観《ネガティヴ・ステレオ》念《タイプ》がふと現れ、〈マインドセット〉が自分に不利にはたらくとき一緒にもたらされる影響と戦うすべが何もない。自分のためになるようにはたらくとき（前向きなことに関する固定観念を活性化すれば、そういうこともありうる）、うまく有利にもちこむこともできない。だいたいにおいて、私たちが信じるもの、すなわち私たちの人となりなのだ。
単純明快な世界。ワトスンが自分は「お手上げ」だと言うとき、彼の見ているのは〈エンティティ〉世界だ。あまりに困難と思えることに直面するとき、途中で恥ずかしい思いをせずにすむよう、やってみさえしないのかもしれない。ホームズにしてみれば、あらゆることが〈インクリメンタル〉だ。やってみなければわからない。どんな難題も、新しいことを学ぶ、頭脳を発展させる、自分の能力を向上させる、そして将来の活用に備えて屋根裏部屋にツールを増やす、好機だ。ワトスンの屋根裏部屋は静《スタティック》的だが、ホームズの屋根裏部屋は動《ダイナミック》的である。

私たちの脳はいつまでも、新たな回路を成長させ、使われない回路を取り除くことをやめない。そして、私たちが強化する領域は、いつまでも強くなっていく。先にも本書で述べた、使うとともに強くなっていく(が、使わなければ衰える)筋肉――それまでまさかできるとは思わなかったような、目をみはるほどの力わざができるほどに鍛錬することも可能な筋肉――と似ている。

思考といったことの話になると、脳が変容する能力を疑ってしまうのは、なぜだろう? 頭脳はありとあらゆるかたちをとった才能を、自分にそんな才能があるなどと考えてみたこともなかった人々のうちに、生み出すことができるのに。オフェィという芸術家の例を挙げてみよう。オフェィが初めて絵を描きだしたとき、彼は一日も休まず働く中年の物理学者だった。彼は描き方を身につけられるかどうかさえ心もとなかった。それでも学び、描きつづけて、個展を開き、世界中のコレクターに作品を売るまでになった。

　もちろん、オフェイのような例がよくあるわけではない。彼はただの物理学者ではなかった。ほぼすべての研究でたぐいまれな天才を発揮し、ノーベル物理学賞を受賞することになるリチャード・ファインマンだったのだ。作品が作者の名声ではなく、ちゃんと作品そのものの力で評価されるよう、ファインマンはオフェイという別名で絵を描いた。そして、まだほかにいくつもの例がある。ファインマンは物理学への貢献で唯一無二の人物かもしれないが、人生後半に脳の変化する――それも深く変化する――能力を見せてくれたということでは、特に代表的人物ではないのだ。

　アンナ・メアリ・ロバートソン・モーゼス（一八六〇～一九六一、アメリカの国民的画家）――グランマ・モーゼスのほうが通りがいい――が絵を描きはじめたのは、七五歳になってからだった。その彼女の芸術的才能は、北欧ルネサンス期油絵の巨匠ピーテル・ブリューゲル（一五二五（一五三〇）～六九、フランドルの画家）になぞらえられるまでになった。二〇〇六年、彼女の *Sugaring Off*（砂糖作り）という作品は、一二〇万ドルで売れた。

　ヴァーツラフ・ハヴェル（一九三六～二〇一一）は劇作家、作家だった――のちにチェコの反体制運動の中心人物となり、その後、五三歳でチェコスロバキア初のポスト共産主義大統領になった。

　リチャード・アダムス（一九二〇～）が『ウォーターシップ・ダウンのうさぎたち』を出版したのは、五二歳のときだった。それまで自分が作家だと思ったことは一度もなかった。その五〇〇〇万部を超える（なお部数を重ねている）ベストセラーとなった著書は、娘たちに語ったお話から生まれたのだった。

ハーラン・デイヴィッド・サンダース（一八九〇～一九八〇）――カーネル・サンダースのほうが通りがいい――がケンタッキー・フライド・チキンを創業したのは、六五歳のときだが、同世代のうちでも最も成功した実業家のひとりにまでなった。

スウェーデンの射撃選手オスカー・スバーン（一八四七～一九二七）が一九〇八年のオリンピックに初出場したとき、彼は六〇歳になっていた。金メダル二個と銅メダル一個を獲得し、七二歳で最年長オリンピック選手になり、一九二〇年の競技で銅メダルという成績をあげてからは史上最年長メダリストになった。こういった変化に富んだ例、地図を覆い尽くす業績は枚挙にいとまがない。

そして、もちろんホームズがいる。早くから透徹した思考という才能の持ち主であり、長年よくない習慣を続けたあとも変身したり新しい道に進んだりする必要のない、ホームズ。しかし、忘れてはならないのは、ホームズとてみずからを鍛錬しなくてはならなかったこと、そして、彼とて生まれつきシャーロック・ホームズとして思考していたわけではないことである。ただ何かがだしぬけに起こることなどありはしない。私たちは何かを目指して努めなくてはならない。だが、正しく〈注意力《アテンション》〉を傾注すれば、目指すことが起こる。驚異的なものなのだ、人間の脳というのは。

もうおわかりのように、ホームズの洞察はほとんど何にでも応用できる。すべては態度、

〈マインドセット〉、思考習慣、自分が発展させる世界への辛抱強いアプローチなのだ。それに比べると、何に応用するかという点ははるかに重要性が低い。

もし、ひとつだけ本書から得るところがあるとしたら、それは『最もパワフルな頭脳は平静な頭脳である』ということだろう。思慮深く、注意を怠らず、思考とその状態に〈マインドフル〉な頭脳である。マルチタスクすることはあまりなく、するときは、目的をもってする。

この意味するところが、そろそろ理解されようとしているのかもしれない。《ニューヨーク・タイムズ》が最近、〝メール中のスペース占拠〟という新しい慣行をとりあげた。駐車場ではドライバーたちが、車を駐めたまま携帯メールやeメールの送信、ツイッターなどをする。何であれとにかく、車を出して駐車スペースを空ける以外のことをするという。駐車スペースを探している人々の怒りを買う行いだが、ながら運転は感心しないと気づく人が増えたということでもある。人気ブログ"The 99%"では、見出しに「マルチタスク撲滅のとき」と高らかに謳っている。

私たちの生きる騒々しい世界を制限要因ととらえ、ホームズと同じ頭脳の影響力《プレゼンス・オブ・マインド》を私たちがもてない言い訳にすることもできる――なんといっても彼は、メディアやテクノロジーに大わらわになる一方の、現代人のような生活ペースにもまれていたわけではないのだ。昔は楽だったことだろう。あるいはそれを、私たちがもっとうまく〝ホームズする〟ための課題と考えることもできる。そんなことは実は問題ではないと示してみせることもできる――私たちは努力すれば、彼に負けず劣らず〈マインドフル〉でいられる、と。努力を重ねればそれだけ、得るところも大きいし、習慣を〈マインドレスネス〉から〈マインドフルネス〉へしっかりシフトできることだろう。

現代テクノロジーも、ホームズだったら望外の恩恵としてさぞかし満悦しただろう。私たちも彼と同様に、テクノロジーを甘受することができるのだ。こんなこともある――最近の研究で実証されたのだが、コンピュータのことがあらかじめ頭にあると、あるいはそのうち情報にアクセスできると思っていると、人はその情報のことを思い出しにくくなるという。しかし――これが肝要だ――あとになってどこで（そして、どうやって）その情報を見つければいいのかは、はるかによく覚えていられるのだ。

デジタル時代に生きる私たちの脳という屋根裏部屋はもう、ホームズやワトスンのころのように窮屈ではない。コナン・ドイルの時代には想像もできなかっただろう仮想《ヴァーチャル》能力のおかげで、私たちは情報収納《ストレージ》のスペースを事実上拡張した。そして、その拡張部分が興味深い機会をもたらしてくれる。いずれ役に立つかもしれないあれこれを保管しておけるし、必要とあらばアクセス方法もきちんとわかっている。屋根裏部屋の優先的な場所に置いておくほどのものかどうか確信がなくとも、捨てなくていい。将来利用する可能性に備えて保管したと、覚えておけばいいだけだ。ただし、好機とはいえ用心しなくてはならない。本当は脳という屋根裏部屋の中にあるべきものまで、外部に保管しておきたくなるかもしれないし、管理のプロセス（何を残して何を棄てるか）がどんどん難しくなっていくからだ。
ホームズには、独自のファイリング・システムがあった。私たちには〈グーグル〉があり〈ウィキペディア〉がある。何世紀も昔から現在までの書物や記事や物語が、何でもきちんと入手して使い尽くせるようになっている。私たちには私たちのデジタル・ファイルがあるわけだ。

しかし、自分が選ぶものをいちいち何でも調べられるとは思えない。また、私たちが接する何もかもを覚えていられるとも思えない。実を言うと、そんなことを望むべきではないのだ。学ぶ必要があるのはそんなことではなく、屋根裏部屋をそれまでよりもうまく管理する手法だ。うまく管理できれば、私たちの限界は本当に前例がないほど拡張することだろう。だが、うっかり流れ出す情報の泥沼の中で動きがとれなくなってしまえば――私たちが肌身離さず持ち運ぶ頭の中の限りある保管スペースに、最もふさわしいものではなく不適切なアイテムを保管してしまえば――デジタル時代も有害なものとなりかねない。

世界は変化していく。私たちには、ホームズが想像もできなかったほど豊富な情報源がある。脳という屋根裏部屋の範囲はシフトした。拡張されたのだ。それによって可能性の範囲が拡大した。私たちはそういう変化を認識するよう、そのシフトにふりまわされるのではなく、それを利用するよう努力すべきだ。〈注意力《アテンション》〉、〈頭脳の影響力《プレゼンス・オブ・マインド》〉、〈マインドフルネス〉、〈マインドセット〉、〈モチベーション〉といった、生涯を通じて私たちに付随する、まさに基本的な概念に立ち返るのである。

私たちは決して完璧にはならない。だが、自分の欠点に〈マインドフル〉にアプローチすることはできるし、そうすれば、長期的に見てその欠点が私たちをより有能な思考者にしてくれるのである。

〔瀕死の探偵〕（『シャーロック・ホームズ最後の挨拶』所収）でホームズは、「どうして頭脳が頭脳を支配するのか、まったく不思議だ」と言った。それはこの先もずっと変わらないだろう。ただ、もしかしたら私たちは、そのプロセスをもっと理解して、その知識を私たちの情報《インプット》に加えることができるかもしれないのだ。

謝辞

本書が完成するまでには、多くの方々の手助けがあった。すべての人に適切な感謝を表わすとしたら、丸々ひとつの章が必要になるだろう。私は簡潔な表現がそれほど得意でないのだ。

本書執筆のあいだ、つねに助言と手助けをしてくれた人たち――私の家族とすばらしい友人たちには、お礼の言葉もない。あなたがたがいなければ、書きはじめることも書き終えることもできなかったろう。そして、科学者や研究者、シャーロック・ホームズ愛好家の人たち。その惜しみない協力と専門知識の提供に、感謝したい。

とりわけ、すばらしい師であり友人である、スティーブン・ピンカーは、一〇年近くものあいだ、それが自分のためでもあるかのように、私のために時間を割き、最善の方法で知識を共有してくれた。私が心理学を学ぶきっかけをつくってくれたのは、彼の著作であり、私がこうして研究者でいられるのも、彼のおかげである。またリチャード・パネクは、本書執筆の最初から最後まで、舵を取ってくれた。その助言とあくなき援助は、本書の作業を順調にスタートさせ、軌道に乗せるうえで、ことのほか重要であった。キャサリン・ヴァズは、当初より私の著作の可能性を信じてくれ、長年のあいだ励ましとインスピレーションを与えつづけてくれた。レスリー・クリンガーもまた、ホームズ物語を使った私の研究に当初から興味を抱いてくれた。ベイカー街二二一Bの世界に関する彼の比類なき専門知識は、本書を完成させるうえで不可欠のものであった。

私のエージェント、セス・フィッシュマンも称賛に値する優れた人物であり、彼と一緒に仕事をできたのは、私にとって幸運なことだった。ガーナート社のほかの人たち――特にレベッカ・ガードナーとウィル・ロバーツにも、感謝したい。すばらしい編集者であるケヴィン・ドウテンとウェンディ・ウルフは――私には不可能と思えたが――原稿がまだ存在しない段階から一年足らずで刊行にこぎつけてくれた。ヴァイキング／ペンギン社のほかの人たちにも、感謝したい、特にイェン・チョン、パトリシア・ニコレスク、ヴェロニカ・ウィンドホルツ、ブリトニー・ロス、見識ある編集をしてくれたニック・デイヴィーズに。このプロジェクトの成功を信じてくれたキャノンゲイトのすべての人たちに。

この本の中身はもともと、インターネット・フォーラムの Big Think および《サイエンティフィック・アメリカン》のサイトにおけるブログの連載記事だった。私が自由にアイデアを発表する場を与えてくれた、ピーター・ホプキンズ、ヴィクトリア・ブラウンほか Big Think のすべての人たち、そしてポーラ・ジフコヴィックほか《サイエンティフィック・アメリカン》のすべての人たちに対し、お礼申しあげる。

そのほか、ここには書ききれないほどの人たちが、本書完成までのあいだ、自分の時間を割き、サポートや励ましの言葉を与えてくれた。そのごく一部の名前を、書いておきたい。ウォルター・ミシェル、エリザベス・グリーンスパン、リンジー・フェイと、ASHの素敵な女性たち。コロンビア大学心理学部のすべての人たち、チャーリー・ローズ、ハーヴィー・マンスフィールド、ジェニー・8・リー、サンドラ・アプソン、メグ・ウォリッツァー、メレディス・カフェル、アリスン・ローレンツェン、アメリア・レスター、レスリー・ジャミスン、ショーン・オットー、スコット・フエラー、マイクル・ダーダ、マイクル・シムズ、シャラ・ザヴァル、そしてジョアンナ・レヴァイン。ありがとう。

最後に、最愛の夫ジェフ。あなたがいなかったら、すべてが不可能だったろう。人生においてあなたに会えたことを、感謝したい。

参考文献

ホームズ物語の正典については、ペンギン・ブックス（NY）およびペンギン・クラシックス（ロンドン）のホームズ全集を使用した。ほかに、レスリー・S・クリンガー編の注釈付き正典 *The New Annotated Sherlock Holmes Vol. II.*（2005, Norton）も使用している。

このほか、本書の執筆では数多くの論文や書籍を参考にさせていただいた。その全体については、私のウェブサイト（www.mariakonnikova.com）を参照されたい。また、以下に記すのは、それぞれの章で重要と思われる文献のリストである。本書の執筆に使ったすべての文献、あるいはすべての心理学者について書いてあるわけではなく、それぞれの話題における重要な文献だけピックアップしてあることに、留意されたい。

序

〈マインドフルネス〉という考え方と、それがもつインパクトについて興味をもたれた方には、エレン・ランガーの古典的文献『心の「とらわれ」にサヨナラする心理学』（加藤諦三訳、ＰＨＰ研究所、二〇〇九年）を読むことを、お勧めする。ランガーはまた、当初の研究テーマを改訂した『ハーバード大学教授が語る「老い」に負けない生き方』（桜田直美訳、アスペクト、二〇一一年）も刊行している。

心と頭脳の進化やその本質的な力に関する議論については、スティーブン・ピンカーの『人間の本性を考える――心は「空白の石版」か』（上・中・下）（山下篤子訳、日本放送出版協会、二〇〇四年）と『心の仕組み』（上・下）（椋田直子訳、筑摩書房、二〇一三年）が最もいい文献だと思われる。

第一章　科学的思考法を身につける

シャーロック・ホームズ研究の歴史、およびコナン・ドイルの作品の背景、そしてコナン・ドイルの人生については、次の三つの文献がかなり参考になった。レスリー・S・クリンガー編の *The New Annotated Sherlock Holmes*、アンドルー・ライセットのドイル伝 *The Man Who Created Sherlock Holmes*、ダニエル・スタシャワー、ジョン・レレンバーグ、チャールズ・フォーリー共編の『コナン・ドイル書簡集』（日暮雅通訳、東洋書林、二〇一二年）である。三作のうち一作目は、ホームズ物語（正典）の背景およびさまざまな解釈についてまとめた最良の情報源であり、二作目と三作目はコナン・ドイルの人生を概説するうえで非常に役に立つ。

初期の心理学について知るには、ウィリアム・ジェームスの古典的著作『心理学の根本問題』（松浦孝作訳、三笠書房、一九四〇年。短縮版『心理学』（上・下）は今田寛訳、岩波書店、一九九二年）をお勧めする。その科学的手法と歴史については、トマス・クーンの『科学革命の構造』（中山茂訳、みすず書房、一九七一年）を。モチベーション、学習、専門知識などについては、アンジェラ・ダックワース、『才能を開花させる子供たち』（片山陽子訳、日本放送出版協会、一九九八年）の著者エレン・ウィナー、K・アンダース・エリクソン（*The Road to Excellence* の著者）の研究から多くのことがわかる。この章の内容にはダニエル・ギルバートの研究も役立たせていただいた。

第二章　脳という屋根裏部屋を知る

記憶に関する研究で最もすぐれた著作のひとつは、エリック・カンデルの *In Search of Memory* だろう。また、ダニエル・L・シャクターの『なぜ、「あれ」が思い出せなくなるのか——記憶と脳の7つの謎』（春日井晶子訳、日本経済新聞社、二〇〇四年）も、すばらしい。

ジョン・バーグは、人間の行動における〈プライミング〉の効果について、今でもオーソリティでありつづけている。また、この章はソロモン・アッシュとアレクサンダー・トドロフによる研究と、ノーバート・シュワーツおよびジェラルド・クロアの共同研究を、参考にしている。IATにおける研究の成果は、マーザリン・バナジの研究所から入手できる。

第三章　脳という屋根裏部屋にしまう――観察する力をつける

頭脳のデフォルト・モール・ネットワーク、〈休　憩状態〉《レスティング》、本質的な動作、〈注意力〉《アテンション》に関する性質についての独創的な研究は、マーカス・レイクルによって行われた。注意力、注意的見落とし《アテンション・ブラインドネス》、われわれの感覚がなぜ誤った状態に導くかについての議論は、クリストファー・チャブリスとダニエル・シモンズの『錯覚の科学』（木村博江訳、文藝春秋、二〇一一年）をお勧めする。頭脳に備わる〈認知バイアス〉の綿密な研究については、ダニエル・カーネマンの『ファスト＆スロー――あなたの意思はどのように決まるか？』（上・下）（村井章子訳、早川書房、二〇一二年）がいい。観察の改訂モデルについては、ダニエル・ギルバートの研究を。

第四章　脳という屋根裏部屋の探求――想像力を身につける

創造力、想像力および洞察力の本質を概観するには、ミハイ・チクセントミハイの研究がいいだろう。特に、彼の著作 *Creativity: Flow and the Psychology of Discovery and Invention* と『フロー体験――喜びの現象学』（今村浩明訳、世界思想社、一九九六年）をお勧めする。心理的距離とその創造的プロセスにおける役割の議論は、ヤーコフ・トロープとイーサン・クロスの研究に負うところが大きい。この章は全体としてリチャード・ファインマンおよびアルベルト・アインシュタインの著作に影響を受けている。

第五章　脳という屋根裏部屋を操縦する――事実に基づく推理

客観的事実と、主観的経験および解釈のあいだの遮断に関する私の理解は、リチャード・ニズベットとティモシー・ウィルソンの研究に深く影響されている。特に、彼らの革新的な一九七七年の論文“Telling More Than We Can Know”が、すばらしい。彼らの研究は、ウィルソンの著作『自分を知り、自分を変える――適応的無意識の心理学』（村田光二監訳、新曜社、二〇〇五年）に、非常にうまくまとめられている。また、デイヴィッド・イーグルマンの『意識は傍観者である――脳の知られざる営み』（大田直子訳、早川書房、二〇一二年）は、新たな視点を提供してくれる。

分離脳の患者に関する研究は、ロジャー・スペリーとマイケル・ガザニガによって開拓された。このテーマについてはガザニガの *Who's in Charge?: Free Will and the Science of the Brain* をお勧めする。

先入観《バイアス》がいかにわれわれの推論に影響するかについては、ダニエル・カーネマンの『ファスト&スロー』を再度お勧めする。エリザベス・ロフタスとキャサリン・ケッチャムの『目撃証言』（厳島行雄訳、岩波書店、二〇〇〇年）は、客観的知覚とそれに続く記憶の呼び出しおよび推論の難しさに関してさらに学ぶうえでの、よき出発点となるだろう。

第六章　脳という屋根裏部屋をメンテナンスする――勉強に終わりはない

頭脳の学習に関する議論については、再度ダニエル・シャクターの研究と、そのもうひとつの著書*Searching for Memory*をお勧めする。またチャールズ・デュヒッグの『習慣の力』（渡会圭子訳、講談社、二〇一三年）には、習慣の形成とその変化、なぜ習慣がたやすく古い方法で固定されてしまうかについての詳細が述べられている。自信過剰の創発についてさらに知るには、ジョゼフ・T・ハリナンの『しまった！――「失敗の心理」を科学する』（栗原百代訳、講談社、二〇一〇年）とキャロル・タヴリスとエリオット・アロンソンの『なぜあの人はあやまちを認めないのか――言い訳と自己正当化の心理学』（戸根由紀恵訳、河出書房新社、二〇〇九年）をお勧めする。自信過剰の傾向と〈コントロール幻想〉することの錯覚に関する研究の多くは、エレン・ランガーによって開拓された（「序」の章を参照）。

第七章　活動的な屋根裏部屋――すべてのステップを結びつける

この章では本書全体を概観しているので、多くの研究書があるものの、特にここに記す必要はないだろう。

第八章　理論から実践へ

コナン・ドイル、心霊主義、コティングリー妖精事件についてもっと知りたければ、第一章の項で書いたコナン・ドイルに関する文献をお勧めする。心霊主義の歴史に興味をもたれた方には、ウィリアム・ジェイムズの*The Will to Believe and Other Essays in Popular*

Philosophy がある。ジョナサン・ハイトの *The Righteous Mind* は、われわれが自分の信じることをいかに変え難いかという点について、教えてくれる。

終わりに

〈マインドセット〉の重要性についてはキャロル・ドゥエックの著書『「やればできる!」の研究——能力を開花させるマインドセットの力』(今西康子訳、草思社、二〇〇八年)にまとめられている。モチベーションの重要性については、ダニエル・ピンクの『モチベーション3.0 持続する「やる気《ドライブ》!」をいかに引き出すか』(大前研一訳、講談社、二〇一〇年)で考察されている。

解　説

本書*Mastermind: How to Think Like Sherlock Holmes*の内容は、二〇一一年に連載された“Lessons from Sherlock Holmes”というタイトルの二つのブログが元になっている。ひとつはインターネット・フォーラムBig Thinkのブログ“Artful Choice”における、限定版シリーズ。もうひとつは、それを引き継ぐかたちで科学誌《サイエンティフィック・アメリカン》のサイトで連載された、ゲスト・ブログだ。

特に後者は、二〇一一年八月から一一月までの一八回にわたるもので、ほぼ本書の原型を成していると思われる。その連載中から多くのシャーロッキアンに絶賛され、レスリー・クリンガー（『新・注釈付きホームズ全集』でエドガー賞を受賞）やリンジー・フェイ（『ゴッサムの神々』などのミステリ作家）、ダニエル・スタシャワー（ミステリ作家。『コナン・ドイル伝』でエドガー賞受賞）といった、ベイカー・ストリート・イレギュラーズ（アメリカ発祥、世界最古のシャーロッキアン団体）の実力者たちから絶賛された。著者の謝辞にも、それらの名を見ることができる。当然ながら、そうした評価を下したのはホームズファンだけではなかった。もっとはるかに幅広い読者を獲得したのだ。

著者自身、企画書の中で、本書の読者は大きく二つのカテゴリーに分けられるとしている。ひとつは、ホームズファンで、かつ人間の心の謎（ミステリ）を探求することが楽しいと思う人たち。もうひとつは、みずからの思考能力（技術）を向上させたいと思っているが、研究書のようなものよりもっと読みやすいものを求める人たち。後者は、人間の心のはたらきについて知りたいと思い、文芸作品を通じて思考の方法や意思決定の能力を発達させたいと望む、ポピュラー・サイコロジーのファン、と言ってもいい。

こうした幅広い読者の人気を得た本書は、二〇一三年一月の刊行後、《ニューヨーク・タイムズ》のベストセラー・リストに入ったのだった。その後、イタリア、スペイン、オランダ、ドイツなど各国で翻訳権が取得され、一六以上の言語に翻訳されたと聞く。

＊

ご存じのように、ここ数年、新たな映像作品の登場により、何度目かのホームズ・ブームが訪れている。ロバート・ダウニー・ジュニア主演の映画『シャーロック・ホームズ』が二〇〇九年に公開されたあと、ベネディクト・カンバーバッチ主演のBBCテレビ『シャーロック』シリーズが始まって新たなファンが現われた二〇一〇年あたりからだが、そのあいだにホームズ・パスティーシュが激増しただけでなく、本書のようなホームズを扱ったミステリ以外のノンフィクションも、以前よりかなり増えた。

ホームズ物語には元々、ホームズ自身が折にふれて口にする名言――今なら人生訓とも、セルフヘルプ本に使われるアドバイスとも言えそうなセリフが多い。そうした名言を〝正典〟から拾い、分類するという作業は、数十年前からシャーロッキアンがやってきたことだ。その中には〝論理的思考〟に関するせりふも多く、彼の推理のしかたを追っていくことも、ホームズファンの楽しみのひとつだった。この、ホームズの推理法の分析、あるいは「ホームズ物語を使った論理学へのアプローチ」の分野では、すでに『シャーロック・ホームズの推理学』（内井惣七）が日本にある。

一方ホームズは、化学実験の結果を犯罪解決に役立てる、新しいタイプの探偵としてデビューした。本書でも引きあいに出された『緋色の研究』の冒頭シーンで、血液の新しい検出法を発見していることを、覚えているだろう。その後も彼が自室で化学実験装置に向かうシーンは、よく見られる。

この分野でもいくつかの研究書があるが、多くは「ホームズ物語を使った化学（科学）の解説書」であった。ただ本書と同じ二〇一三年一月に出版された *The Scientific Sherlock Holmes: Cracking the Case with Science and Forensics*（ジェイムズ・オブライエン著、オックスフォード大学出版局）の場合は、ホームズ物語における科学や法医学を語るだけでなく、科学を通じてホームズ物語を分析してもいる。この本が二〇一三年のエドガー賞を受賞したのも、そうしたバランスのよさによるのだろう。

そして、論理学でも科学でもなく、心理学的アプローチを行ったのが、本書である。つまり、ホームズの思考法を心理学的に分析した本。そうした本は今回のブームでほかにもいくつか出たが、そのほとんどは「ホームズのように推理するにはどうしたらいいか」というハウツー本もどきか、心理学パズルのようなものだった。ドイルの原典を引用せずにBBCテレビ『シャーロック』の内容だけを使って、「ホームズの心理学」を語ると称する本まであり、あきれたこともある。

その点本書は、実験心理学における発見の一般向け解説を、ホームズ物語とうまく融合させている。押しつけがましい人生訓やセルフヘルプの本ではないのに、最終的には私たちがこの社会で生きていくうえで大切なことに触れている。そのことは、本書を最後までお読みになった方ならわかるだろう。

しかし、最もユニークな点は、私たちの思考のベースとなっている二つのシステムに、〈ワトスン・システム〉〈ホームズ・システム〉と名付けたところにあるのではないだろうか。かたや、反応が速く、直観的で反射的であり、意識的な思考や努力を必要としないオートパイロットのような役目のシステム。かたや反応が緩く、検討を重ね、より徹底して、論理にかなった動きをするシステム。「明らかにどうでもいいようなことをするとき、悪いのは〈ワトスン・システム〉である」などと言われてしまうと、いささかワトスンがかわいそうだが、この命名は読者にとって非常に効果的だ。もちろん、読めばおわかりのように、ワトスンや〈ワトスン・システム〉は無用の存在などではない（シャーロッキアンならすでによく知っていることだが）。

さらには、〝脳という屋根裏部屋〟。正典の中でも有名なこの言葉に触れる著者は昔から多かったが、その利用と管理を心理学的アプローチで徹底的に解説したのは、今回が初めてかもしれない。

〈マインドレスネス〉から〈マインドフルネス〉へのシフト、〈注意力《アテンション》〉、〈頭脳の影響力《プレゼンス・オブ・マインド》〉、〈マインドセット〉、〈モチベーション〉といった概念。想像力《イマジネーション》の重要性。そうしたものが、正典の事件におけるホームズとワトスンの会話を巧みに使うことで、読者の頭にすっと入ってくる。まさに、私たちの〝脳という屋根裏部屋〟に効率よく知識が入っていくために工夫された本と言えよう。

訳者としては、この〝想像力の重要性〟を特に指摘しておきたい。「本当の解決法のためには、想像力が必要だ」というのは本書の一節だが、想像力は本質を見抜く力につながる。これは思考術や探偵術に不可欠なだけでなく、他者とのコミュニケーションにおいても重要であり、私たちの社会づくりや生活、人生におけるすべての問題につながる。教育や政治において、想像力が欠如していることから問題が起きた例は、枚挙にいとまがないだろう。おおげさかもしれないが、この点が前述の「（本書は）私たちがこの社会で生きていくうえで大切なことに触れている」ということにつながるのである。

＊

著者マリア・コニコヴァは、ロシア出身でニューヨーク在住の心理学者。四歳のときにアメリカに移住して、ハーヴァード大学を卒業。コピーライターの仕事をしたあと、PBSテレビの『チャーリー・ローズ・ショー』でプロデューサーを務め、二〇〇八年に復学して二〇一三年にコロンビア大学で博士号を取得した。

二〇一一年四月から一二月までインターネット・フォーラム Big Think で心理学ブログ "Artful Choice" を連載したあと、二〇一一年一二月から二〇一三年八月まで《サイエンティフィック・アメリカン》のサイトに "Literally Psyched" という、文学と心理学の接点を探るブログを連載した（前述の "Lessons from Sherlock Holmes" はそのパイロット版）。現在は《ニューヨーカー》のサイトでブログを書いている。

紙媒体も、前述のほかに《アトランティック》《ニューヨーク・タイムズ》《ウォール・ストリート・ジャーナル》《ニュー・リパブリック》《ボストン・グローブ》《オブザーバー》《ワイアード》ほかで執筆している。

本書は彼女の初の単行本だが、二作目 *The Confidence Game*（詐欺の心理学に関するノンフィクション）も、二〇一六年年明けの刊行が決まっている。また、小説も執筆中とのことなので、どんな内容になるのかが楽しみだ。

二〇一五年一一月

訳 者

索　引

■さ

■た

■ま

■や

■ら

■わ

本書は、二〇一四年一月に早川書房より単行本として刊行された作品を文庫化したものです。

ずる

——嘘とごまかしの行動経済学

The (Honest) Truth About Dishonesty

ダン・アリエリー

櫻井祐子訳

ハヤカワ文庫ＮＦ

正直者の小さな「ずる」が大きな不正に？
不正と意思決定の秘密を解き明かす！

子どもがよその子の鉛筆をとったら怒るのに会社から赤ペンを失敬したり、ゴルフボールを手で動かすのはアンフェアでもクラブで動かすのは許せたり。そんな心理の謎を読み解き不正を減らすには？　ビジネスにごまかしを持ちこませないためのヒントも満載の一冊

訳者略歴　1954年生，青山学院大学理工学部卒，英米文芸・ノンフィクション翻訳家　訳書にトライブ『シャーロック・クロニクル』，サマースケイル『最初の刑事』，ミエヴィル『都市と都市』（以上早川書房刊）他多数

HM=Hayakawa Mystery
SF=Science Fiction
JA=Japanese Author
NV=Novel
NF=Nonfiction
FT=Fantasy

シャーロック・ホームズの思考術《しこうじゅつ》

〈NF454〉

二〇一六年一月十五日　発行
二〇一八年二月二十五日　六刷
（定価はカバーに表示してあります）

著者　マリア・コニコヴァ
訳者　日《ひ》暮《ぐらし》雅《まさ》通《みち》
発行者　早川浩
発行所　株式会社　早川書房
郵便番号　一〇一‐〇〇四六
東京都千代田区神田多町二ノ二
電話　〇三‐三二五二‐三一一一（大代表）
振替　〇〇一六〇‐三‐四七七九九
http://www.hayakawa-online.co.jp

乱丁・落丁本は小社制作部宛お送り下さい。
送料小社負担にてお取りかえいたします。

印刷・株式会社亨有堂印刷所　製本・株式会社フォーネット社
Printed and bound in Japan
ISBN978-4-15-050454-0 C0111

本書は活字が大きく読みやすい〈トールサイズ〉です。